◆ 本书受江苏高校人文社会科学校外研究基地培育点"社会风险评估与治理法治化研究基地"(批准号:2017ZSJD023)资助

国有自然资源特许使用权研究

张牧遥 著

中国社会科学出版社

图书在版编目（CIP）数据

国有自然资源特许使用权研究 / 张牧遥著 . —北京：中国社会科学出版社，2018.12

ISBN 978-7-5203-3441-9

Ⅰ.①国… Ⅱ.①张… Ⅲ.①自然资源—资源利用—法规—研究—中国 Ⅳ.①D922.604

中国版本图书馆 CIP 数据核字（2018）第 254126 号

出 版 人	赵剑英
责任编辑	孔继萍
责任校对	冯英爽
责任印制	李寡寡

出　　版	中国社会科学出版社
社　　址	北京鼓楼西大街甲 158 号
邮　　编	100720
网　　址	http://www.csspw.cn
发 行 部	010-84083685
门 市 部	010-84029450
经　　销	新华书店及其他书店
印　　刷	北京明恒达印务有限公司
装　　订	廊坊市广阳区广增装订厂
版　　次	2018 年 12 月第 1 版
印　　次	2018 年 12 月第 1 次印刷
开　　本	710×1000　1/16
印　　张	18.25
插　　页	2
字　　数	295 千字
定　　价	80.00 元

凡购买中国社会科学出版社图书，如有质量问题请与本社营销中心联系调换
电话：010-84083683
版权所有　侵权必究

中文摘要

现代社会的自然环境危机已经不由我们继续"任性"于"私益"与"经济目标",自然资源环境的公益使命甚至要求我们"刻意"关注"公益"与"生态目标"。那么寄望于延续民法物权及其理论框架,只需对其进行适度松绑的所谓"社会化"救赎恐怕无法完成兼顾私益与公益的大任。毕竟自然资源并非一般"物",它是一类特殊财产。它的特殊性,以及其上所负担的特殊使命促使我们从公法视角对国有自然资源特许使用权问题研究之现行、主流的私法模式予以批判性思考,以开辟新的思路,探寻更为科学、合理的国有自然资源特许使用权法律机制建构。

按照这种构想,首先应该看到,在长期民法物权化模式影响下,我们对自然资源使用的基本形态认识并不合理,并未充分注意到自然资源特殊性与人的多元化需要之间所可能存在的秩序性对级,因此也就无法对自然资源使用形态进行科学、完整的类型化。而使用形态的类型化是否科学、合理则又直接影响自然资源使用权的类型化以及相关法律机制的建构。所以,对国有自然资源使用形态的准确分类就成为一个源头性问题。应该从充分观照自然资源的多元属性,并以其与人的多元需要之间的双向对级关系为基础,将国有自然资源使用权对应划分为生存用自然资源使用权、生态用自然资源使用权、公共用自然资源使用权、经济用自然资源使用权四类;其中,前三类实质上应属于自由权范畴,不可物权化,唯有第四类,即经济用自然资源使用权方可物权化。一般认为,这种经济用自然资源使用权在我国即为国有自然资源特许使用权。

学界对国有自然资源特许使用权问题进行研讨的主流模式仍是民法物权化模式。近年来,学者们在自然资源国家所有权问题的热烈讨论中,也会或多或少的附带讨论这一问题,但对它关注的广度和深度显然不够。

而且，国有自然资源特许使用权在客体、内容、行使、保护等方面实际上都与传统民法物权存在诸多差异，它不仅体现了特定主体对特定物的"直接支配"关系，更体现了划分国家与个人界线，并主要由国家"间接干预"资源利用，以实现国有自然资源使用问题上之公共价值的公权性特征。也就是说，国有自然资源特许使用权虽具有物权属性，但却不宜直接将之定为民法物权。由于它不仅涉及权利和权力的动态平衡问题，还涉及私益和公益的协作问题；自然资源在人类生存和发展中不仅具有"生态屏障"的重大价值，而且还深刻牵动资源利益的公平正义价值。所以，相较而言，国有自然资源特许使用权上所寄予的公共价值更应具有优先性。考虑到实现和维护这种公共价值，通常需要为此种国有自然资源特许使用权从取得、到行使、再到保护附加诸多公法限制，而且这种限制与民法物权所谓之"财产的社会义务"应有本质区别，后者的主要目标仍是实现和保护私益。这些都为我们从公法视角去认识国有自然资源特许使用权提供了支持，故而，宜将国有自然资源特许使用权定位为一种公法物权。以此为基线，观照国有自然资源特许使用权在取得、行使和保护中的理论和实践问题，主要从公法学视角去探讨国有自然资源特许使用权法律机制就成为一种有别于民法物权化模式的新的路径与方法。

由于国有自然资源特许使用权在价值目标上既要尊重私益，更要维护公共利益，所以，在这种权利取得上的全球性经验是国家干预的介入，但由于这种权利又是一种物权、财产权，从便利物的流通和增加财富的角度来看，市场机制的引入和利用也必须得到重视。所以，特许使用权取得中的政府和市场关系就成为此处的一个重要问题。所以，应结合国有自然资源特许使用权取得的理论和实践，对现行相关法律制度予以完善；基本路径是，在尊重国家干预的基础上，从公共行政革新和规制变革之中寻找启示，通过从传统行政法向激励行政法的转变，将激励这一市场化机制引入行政法，以实现国有自然资源特许使用权取得中的政府和市场关系更为科学、合理，形成政府和市场合作共治的格局。

国有自然资源特许使用权在主体、客体上的特殊性，以及其价值目标的特殊性都使其权利行使具有一定特殊性，为适应这些特殊性并为国有自然资源特许使用权主体、客体等方面的实践问题寻找解决方案，必须在尊重国有自然资源特许使用权行使受限的大局下，对国有自然资源特许使用权主体进行限制式重构，具体是，个人主体性的尊重、强化和保障，公益性国有企业使用权的尊重，以及经营性国有企业使用权的限制。对于客体问题，在厘清理论纷争和机制构设需要的基础上，宜将其客体统一定位为自然资源自身。在行使方式上，竞争性、排他性和有偿性体现了国有自然资源特许使用权的物权属性，结合使用目的、方式、时间、范围、工具等方面的公法限制，则正体现和回应了国有自然资源特许使用权的公法物权属性，以及其应有别于民法物权法律机制的需要，其法律规范之适用可以准用物权法。

正是因为，国有自然资源特许使用权从由来、性质、取得、行使等方面具有诸多特殊性，所以，对这种权利的保护也就具有了一定独特之处，公法保护方法吸收了私法保护方法使得国有自然资源特许使用权的保护不可能或者不需要适用私法保护方法。

关键词： 自然资源；使用形态；特许使用权；权属性质；权利取得；权利行使与保护

目 录

导论 ……………………………………………………………… (1)
  一　选题背景与研究价值 ………………………………………… (1)
  二　域内外研究概况 ……………………………………………… (10)
  三　框架、方法及创新与不足 …………………………………… (23)

第一章　国有自然资源使用形态及其分类 ……………………… (29)
 第一节　自然资源使用的现代价值 ………………………………… (29)
  一　何谓"自然资源" ……………………………………………… (29)
  二　人与自然关系简史：从蛮荒到文明 ………………………… (31)
  三　生态文明的启示：既要效率也要公平 ……………………… (33)
 第二节　国有自然资源使用的形态及其理论 ……………………… (39)
  一　域外有关自然资源使用形态的分类及其理论 ……………… (39)
  二　我国有关自然资源使用形态的分类及其理论 ……………… (45)
  三　自然资源使用形态分类的意义 ……………………………… (49)
 第三节　自然资源使用形态分类的视角变迁 ……………………… (50)
  一　自然资源使用形态的类型学思考 …………………………… (50)
  二　自然资源使用形态分类的视角与方法的发展 ……………… (56)
 第四节　国有自然资源使用形态分类的新观念 …………………… (62)
  一　主—客互动关系视域下的分类基准 ………………………… (62)
  二　对目前我国学界自然资源使用形态分类及其
    观念的进一步反思 ………………………………………… (64)
  三　自然资源使用形态及其分类新观点的提出 ………………… (69)
  四　自然资源使用形态分类新观念的价值与规范实证 ………… (74)

第二章　国有自然资源特许使用权的性质 ……………………… (80)

第一节　自然资源国家所有权及其性质 ……………………… (80)
一　何谓自然资源国家所有权 ……………………………… (80)
二　自然资源国家所有权的权属性质 ……………………… (87)

第二节　国有自然资源特许使用权的性质 …………………… (107)
一　关于国有自然资源特许使用权属性的学说之争 ……… (107)
二　国有自然资源特许使用权公法物权属性的进一步
　　厘定 …………………………………………………… (116)

第三章　国有自然资源特许使用权的取得 …………………… (123)

第一节　国有自然资源特许使用权取得的基础 ……………… (123)
一　何以成为基础 …………………………………………… (124)
二　究竟以何为基础 ………………………………………… (126)

第二节　国有自然资源特许使用权取得中的政府和市场 …… (137)
一　国有自然资源特许使用权配置的理论基础 …………… (137)
二　国有自然资源特许使用权取得中政府与
　　市场的分立与合作 …………………………………… (140)

第三节　国有自然资源特许使用权取得机制的完善 ………… (143)
一　政府与市场合作：特许使用权取得机制完善的方向 …… (144)
二　完善国有自然资源特许使用权取得机制的基本策略 …… (149)

第四章　国有自然资源特许使用权的行使 …………………… (161)

第一节　国有自然资源特许使用权的行使主体 ……………… (161)
一　公共秩序视角下国有自然资源特许使用权主体的
　　认知 …………………………………………………… (162)
二　国有自然资源特许使用权主体的配置 ………………… (168)
三　国有自然资源特许使用权行使主体的限制式再构 …… (187)

第二节　国有自然资源特许使用权的客体 …………………… (193)
一　国有自然资源特许使用权的客体之争：权利
　　还是自然资源自身 …………………………………… (193)
二　不同国有自然资源特许使用权的客体分析 …………… (196)

三　国有自然资源特许使用权客体的公法物权意义 ……… (199)
　第三节　国有自然资源特许使用权的行使方式 ……………… (200)
　　一　排他行使 ………………………………………………… (200)
　　二　有偿行使 ………………………………………………… (201)
　第四节　国有自然资源特许使用权行使限制 ………………… (203)
　　一　限制的形式与表现 ……………………………………… (204)
　　二　限制的公法物权意义 …………………………………… (207)
　第五节　国有自然资源特许使用权的规范适用 ……………… (208)
　　一　实体规范准用物权法 …………………………………… (209)
　　二　程序规范主要适用相关行政法 ………………………… (212)

第五章　国有自然资源特许使用权的保护 ……………………… (213)
　第一节　国有自然资源特许使用权保护概说 ………………… (213)
　　一　国有自然资源特许使用权的统一公法保护方法 ……… (213)
　　二　国有自然资源特许使用权保护的重点与难点 ………… (216)
　第二节　行政机关撤销国有自然资源特许使用权的
　　　　　限制和补偿 …………………………………………… (219)
　　一　撤销行政许可与信赖保护 ……………………………… (219)
　　二　合法还是违法：变更或撤回特许使用权的
　　　　典型事件思考 …………………………………………… (226)
　第三节　行政违法侵犯国有自然资源特许使用权的
　　　　　救济与责任 …………………………………………… (230)
　　一　行政违法侵权一般理论 ………………………………… (230)
　　二　行政违法侵害国有自然资源特许使用权的救济 ……… (251)
　　三　行政违法侵害国有自然资源特许使用权的法律责任 …… (255)

结语 ……………………………………………………………… (259)

参考文献 ………………………………………………………… (262)

后记 ……………………………………………………………… (279)

导　论

一　选题背景与研究价值
（一）选题背景

自然资源是人类生存和发展所必需的一种资源，自然资源的占有、使用和保护是资源配置的核心内容。但是，随着社会的发展，如何在自然资源配置之中实现资源使用和资源保护的平衡，事关私益与公益的平衡，事关人类生存与发展等重大问题。在我国，国人当下的社会政治心态是，不仅期冀环境美丽的"自然生态"，也渴望营造社会美好的"政治生态"。① 由此可见，自然资源的使用问题不仅是一个经济问题、生态问题，也是一个重要的社会问题与政治问题，经济发展、生态和谐、社会安定，政治清明这一系列目标也正是自然资源使用权法律机制所应欲求的目标或功用。

1. 宏观背景：自然资源及其使用的经济、社会、政治意义

（1）经济意义

自然资源具有极强的经济价值。我国自然资源蕴含丰富，可用自然资源物种繁多。但是，由于历史原因，真正利用自然资源开展国家经济建设的时间比较晚。确切地讲，20世纪70年代之后，随着改革开放战略的提出和实施，我国的经济建设才开始走上正轨。在此之前，对自然资源的利用规模和程度均较低，而在此之后，我国自然资源利用逐年攀升。1949年至今的60余年来，自然资源开发利用的范围、强度和规模整体上

---

① 高民政：《从"自然生态"到"政治生态"——中国人当下的社会政治心态一瞥》，载《社会科学报》2016年12月8日第1版。

升较大,能源生产和消耗总量提升了百余倍,水资源开发利用的总量翻了两番多,水电、核电总量至 2007 年已达 5500 亿度;土地种植面积在 1980 年前净增了 5.4 亿公顷,而在 1980 年以来则减少了 2 亿多公顷,草地面积也在 1996 年左右达到顶峰,如今中国已成为世界最大的能源生产和消费国家。[①] 由此可见,自然资源的开发利用对经济发展的推动功不可没。要建设经济强国离不开自然资源的使用,更离不开合理使用。那么自然资源的使用问题就浮出水面,在我国自然资源国家所有的前提下,探讨国有自然资源使用权及其法律机制问题也就有了意义。

(2) 社会意义

自然资源的开发利用也具有两面性,它一方面支持着经济发展,另一方面却也容易引发巨大社会问题。自然资源具有自然性、稀缺性、公共性、社会性。如果说自然资源开发利用可以产生经济效益体现了自然资源的自然属性或资产属性,那么自然资源权利的配置则是因为它也是一种稀缺资源,稀缺资源利用上经常具有一定的竞争性,故而需要明晰产权以建立完善的自然资源利用秩序。所以说,自然资源也具有一定的社会性,对自然资源的开发利用秩序的建设本身就已说明这种利用关系是一种社会关系,本质上表现为人与人之间的关系,但它又不仅仅是以人为中心的,因为自然资源也具有生态性,它是人类生存的基本屏障,所以对自然资源的开发利用也需要关注自然资源环境保护问题,以维护社会公共利益价值。由此可见,国有自然资源使用需要同时关注使用和生态环境保护,需要同时兼顾私人利益与社会公共利益的平衡。然而,如今环境污染、资源破坏、社会不公等一系列社会问题无不与自然资源开发利用密切相关。生态文明正是在这样的一种情境下应运而生,它的核心理念在于强调人与自然的和谐相处,资源利用和资源保护同步共进,它精深体现了当代人类社会生活基本方式、价值取向与运作模式的社会生活逻辑,它的目的是建设环境优美、人民安居的和谐社会。"十二五"规划纲要明确强调,为应对日趋严重的资源环境压力,必须倡导绿色发展、建设资源节约型与环境友好型社会。而这一目标的实现,自然离不

---

① 参见谢高地等《中国地域发展格局演变与新发展格局的方向》,《新视野》2011 年第 1 期。

开自然资源使用权法律机制的合理建构。

(3) 政治意义

虽说整体而论我国自然资源丰富,是自然资源大国。但是以人均而论,我国却又是一个资源小国。在我国,淡水资源人均量为2200立方米,只是世界人均量的1/4;耕地人均量为1.41亩,是世界人均水平的40%;森林人均量为1.9亩,只是世界人均量的1/5;煤炭资源人均可采储量为88吨,是世界人均量的62%;石油可采储量为1.8吨,只是世界人均量的7%。① 而且由于资源利用方式比较粗放、产业结构不合理、技术水平不高、资源环境保护观念差等原因,"我国自然资源利用强度高、利用效率低"②。为了解决自然资源利用、自然资源破坏、环境污染等一系列问题,以合理利用自然资源、保护自然资源环境、提高自然资源利用效率,实现自然资源环境与人类社会、经济的和谐、可持续发展,我国近年来一直将自然资源环境问题作为一项政治战略问题来抓。党的十七大报告进一步阐发了科学发展观,厘清了生态文明及其与经济发展方式变革的关系,为循环经济建设提供了纲领指导;十八大报告中也明确指出,要深化行政审批改革,要进一步加强生态文明建设,切实建立能够反映市场供求与资源稀缺程度的、体现生态价值和代际补偿的资源有偿使用制度以及生态补偿制度。十八届五中全会报告则进一步提出要创新发展、协调发展、绿色发展、开放发展、共享发展。在这些报告中,自然资源利用与经济发展、社会发展以及它们之间的关系定位等问题成为国家政治生活中的三大核心议题,并且这种政治关怀一直在持续强化,从最初的宏大引领到逐渐具体细微的展开,无不体现了自然资源及其使用的政治意义。

2. 微观背景:自然资源权利法律机制的实践与理论困境

(1) 自然资源国家所有权行使的实践与理论研究步履艰难

由于自然资源在国家经济、社会与政治生活中具有非常重要的作用,所以近年来,自然资源国家所有权问题成为学界的一个研究热点。但对于自然资源国家所有权的性质、结构和行使机制等诸多问题,共识尚未

---

① 梅国平等:《我国自然资源利用的绩效评价研究》,《江西社会科学》2008年第11期。
② 钟若愚:《基于物质流分析的中国资源生产率研究》,中国经济出版社2009年版,第134页。

形成。而且对自然资源国家所有权法律机制研究的现存主流模式仍然是民法物权模式，这不仅直接引致了自然资源国家所有权行使的实践困难，也使相关理论研究步履艰难。

首先，在民法物权化模式影响下，实践中，不少政府部门将国家所有的自然资源理解为国家私有财产，在趋利本能下，自然资源权利配置与经济利益竞相勾结，以致权力寻租、贪腐丛生。实践中，确有不少政府部门惯以自然资源所有人和资源保护者自居。如有媒体报道，某地方政府"披露自然资产家底和负债"，这显然体现出政府以自然资源所有人自居，也似可理解为政府独担自然资源与环境保护大任之意。但实际上，政府只不过是自然资源法律上的所有者，而且如今自然资源与环境危机需要多元主体积极参与资源和环境保护，国家独木难支。但民法物权思维仍然"统治"力强劲，以致有地方政府将风也纳入政府所有范畴并寻求资源配置的强制干预。不仅如此，对公民在田间、地头或者河道内发现的乌木、陨石等自然资源也有不少人积极主张应归国家所有，一时间政府与民争利被炒得沸沸扬扬。可以说，这一切都与自然资源国家所有的民法物权思维紧密关联。

其次，在民法物权化思维或者模式下，对政府干预自然资源权利配置的正当性和必要性认识不足，以致有忽视，甚至诋毁政府干预之嫌。因此，立足于民法物权化思维或者模式寻求纯粹市场机制在自然资源权利配置中的功能之观念也就受到追捧。虽然我们无法否定市场机制对自然资源权利法律机制的影响，但将市场机制视为与私法普遍合一的事物，并以此寻求建立私法独统的观念与方法，在自然资源权利法律机制的建设或完善上存在先天不足。自然资源的价值多元性和对人的多用性，已经表明存在其上的公共利益甚至应被优先考虑，但企图通过贯彻私人自治精神、致力于维护私人利益的私法去同时维护公共利益无异于对私法上的"人"进行道德"绑架"。实践中，那些大量的自然资源浪费、破坏事实已说明，通过私法自治要求自然资源使用权人自觉约束自己更像是空想。所以，必须从外部直接为这种自然资源使用权附加一系列公法限制，而对这种公法限制实在难以从私法、民法物权上获得完满解释，也就无法以民法物权模式指导自然资源权利法律机制的建构。

最后，我国物权法深受大陆法系法律传统影响。而大陆法系的物权立法奉行个体主义，虽在近来随着两大法系法律观念的渐趋融合，这种观念已有改变，但个体主义仍然是其统治精神。这样的传统所影响和塑造的立法通常无法将团体主义精神合理引入其中。然而，在自然资源权利上，其特殊性格却多与团体主义精神血脉相通。如自然资源系统复杂，功能多元，它不仅是人类经济社会发展的物质基础，更是人类生存的基本屏障。为了维护资源安全与资源系统的健康稳定，必须以团体主义精神指导每位社会成员参与其中，从而在许可使用的决策、执行全过程中体现一种特殊的公共精神，以维护和实现自然资源上的公共利益、公共价值。显然，这并非私法的专长。那么，从私法的视角，以民法物权化模式去指导实践和理论研究，以及自然资源权利法律机制的建构或完善就会产生"错位"。

（2）国有自然资源特许使用权之立法与主流研究模式亦存在不少问题

由于自身逻辑使然，自然资源国家所有权的实践和理论研究所遭遇的大多数问题也都被国有自然资源特许使用权所"继承"下来。

宪法确立自然资源国家所有权后，我国民法和各自然资源特别法随之确立了国有自然资源特许使用权。"目前已基本形成了以《民法通则》与《物权法》为'主干'，以《水法》、《草原法》、《矿产资源法》、《渔业法》、《森林法》和《野生动物保护法》等为'分枝'，以《农村土地承包法》和有关司法解释为补充的自然资源使用权立法体系；并在制度层面形成以自然资源使用权为核心，以取水权、草原使用权、矿业权、森林资源使用权和野生动物使用权等为具体类型的'总—分'式自然资源使用权制度体系"①；但是这种建构基于民法和环境法的国有自然资源特许使用权制度存在"建构逻辑矛盾、权利性质背离、制度理念虚无、名称内涵模糊、民事救济缺失、立法体系错位等理论局限和实践困境"②。因此，需要对现行国有自然资源特许使用权法律机制进行认真反省，并促使它更加合理、科学。然而，我国目前的绝大多数学术力量仍然致力于民法研究模式，并试图通过解释或修正相关民法理论而继续对此种国

---

① 参见金海统《自然资源使用权：一个反思性的检讨》，《法律科学》2009 年第 2 期。
② 金海统：《自然资源使用权：一个反思性的检讨》，《法律科学》2009 年第 2 期。

有自然资源特许使用权进行民法物权化。① 但是其间的理论冲突与实践困难之大，经常使相关研究如同抽象的理论"冥想"。尤其是，这种民法物权化模式对自然资源上所应寄托的私人利益和公共利益的平衡显得"束手无策"。虽说如今财产负有社会义务的观念已广为接受，但通过对这种社会义务的强调而同时实现财产上的公共利益价值依旧缺乏可操作性。更何况，经由行政特许而取得的自然资源特许使用权与传统财产权之间存在较大差异，其取得的公法性、属性上的物权性与公法性的杂糅、客体上的特殊性，以及行使上的公法限制性等特征，都使我们无法从传统财产权的社会义务视角对它进行物权与公法权利、资源使用与资源保护、私益与公益等诸多方面特殊性与价值目标的平衡兼顾。现实中，为了达成此种目标的努力，方案大致有两种：其一是，直接从外部对这种自然资源使用权进行干预，从权利的取得、行使、保护等一系列方面强化公法管理，以使使用权主体能够以合乎公共利益的方式"合理"使用自然资源；其二是，希望立足于民法物权范畴，或者试图从民法规范内部解释并发现限制这种使用权以合乎公共利益的"合理"使用，或者试图通过对物权权能的扩展而增加一个所谓之"管理权"，并以之作为约束使用权主体的方法，以达到"合理"使用自然资源。但关键问题是，民法物权化模式必然要遵循民法思维和核心方法，而民法奉行意志自治、意志自由，崇尚私益的性格意味着对为了公共利益目的之限制的抵触，而且即便可以从民法物权视角扩增出一个"管理权"，但这种管理权在民法物权理论范畴中的使命也并非为了公共利益，通常强调对作为物权客体之物的妥善"管理"不过是服务于权利人的个人收益，它并不产生直接为公益的目的与效果。所以，为了生态环境安全，对自然资源的使用总是有限制的，而这种限制最好理解为直接从外部对这种自然资源使用权所

---

① 自 2013 年以来，《中国法学》与《法学研究》陆续发表了一批有关自然资源国家所有权的高质量文章，从这些文章来看，整体上，大多数均奉行了民法研究模式，而且有关该问题的研究呈现由抽象向具体的发展，尤其是对自然资源国家所有权行使的核心问题——"合理"使用目的如何经由私法实现，在之前的大量文章中或者泛泛而论，或者未行观照，但 2016 年刊于《法学研究》上的一系列文章则对此问题在民法物权理论下进行了细微深耕和深刻思考。代表作可参见，叶榅平：《自然资源国家所有权的双重权能结构》，《法学研究》2016 年第 3 期；张力：《国家所有权遁入私法：路径与实质》，《法学研究》2016 年第 4 期。

施加的公法上的限制、管理和监督。由此，从公法的视角，秉承行政法学习、借鉴民法来进行自身发展的进路，观照自然资源的特殊性，寻找自然资源权利法律机制的合理建构之路就成为一种新的、可行的指引。公法学视角和公法学方法介入该议题的研究也就有了价值与需要。

（二）研究价值

一项研究之所以有价值主要是因为它对相关理论的发展和实际问题的解决具有程度不等的贡献。所以，理论价值和实践价值就成为衡量课题研究有无价值，以及价值程度如何的标准。国有自然资源特许使用权研究的价值也突出地表现在这两个方面。当然，由于价值具有一定的主观性，所以价值及其判断通常也具有相对意义。

1. 理论价值

国有自然资源特许使用权由两大关键词构成，其一是国有自然资源，其二是特许使用权。所以，本书关于国有自然资源特许使用权的研究也就主要落脚于这两大领域，研究的理论价值也就主要集中于此。

首先，自然资源国家所有权是国有自然资源特许使用权的一个基础性问题。近年来关于自然资源国家所有权的研究主要围绕其性质、结构和实现而展开。在其性质上，大致形成了私法观念和公法观念两大类型。在私法学者看来，自然资源国家所有权属于民法物权范畴，其主要的理论表现形式有"准物权说""特别法物权说""特许物权说""形式性私法权利说"等；在公法学者看来，自然资源国家所有权是一种公法上的管理权或者公法物权，或有人也认为它本质上表征国家所有制，或者也有人认为它属于主权范畴；在其结构上，有学者试图以解释论方法将有关自然资源国家所有权的法律规范进行系统安排，从而产生了自然资源国家所有权一横一纵的"双阶构造说"和"三层结构说"，这些学说对于将自然资源相关法律规范进行联通和体系化具有一定价值；在自然资源国家所有权的实现上，为解决资源环境的保护与有效利用的对立问题，协调公共利益与私人利益，学界提出了两种方案：其一是所谓的外部方案，以公权限制私权，也即公物利用制度方案（公法化方案）；其二是将对自然资源的管理保护公法义务纳入私权私法框架的私法物权化方案（私法化方案），并归纳出了用益物权方案、占有权方案、准物权方案

（特许物权方案）三种类型。① 《物权法》颁布后，虽然《宪法》与《物权法》规定之自然资源国家所有权制度选定了用益物权化实现方案，但学界就这些方案继续进行了分析研讨。② 可见，问题似乎并未彻底解决。由于国有自然资源特许使用权与自然资源国家所有权之间关系密切，所以，关于自然资源国家所有权的属性和结构以及实现等观念必然也会影响自然资源特许使用权的属性、结构、内容、行使、保护等一系列问题的讨论。并进而影响国有自然资源特许使用权法律机制的合理建构。而在观念的冲突和磨合之中，必然意味着在前人研究基础上进一步推进相关理论发展的可能与可行。

其次，以特许使用权这一关键词展开的思考则触及行政特许的性质、特许的范围、特许的实施等一系列问题。应该说，我国《行政许可法》在这些方面的创新之处不少，特别是适应了公共治理改革的大潮而将多方参与、政府与市场合作、私益和公益平衡的程序机制建设等核心问题都纳入其中并进行了较好考虑。但是，由于国有自然资源特许使用权比较重要，而《行政许可法》的相关规定大多又比较原则、抽象，事实上对诸如特许条件、标准等问题做出更为具体统一规定也绝无可能；而且若要将特许使用权配置的核心议题，即私益与公益平衡，纳入程序化机制予以实现，其前提是程序设计足够良好，但事实并非如此；加之国有自然资源的范围是否确定以及如何确定仍是难题，所以，诸如特许范围、条件、程序等问题仍有进一步研讨的必要和空间。国有自然资源特许使用权既然是以特许方式取得，那么就应该遵循行政许可的一般原理，并切实观照上述问题并寻找解决方案，这本身就意味着对行政许可、公共治理等问题的理论发展。

最后，国有自然资源和特许使用权两大关键词的结合，进一步增加了课题的复杂性。可以说，国有自然资源特许使用权这一课题成为民法、

---

① 参见吕忠梅《"绿色"物权的法定化方案》，《法学》2014年第12期。
② 参见叶榅平《我国自然资源物权化的二元立法模式选择》，《上海财经大学学报》2013年第1期；张峰、叶榅平《自然资源物权化的困境与出路》，《上海财经大学学报》2012年第2期；谭柏平《自然资源物权质疑》，《首都师范大学学报》（社会科学版）2009年第3期；宋旭明《我国自然资源物权化理论及立法模式评析》，《华中科技大学学报》（社会科学版）2008年第5期。

行政法、自然资源环境法的"金三角"地带。私法理论、公法理论交错并存，甚至经济学理论、生态学理论、政治学理论也参与其中，使这一课题研究成为一场理论"盛宴"。民法物权、公法物权、生态伦理、生态经济、生态政治、资源环境经济、政府规制、市场机制等理论视野与理论观念交织在一起，试图共同作用以寻找合理、科学的国有自然资源特许使用权法律机制。这本身就足以说明它的理论价值。

2. 实践价值

研究要面向实践问题的解决。所以，在本课题的研究中也经常结合一些实践问题来研讨。比如，由于对国有自然资源的范围认识不清，以及对国有自然资源特许使用权的客体认识不清或者存在差异，以致现实中频发乌木所有权、狗头金所有权等争议。特许权客体的不清或差异性认识又可能导致实践中侵犯特许使用权后适用法律的争议，就像有人认为自然资源特许使用权客体具有复合性、二元性，但实际上经常对何为目的客体、何为手段客体无法判断，或者有人认为自然资源特许使用权的客体为特定自然资源，但却有人认为是一种场所而非自然资源，如有学者认为狩猎权的客体是一定场所，但有人认为狩猎权的客体是国有野生动物资源，有人认为自然资源特许使用权客体是自然资源本身，也有人认为自然资源特许使用权客体是一定权利，这些争议可能会导致实践无所适从。再如，目前由于国家作为所有人使用自然资源引发的诸如垄断、腐败等问题，需要从国有自然资源特许使用权的主体及其限制性再造上给予回应；又如，目前我国自然资源使用上普遍受到不少来自公法的限制，那么这些限制是否正当，是否合理，以及如何控制这种限制等等本身可能引发实践问题，自然资源使用中所可能涉及的行政处罚经常又关涉行政机关行使这些限制是否合理的争议；又如，在目前实践中经常是将国有自然资源特许使用权作为一种私法权利来对待，这不仅造成理论上的一些困惑，也为实践带来难题，以致因诸如国有自然资源使用协议而产生争议时适用民法方法，或者以民事诉讼方式解决面临新的难题——既然是民事合同，却为何没有赋予相对人许可权退出机制，以致在相对人由于一些客观原因无法或不能继续履行协议时，没有办法自由退出，若按照行政许可法上的许可变更、撤回机制又常因行政机关的利益选择而无法退出。或者，在一些行政违法场合，明明许可的前提就已经存在错误，却强行要求相对人继续履行协议，不仅可能造成相对人的特许使用权没有可能实现，又强制扣留相对人的保证金不予退还，甚至寻找各种理由搪塞补偿。

如果把上述实践问题予以抽象，会发现，其实本课题研究的实践视野实际是在理论研究基础上关注更为具体和实然性的问题，而这一系列实践问题的主线其实就是以特许使用权为中心和载体的自然资源国家所有权的实现路径与技术。这一方面说明这种实现路径和技术的重要，它本身就具有强烈实践性；另一方面也说明国有自然资源特许使用权如此重要，它甚至取得了与所有权相似的地位，自然资源国家所有权的实现是以自然资源特许使用权为载体的运作过程，所以国有自然资源特许使用权的运行以及结果也就实现了自然资源国家所有权。在此意义上讲，自然资源国家所有权的实践问题大多恰是国有自然资源特许使用权的实践问题。在我国《宪法》与《物权法》已明确规定了国家所有权，并确立了国家所有权的实质优势地位的制度背景与框架下，过分专注国家所有权理论自身固有理论争辩价值，更务实的态度和实践意义显然不够。[①]而且已有关于自然资源国家所有权的理论，更侧重于从应然角度进行立论，却难以被立法实践证成。[②] 相较而言，自然资源国家所有权的实现模式及其技术等更具实践性问题的深入、系统关注较少。这虽多源于学术研究的一种逻辑顺序自觉或习惯，[③] 但它可能使我们对自然资源国家所有权问题的研究走向形而上。结合我国的现实，对自然资源问题研究的重点应放在树立怎样的指导思想，以怎样的方式与途径推进国家所有权的有效实现上。由此，也可见本课题研究的实践价值。

二 域内外研究概况

对域内外关于自然资源特许使用权的研究状况的了解也是一项基础性工作，当然出于文旨、内容、研究方法以及整体逻辑安排考虑，域内

---

① 参见刘超《国家所有权客体范围之依据的证成与考辨》，《广西大学学报》（哲学社会科学版）2013 年第 2 期。

② 参见林彦《自然资源国家所有权的行使主体》，《交大法学》2015 年第 2 期。

③ 其实这不仅是一种逻辑顺序自觉或习惯，也是民法物权理论的思维定式之体现。

外关于该课题的有关研讨文章并未以专章形式出现，而是将之分散于某些部分分析之中。结合本书研究，整体而言，域内外与该课题相关的一些研究概况如下。

（一）域外相关研究概况

1. 物权法和财产法上的相关研究

在域外，比较普遍的观念认为自然资源特许使用权是一种物权或者财产权，所以相关研究也多集中于物权法和财产法领域。代表性的研究如鲍尔·施蒂尔纳《德国物权法》，迪特尔·梅迪库斯《德国民法总论》，我妻荣《民法讲义Ⅱ 新订物权法》，以及弗朗索瓦·泰雷、菲利普·森勒尔《法国财产法》，F. H. 劳森、伯纳德·冉德《英国财产法导论》，理查德·A. 艾珀斯坦《征收——私人财产和征用权》，J. M. 奥比和R. 杜科扎德尔《行政法、公有财产》，克里斯特曼《财产的神话——走向平等主义的所有权理论》，等等。

目前世界上不少国家陆续将自然资源规定为国家所有，不少自然资源也逐渐从传统、单一的土地资源体系中分离、独立出来。也正是因此，本书重点关注的是土地之外的自然资源。域外关于这些自然资源使用权的研究主要集中于物权法和财产法领域内。在德、法等大陆法系国家，基于罗马法对物的类型化认识，这些国家习惯于将自然资源作为私物、私产或公物、公产并分别纳入民法物权体系或公物法体系之中予以考虑。在物权法上，属于私物的那些自然资源被纳入民法物权体系予以讨论研究；在公物法上，那些属于公物的自然资源则通常被赋予了自由、平等使用，以保障公民自由权的价值使命。但是在关于这些自然资源权利的属性问题上，尽管德国司法实践接受了民法物权理论的影响，并在自然资源特许使用权这些特殊类型的财产上坚持"修正的民法物权观念"[①]，但对此观念，学术界也因民法物权理论与行政法物权观念的影响而常有争议。自然资源特许使用权源于国家的特许使用，所以比较一致的观念认为它属于财产权，在财产法上分析讨论国有自然资源特许使用权问题

[①] 又称"修正的私所有权观念"，即认为公物所有权属于私法性质的物权，倾向于私法规则的适用，唯在私法规则无法适用之时，才寻求公法规则。参见［德］汉斯·J. 沃尔夫、奥托·巴霍夫、罗尔夫·施托贝尔《行政法》，高家伟译，商务印书馆2002年版，第455—475页。

也就成为一种必然的方法。然而，关于国有自然资源特许使用权这种财产权的属性、结构等问题，法国却与德国有所不同：在德国，主流性的观念认为国有自然资源特许使用权属于民法物权，所以，对与它有关的几乎所有问题的思考经常依赖于民法方法，从而形成了民法一元化方法；但在法国，主流性观念认为由于自然资源国家所有权具有公法所有权的属性，所以，国有自然资源特许使用权也就具有了公法权利的属性，并且法国学说与官方观念认为，国有自然资源特许使用权本质上是国家基于自然资源管理需要而在这些权利上附加了一系列公法负担之后形成的公法物权，从而使它形成了物权+行政役权的二元化结构，整体而言，它是物权，但它更是公法物权。① 公法物权与民法物权存在较大差别，在权利的取得、行使等诸多方面应有其特殊性。将这种公法物权进行体系化论述的当属美浓布达吉，在他的代表作《公法与私法》中，他甚至系统的论述了公法物权与传统民法物权的区别，并比照民法物权阐发了公法物权的体系。② 可以说，这是自迈耶提出行政法物权概念之后首次系统分析论证公法物权观念的代表作。在英美等大陆法系国家，通常将国有自然资源特许使用权视为一种新型财产权，并通过财产权理论、公共信托理论等来解释财产权保护和自然资源环境保护之间的关系及其平衡等问题。代表成果如萨克斯《自然资源法中的公共信托理论：有效的司法干预》、斯托克韦尔《信托法与衡平法》，等等。

由于自然资源特许使用权与公物法、行政法有着密切的关联，不少行政法方面的研究成果在涉及公物、公产以及公物、公产管理等问题时，也或多或少涉及这一课题的部分讨论。如大桥洋一《行政法学的结构性变革》、南博方《行政法》、迈耶《德国行政法》、汉斯·J. 沃尔夫等《行政法》、彼得·H. 舒克《行政法基础》、莫里斯·奥里乌《行政法与公法精要》（下），以及让·里韦罗、让·瓦利纳《法国行政法》，等等。国有自然资源特许使用权之所以也能成为一个行政法问题，一个是因为

---

① 参见 [法] 弗朗索瓦·泰雷、菲利普·森勒尔《法国财产法》，罗结珍译，中国法制出版社 2008 年版，第 414—428、1007、1021—1022 页；[法] 莫里斯·奥里乌《行政法与公法精要（下）》，辽海/春风文艺出版社 1999 年版，第 846—847 页；王名扬《法国行政法》，北京大学出版社 2007 年版，第 258—259 页。

② 参见美浓布达吉《公法与私法》，黄冯明译，中国政法大学出版社 2002 年版。

公物、公产法，而更为重要的一个则是，它是由国家以公权力方式所赋予的一项财产权，属于新财产权的范畴。所以，国有自然资源特许使用权问题也常与行政许可、行政特许关联于一起。从资源特许的范围、方式，到现代行政程序的建构等一系列问题，都似已将国有自然资源特许使用权问题塑造成了一个行政法问题，一个公共行政、公共治理问题。相关研究在为我们揭示自然资源特许使用权的管理权基础、公法限制的方式和程度、以公法限制为表现形式的公益与私益平衡、自然资源使用和自然资源环境保护的平衡需要及其价值，以及相关机制的建构等方面问题的理解与厘定提供了一定支撑和基础。而且在这些研究之中，经常暗含的一种方向指引是，自然资源这一公共物品的权利配置是一种开放的体系，是一个欢迎和需要公私合作、多元共治的体系，这种指引也喻示着诸如资源配置之类的公共行政、公共治理变迁，进而也引发了国家行政许可干预的变迁，而且这也使我们在国有自然资源特许使用权问题的研究中无法回避，或者说必须顺应的变化。并且这种变迁及其具体细节，需要在国有自然资源特许使用权一系列问题分析讨论中作为前提考虑和内容建设的重要部分。

2. 关于自然资源权利配置等方面的多元视角与方法[①]

自然资源使用权配置，以及权利行使等整个过程是一个极其复杂、多元的机制和活动，资源环境学、生态经济学、资源环境政治学、管理学等多元学科及其方法也经常参与其中。涉及这些的代表性研究，如哈丁《公地悲剧》、黑勒《反公地悲剧》、朱迪·丽丝《自然资源：分配、经济学与政策》、贝里·E. 希尔《环境正义：法律理论与实践》（第3版）、南希·K. 库巴塞克《环境法》、赫尔曼·E. 戴利等《生态经济学》、汤姆·蒂坦伯格等《环境与自然资源经济学》、马克·史密斯等《环境与公民权：整合正义、责任与公民参与》、沃尔特·A. 罗森鲍姆《环境政治学》、罗伯特·C. 波斯特《宪法的领域：民主、共同体与管理》，等等。这些研究，或直接或间接地告诉我们：由于国有自然资源特许使用权不仅涉及个人利益及其维护，还涉及公共利益及其维护问题；

---

① 该处部分内容参见张牧遥《国有自然资源使用权分类新论》，《内蒙古社会科学》（汉文版）2017年第1期。

不仅涉及理论问题，也涉及技术、视野与方法问题；不仅涉及民法问题、行政法问题，还涉及资源环境法问题；不仅涉及物权理论，还涉及管理理论；不仅涉及法学视野，还涉及经济学、社会学、伦理学、政治学等多个视野；不仅需要平面化感知，更需要立体性思维。所以，国有自然资源特许使用权研究应坚持多元视野、理论和方法。

自然资源具有稀缺性、开发利用上的外部非经济性等特征，所以如何进行资源权利合理配置，就成为经济学、法学、管理学、生态学、政治学等多个学科共同关注的问题。哈丁于1968年发表在《科学》上的一篇文章以例证形式指出，公地的自由使用必然造成公地的过度开发和破坏性使用，而对此"公地悲剧"的解决方法最好是私有化，至于那些无法私有的则可以通过法律强制或征税的方式来予以管制。① 受他的启发，后来的经济学家多从产权视角讨论该问题。但20世纪80年代左右，西方社会也对私有产权的自由主义思想进行了反思，所形成的一个共识是，过分集中的产权并不见得十分合理，"反公地悲剧"观念由此得以形成。黑勒是这一观念的代表人物。他于1998年发表在《哈佛法律评论》上的一篇文章指出，当太多理性个体基于使用资源的权利而自由行为时，经常会发展为对资源的集体性过度消费，所以私有产权并不见得十分理想。② 因此，在自然资源使用问题的消解上，除了私有产权方法外，国家对自然资源的控制与管理也不可或缺。从自然资源权利配置，以及权利行使的本质上来看，社会对资源环境危机的调整很大程度上依赖人类行为。经济学，包括生态经济学和环境经济学分析旨在帮助人们理解资源，尤其是稀缺资源配置问题上的人的行为，"识别资源环境退化的原因，调和经济与环境之间的关系，而在寻求相关问题的解决之道中，必须认识到强大的市场力量，忽视市场力量解决环境问题，那么失败的风险是比较高的，反之，控制市场力量，向保护环境这一正确方向引导，既是可能的也是十分理想的，环境与自然资源经济学为我们提供了实现社会变

---

① Garret Hardin, "The Tragedy of the Commons", Science Vol. 162, 13 December 1968, pp. 1244 – 1245.

② See Michael Heller, *The Tragedy of the Anticommons: Property in the Transition from Marx to Markets*, Harv. L. Rev., 1998, (111).

革的一系列具体指引"①。"在有限系统中无限增长是不可能实现的目标，最终必将导致失败，事实证明一个尊重人权的市场体系比一个不尊重人权的中央计划体制效率更高；宏观经济学与微观经济学无法处理不可持续经济规模和不平等分配问题，生态经济学则采取更为包容的积极立场，在充分描述稀缺资源的性质和利用目的，以及在公平分配和可持续经济规模等社会环境背景下，预置了它们有效配置的合适机制，即基本的市场配置机制。"② 换言之，生态经济学将经济视为一个更大的但有限的系统的一部分，它的目标是：最优规模—公平分配—有效配置。但事实上，在诸如自然资源等特殊类型的资源配置上，单独依靠市场机制并不见得妥当、完美。因为市场自身也有一些无法自行克服的缺陷，这恰是国家规制干预存在的合理性所在。资源问题本质上产生于资源及其所生的福利，随时间和空间在不同集团之间分配的冲突，这必然涉及对自然资源系统、经济过程、社会组织、法制和行政结构以及政治体制的认识，所以，必须以各种不同方式关注自然资源政策的发展与实施，这实际上就是要评价资源分配在多大程度上满足了那些既重要而又经常相冲突的公共政治目标。③ 而且在现实世界中，公共财产和私人财产在权利和义务上的区分消失了。所有行动者分享有着一些共同的价值和目标——生态系统的功能要求一种能够使人与生物、后代之间更为强壮安全的人道关怀，这要求人不仅要关心自己，更要关心生物、生态环境；在这样一个背景下，公私部门之间的分立愈加模糊，而它们之间的合作需要与现实已被大量真实案例所证实，公私部门之间的合作成为一种一以贯之的和可预料的结果。④ 也就是说，在自然资源环境权利配置及行使上，大致可以说代表公共利益的政府公共部门和代表私人利益的市场、社会之间的合作是一种发展趋势。尤其是，20世纪70、80年代左右兴起的新公共管理运

---

① ［美］汤姆·蒂坦伯格、琳恩·刘易斯：《环境与自然资源经济学》，王晓霞等译，中国人民大学出版社2011年版，第6、8页。

② ［美］赫尔曼·E. 戴利、乔舒亚·法利：《生态经济学》，金志农等译，中国人民大学出版社2013年版，引论第5—8页。

③ ［英］朱迪·丽丝：《自然资源：分配、经济学与政策》，蔡运龙等译，商务印书馆2002年版，第14—16页。

④ Thomas Sikor, *Public and Private in Natural Resource governance——A False Dichotomy*, published by Earthscan in the UK and USA in 2008.

动甚至改变了传统行政法的样貌，一场寻求国家与社会、政府与市场合作共治的大运动，弱化了行政法公权、强制、单向等传统色彩，规制替代方法的思考、市场机制的引入、激励机制的移植，等等使行政法变软、公法变硬，或者说公法与私法、政府与市场越来越难以区分，合作、合成则成为现代公共行政、公共治理的主要色彩。国家干预规制经济学也表明，政府许可干预的资源配置方法需要引入市场机制以建立一些规制替代方法，从而使资源配置能够更为有效。[①] 这种变化的背后，涉及自然资源与环境上的公共利益和私人利益平衡问题，它意在指示人们：利用自然资源环境的同时，也应注意关心、爱护、节减自然资源环境。因为它代表了更广、更深的公共利益；要由国家和民众共同参与，因为在如此广深的公益面前，国家"独木难支"。为此，使用权的配置与行使就具有了约束政府和激励人民的双重功能——针对不同类别的自然资源使用权探讨权利配置需要与可能、设置不同的权利配置要求和方法，使分别以政府和市场为代表的公益与私益在其保障的目标与技术上得以多面、丰富的关系为指引，将国家独担环保责任的传统演化为"国家—人民"合作的现代版本。它一方面坚持了国家负有保护生态环境义务的传统，另一方面，也提倡"人们一起来实践那种将人与自然关系植根于伦理正确性的民主政治，不把所有决定、行动都留给遥不可及的代表和机构的民主政治"；这就实质上体现了一种"生态公民权"，"一种将个人与公共连接起来的义务政治，它着眼于在不同的行为体之间建立联系和纽带，把非正式的权益和义务与那些更正式的权利和责任连接起来，并要求公民组织、政府及政府间组织努力做到"[②]。这种现实，必然要求我们能够自觉地将资源与环境保护相关议题纳入国家政治层面进行思考、审视，因为那些资源环境保护政策从议题的浮现、政策的规划、决定的执行到政策的评估与改变等一系列问题大多与政治力难脱干系。[③] 从促进现代政

[①] [英] 安东尼·奥格斯：《规制：法律形式与经济学理论》，骆梅英译，中国人民大学出版社2008年版。
[②] [英] 马克·史密斯、皮亚·庞萨帕：《环境与公民权：整合正义、责任与公民参与》，侯艳芳、杨晓燕译，山东大学出版社2012年版，第249页。
[③] [美] 沃尔特·A. 罗森鲍姆（Walter A. Rosenbaum）：《环境政治学》，许舒翔等译，五南图书出版有限公司2005年版。

治更为民主、科学的路径选择上来看，普遍强调公众参与，并将公众参与建构成为现代政治程序的一个典范。这是因为，自然资源使用权（权利）及其配置的复杂性、综合性以及广泛的牵连性，促使公众的广泛参与。在现代社会，社会生产和生活越来越组织化，"所有权从静态归属、所有，转向动态利用，转向作为组织经济活动的工具"，"原来基于对客体物的直接利用权，现在主要表现为一种程序化的决策监督权和利益分配权，财产所有权的机制越来越不需要通过权力主体本人的活动来表现"①。而且，"环境成为一种通用的符号和切入点，其他政策借以被关注并伴之以基本规则不可避免地改变。因此，一方面，它已从一种反对性运动演进为对政策制定的主动介入；另一方面，行之有效的政策依赖于社会所有层面的变化，包括个人行为和社区组织，而这些变化不能仅仅通过经济性刺激（阻碍）来引导和实现。通过聚焦于公民参与政策制定的方式和公民如何理解为环境负责的理由和伦理假设，关于环境与公民权的争论把这一切连接在了一起"②。同时，也将环境正义和可持续发展在民事权利和基本权利结合的向度内构建成一种环境正义运动的框架和实践过程。③ 这些都促使自然资源权利配置与权利行使机制中必须嵌入广泛的公众参与。

应该说，上述域外有关自然资源与环境权利及其活动的直接或者间接研究，为我们从整体上勾勒出这样一种启示：（国有）自然资源使用权的效率与公平目标、私益与公益目标的平衡实现是一个动态、复杂的过程，经济学的视野、市场机制方法，公共管理视野、政府干预方法等在此一过程中经常紧密关联在一起，这要求自然资源使用权法律机制的建构与完善，在经济发展、生态保护、私益保障、公益维护等相关方面切实注意配合。所以，最好将此机制理解为一种既关心经济发展又注意保障公平，既尊重私益又关心公益的倡导多元主体合作的综合机制。这种启示及其理解自必对国有自然资源特许使用权的由来、性质、取得、行

---

① 高富平：《物权法原论》，法律出版社 2014 年版，第 99 页。
② ［英］马克·史密斯、皮亚·庞萨帕：《环境与公民权：整合正义、责任与公民参与》，侯艳芳、杨晓燕译，山东大学出版社 2012 年版，第 3—4 页。
③ Brry E. Hill., *Environmental Justice: Legal theory and practice* (3RD.), published by Environmental Law Institute, 2014, p. 1.

使和保护等一系列问题产生影响，并要求在这些问题的分析与解决上融入这些启示，以使国有自然资源特许使用权的法律机制更加合理、科学。

（二）域内相关研究概况

近年来，域内学者关于国有自然资源特许使用权问题的研究主要呈现为如下两大特点：其一是，私法与公法领域的分立与合作；国有自然资源特许使用权与自然资源国家所有权混合讨论；其二是，以国有自然资源特许使用权为主题进行的专门研究相较不足。

1. 公私分立—合作及所有权与特许使用权混合讨论之概况

理论逻辑上，自然资源国家所有权是国有自然资源特许使用权的一个重要基础。所以，私法与公法领域的分立合作首先表现在关于自然资源国家所有权的性质、结构等问题的研讨上。而且由于自然资源国家所有权的实现实质是以使用权为中心和载体的运作过程，所以学界也经常习惯于将国有自然资源特许使用权与自然资源国家所有权混合讨论。

对此问题，学者们在物权法、财产法上的某些研讨也带给我们不少启发，相关研究如高富平的《物权法原论》、梅夏英的《财产权构造的基础分析》、王铁雄的《财产权利平衡论——美国财产法理论之变迁路径》、陈建霖和崔炯哲的《授予法理下的公共财产保护——从新加坡经验看中国》，等等。但直接涉及自然资源权利分析的一些研究首先体现在有关自然资源国家所有权的研究之中。近年来，关于自然资源国家所有权的性质与结构的讨论不仅热烈，而且角度、视野和深度渐趋多样、广阔和深入。① 学界大致形成了公法权利说、私法权利说、公私性兼有说、准物权说、国家责任说、特殊财产说、特别私权说、形式私权说、双阶构造说、三层结构说，等较有影响力的观点。代表性成果如：程雪阳的《中国宪法上国家所有的规范含义》、程淑娟的《确信与限制——国家所有权主体的法哲学思考》以及《论我国国家所有权的性质——以所有权观念的二元化区分为视角》、罗世荣和何磊的《论国家所有权

---

① 2013年在中国法学界的权威期刊《法学研究》（2013年第4期）上专门组稿讨论了这一议题；2015年4月在苏州大学专门举办了"自然资源国家所有权及其行使机制"的研讨会，之后《法学研究》也陆续刊发了一些有关自然资源国家所有权方面的文章；《法学研究》2016年第3、6期又集中刊发了一系列相关文章，2013—2016年《法学研究》甚至成为国有自然资源相关问题讨论的一个集中而又主要的平台。

的特别私权性——兼谈〈物权法〉对国有资产的立法保护完善》、张力的《国家所有权的异化及其矫正——所有权平等保护的前提性思考》以及《论国家所有权理论与实践的当代出路——基于公产与私产的区分》、王涌的《自然资源国家所有权三层构造说》、巩固的《自然资源国家所有权公权说》以及《自然资源国家所有权公权说再论》、陈旭琴的《论国家所有权的法律性质》、徐祥民的《自然资源国家所有权之所有制说》、王旭的《论自然资源国家所有权的宪法规制功能》、王克稳的《行政许可中的特许物权属性与制度建构》、陈仪的《自然资源国家所有权的公权性质研究》、谭柏平的《自然资源物权质疑》、邱秋的《中国自然资源国家所有权制度研究》、施志源的《生态文明背景下的自然资源国家所有权研究》、税兵的《自然资源国家所有权双阶构造说》，等等。"这些成果重点关注了自然资源国家所有权的抽象理论，其固有理论争辩价值，更务实的态度和实践意义显然不够。"① 换言之，具体的、实践层面的分析研究是我们当下研究比较欠缺的，如何科学利用与保护自然资源是我们所有研究的归宿——这恰是"自然资源国家所有权的实现"这样一个更具实然性和实践意义的问题自身与方法所在。而面向实践则常常是使用权的长处，所以，就自然资源权利秩序的合理建构而言，使用权问题应该更具特殊价值。然而，对国有自然资源使用权问题的研究无论从视野、方法还是已有成果上来看都显得并不十分开阔，也并不非常充分。

2. 在国有自然资源特许使用权专题研究方面

坚持认为自然资源国家所有权属于民法物权范畴的学者，包括准物权说、特别法物权说、形式性私权说等，基本均认为对属于国家的自然资源应该进行物权化实现。为此，国有自然资源特许使用权也是一种民法物权。代表性者如崔建远的《准物权研究》和《论争中的渔业权》及其主编的《自然资源物权法律制度研究》、黄锡生的《自然资源物权法律制度研究》、桑东莉的《可持续发展与中国自然资源物权制度之变革》、金海统的《资源权论》、黄萍的《自然资源使用权制度研究》、陈仪的

---

① 刘超：《国家所有权客体范围之依据的证成与考辨》，《广西大学学报》（哲学社会科学版）2013年第2期。

《自然资源国家所有权的公权性质研究》、崔凤友的《海域使用权制度之研究》、张璐的《生态经济视野下的自然资源权利研究》等。为此，有民法学者甚至从私法角度系统讨论了行政特许及其历史渊源、效力等问题，从而似为国有自然资源特许使用权私法权利说提供了支持。代表者如王智斌的《行政特许的私法分析》、翟翌的《论"行政特许"对"民商事特许"的借鉴》、王洪亮的《论水权许可的私法效力》，等等。此外，还有一些较有代表性的期刊论文，如张璐的《生态经济视野下的自然资源权利研究》一文，以及张峰、叶榅平的《自然资源物权化的困境与出路》、宋旭明的《我国自然资源物权化理论及立法模式评析》、吕忠梅的《"绿色"物权的法定化方案》等，也或多或少地涉及自然资源权利及其物权化路径等问题。

但是，由于民法物权自身的理论局限，以及自然资源及其使用权上的特殊性等原因，在以上代表性的专题研究中，也均存在或多或少值得再思考的一些问题：在崔建远教授的《准物权研究》一书中，他详细地讨论了准物权概念的由来与内涵，和所谓之"准物权"的性质等内容，并以客体的区分分别研究各主要的单项自然资源之准物权秩序建构。但是，由于其定位仍然是民法物权范畴，所以虽然其观点不乏创造性，但从其对准物权与传统物权的关系等一系列问题的解释上来看，将国有自然资源特许使用权统称为准物权仍似有些"藏头露尾"，而且其对于一些自然资源物权客体的定位也让人感到有些迷茫。在黄锡生教授的《自然资源物权法律制度研究》一书中，他先行讨论了自然资源物权的一些基本理论，且仍是将国有自然资源特许使用权定位为民法物权，然后总括性地论述了自然资源所有权和他物权，其体现了对民法物权的一种较为直白的照搬，相关公法问题涉及很少，公法方法适用也就比较淡薄。在桑东莉的博士论文《可持续发展与中国自然资源物权制度之变革》中，她在讨论了自然资源物权制度的若干基础理论之后，提出了一系列变革措施，以使传统物权制度关注多元价值，切实落实资源环境保护与私人利益均衡的目的。但是，由于过于抽象，在基础理论和变革措施之间能否形成内在一致，并不确定而值得思考。而且在其关于自然资源使用权的一些讨论上，逻辑基点也并未脱离民法物权范畴。金海统的《资源权论》一书，将自然资源区分为"自然性生存型自然资源"和"人为性发展型自然资源",并以此为基础分析了资源权的性质,指出资源权是一种公私协同性权利,其主体、客体和内容上均表现出相互协同,这种资源使用权为环境权。在陈仪的博士论文《自然资源国家所有权的公权性质研究》中,她主要从历史的角度、价值角度以及与民法物权比较的角度指出,自然资源国家所有权的本质是国家于整体意义上对自然资源的立法权、公法管理权(对政府而言,这也是政府的一种公法义务),而非民法物权。显然,对这种公法管理权我们也无法将它视为公法物权。由此,其文章指出,自然资源法律制度应"强化自然资源立法权和管理权的权力控制和对公民利用自然资源的权利保护,使自然资源的开发利用真正回归其公益目的"。就此看来,自然资源使用权似乎被定位为附加了公益负担的私权,但其文章对自然资源使用权问题并未过多着墨。黄萍的博士论文《自然资源使用权制度研究》,也基本是按照民法物权的体例,将自然资源使用权定位于民法物权范畴来进行研讨,相关公法问题的讨论,公法方法的适用同样非常淡薄。崔凤友的博士论文《海域使用权制度之研究》,以海域使用权作为分析对象,但其仍将海域这种国有自然资源的特许使用权定位于民法物权范畴去思考机制建构,相关之公法上的问题也涉及不多,公法视野和公法方法的引入与适用也非常之少。倒是王智斌的博士论文《行政特许的私法分析》关涉了不少行政法上的问题和知识,但由于他是在私法视野,主要以私法理论分析行政特许问题,其间,间或涉及自然资源的特许使用权问题,但由于研究视野、方法以及命题本身显然就已决定这种特许使用不会被定位为一种公法物权。在邱秋的《中国自然资源国家所有权制度研究》一书中,他着重分析了自然资源国家所有权问题,所以对国有自然资源特许使用权关注并不多,其间,间或有些分析也只是服务于自然资源国家所有权的分析。在施志源的《生态文明背景下的自然资源国家所有权研究》一书中,他重点关注的问题也是自然资源国家所有权问题,较少涉及国有自然资源特许使用权的分析,虽然间或存在一些分析,但其讨论的基本定位仍然是民法物权。在张璐的《生态经济视野下的自然资源权利研究》一文中,其核心观念也仍然是民法用益物权化路径。张峰、叶榅平的《自然资源物权化的困境与出路》一文和宋旭明的《我国自然资源物权化理论及立法模式评析》一文,基本均是以民法物权定位和物权理论为视野、方法分析自然资源物权化的有关问题。吕忠梅教授在其《"绿色"物权的法定化方案》中倡导将绿色理念引入物权法之中，并指出实现这种"绿色化"的方案无非公法化方案和私法化方案，前者比较简单，但后者则比较复杂棘手；从她的分析进路、方式和结论来看，她更进一步地将私法化方案归纳为用益物权方案、占有权方案、准物权方案（特许物权方案）三种类型，其核心理念和方法也并未脱离民法物权范畴。

但在一些公法学者看来，国有自然资源特许使用权并非民法物权，而是公法性物权，这类观念的支持发展者相对稀少和缓慢，但却是一种不容忽视的观点。其代表者如王克稳教授的《行政许可中的特许物权属性与制度建构》一书、欧阳君君博士论文《自然资源特许使用权的理论建构与制度规范》等。此外，肖泽晟教授的《公物法研究》一书，以及侯宇的《行政法视野里的公物利用研究》一书，也部分地涉及自然资源的使用权问题，不过他们主要是从公物、公产视角部分地给予了关注，而且其基本方法主要也是一种外部论证，从国有自然资源特许使用权的内部视角通过权利来源、性质、取得、行使和保护的逻辑来展开的公法模式研究相较不足。其实，无论是笼统地从民法物权理论范畴来思考国有自然资源特许使用权，还是在区分的视角，主张将那部分属于国有私物、私产的自然资源进行民法物权化，都只是民法视角的认知，但由于民法物权理论本身的局限，以及民法物权无法合理解释和实现国有自然资源上的公益与私益平衡问题，所以，从公法的视角将国有自然资源特许使用权理解为一种公法物权去展开研究不仅是一种新的思路，也是对国有自然资源权利法律机制之中理应蕴含的诸如资源利用和资源与环境保护、私益与公益、政府与市场、国家与社会平衡、合作等一系列价值予以更好落实的合理路径。但从学界概况来看，从公法物权视角去讨论该问题的成果还很少，或者是还没有这样的一种自觉意识。应该看到的是，随着近年来公共行政改革，政府与市场、国家与社会的合作已是大势所趋。在此背景下，行政特许成为激励和利用社会资本的一个重要制度，也成为公私合作的一种重要方式。① 行政许可立法以及行政许可、特许理论发展也都为国有自然资源特许使用权之公法物权观念提供了一定

---

① 翟翌：《论"行政特许"对"民商事特许"的借鉴》，《法学评论》2016年第3期。

支持。相关方面的研究成果也愈加丰富，代表性成果诸如詹镇荣的专著《公私协力与行政合作法》以及《民营化法与管制革新》、沈岿主编的《风险规制与行政法新发展》，还有一些关于行政许可方面的代表性著作，如林胜鹞的《行政法总论》、张兴祥的《中国行政许可法的理论与实务》、刘恒主编的《行政许可与政府管制》、廖扬丽的《政府的自我革命：中国行政审批制度改革研究》，以及一些代表性论文，如陈端洪教授的《行政许可与个人自由》、周汉华教授的《行政许可法：观念创新与实践挑战》，以及杨解君教授的《〈行政许可法〉的创举与局限》，任海青、王太高的《论我国行政特许制度的立法完善》，等等。在这些著作和论文之中，对行政许可的理论基础、基本理论、发展趋势、存在问题及其消解等做了程度不等的研讨，这些也为国有自然资源特许使用权问题的研究提供了不少智识支持。

三 框架、方法及创新与不足

（一）基本框架

本书以国有自然资源特许使用权为研究对象，主要从公法学视野，对国有自然资源特许使用权的由来、性质、取得、行使、保护等问题进行一系列有别于私法研究模式的思考。按照顺序，文章共分为五大部分：

1. 国有自然资源使用形态及其新分类

本部分以自然资源的使用形态为出发点，在主要对目前国内学界关于自然资源使用的类型理论进行综合梳理之后，提出了一种新的使用形态分类，即生存性使用、生态性使用、公共性使用和经济性使用四大类型。这种新的分类观念是在已有理论分类上的一种新的推进。以往研究中关于自然资源使用形态的分类存在平面化、机械化、简单化的倾向，而新分类则在重新认识自然资源基本属性的基础上，以自然资源的多元属性和自然资源对人的多元价值之间的双向、可交流对级关系进行了类型划分。在此基础上，进而将国有自然资源使用权对应划分为生存用自然资源使用权、生态用自然资源使用权、公共用自然资源使用权、经济用自然资源使用权四类，其中前三类实质上应属于自由权范畴，不可物权化，唯有第四类，即经济用自然资源使用权方可物权化。在我国，一般认为，这种经济用国有自然资源使用权即为国有自然资源特许使用权。

2. 国有自然资源特许使用权的性质

本部分主要论证了国有自然资源特许使用权的公法物权性质。这不仅是对公法理论的丰富，也是对国有自然资源特许使用权问题传统研究模式与方法的一种挑战。这种观念及其论证过程是对国有自然资源特许使用权主流研究模式，即私法模式的批判、借鉴的过程，主要从公法视角批判思考了主流之私法模式在理论与实践中的困局，并从权利变动引致权利性质变化的角度，以及公法模式对国有自然资源特许使用权所应存在的权利与权力、私益与公益平衡等要素包容体现更为合理可行等方面将国有自然资源特许使用权界定为一种公法性物权。

3. 国有自然资源特许使用权的取得

本部分着重分析了国有自然资源特许权取得问题，尤其是以特许使用权取得中的政府和市场关系为主线分析了国有自然资源特许使用权取得中的一些理论、立法及实践问题。在从形式上观照了行政特许的基本理论，以及国有自然资源特许使用的法律规范之后，将议题进一步转向实践问题的实质观照上，然后又以此引出对规制行政及其改革的一些思考，进而建议在国有自然资源特许使用权配置上既应正视政府干预，也应注意市场机制的引入，这也顺带引发了对行政法激励机制的思考，并将激励机制理解为市场机制的一种形式，以激励机制的植入为主线思考国有自然资源特许使用权取得中的政府与市场合作问题。

4. 国有自然资源特许使用权的行使

本部分主要研究了国有自然资源特许使用权的行使问题，以国有自然资源特许使用权的公法物权定位为基础，讨论了特许使用权的主体、客体、行使方式、行使限制等问题，然后又简要讨论了国有自然资源特许使用权的规范适用。

5. 国有自然资源特许使用权的保护

第五部分重点研究了国有自然资源特许使用权的保护问题，由于国自然资源特许使用权具有公法物权的基本属性，所以，在对它的保护与传统民法物权的保护存在较大差别，文章认为对国有自然资源特许使用权这种公法物权的保护只能或者只需采用公法性保护方法。在这一前提下，进而重点分析了行政违法侵犯国有自然资源特许使用权的保护与救济。

(二) 研究方法

1. 比较分析法

首先，公法物权有别于民法物权，但它又是参照民法物权发展而来。所以，在对国有自然资源公法物权属性的分析与定位选择中适用比较分析的方法就不仅可能而且必要。其次，站在前人研究基础上推进课题研究是一种惯常、必要的态度和方法。关于国有自然资源使用形态及其类型化，以及新的分类的提炼等等，无不需要进行相关研究成果的比较和筛选，并在比较分析基础上发现新问题、新思路、新方法。再次，在国有自然资源特许使用权的取得上，也涉及比较分析方法的适用。到底是政府规制干预的方法更为有效，还是市场配置的方法更为可取，或者是二者的结合，等等问题无不涉及比较、分析、选择。最后，在国有自然资源特许使用权的保护上，传统保护方法能否适用、为什么？以及为何选择统一公法保护方法等问题，也大量涉及比较分析方法。

2. 规范分析方法

现行相关法律规范为国有自然资源特许使用权提供了实定法依据。所以，在研究问题时不可能抛开现行相关法律规范进行纯粹的"冥想"。从《宪法》《物权法》，到《资源环境保护法》，以及相关自然资源行政管理法、《行政许可法》等大量规范中发现问题、分析问题尤有必要。比如，国有自然资源使用权新分类的规范实证、以自然资源使用权为中心的自然资源国家所有权的实现、国有自然资源特许使用权的主体、客体、行使，等等问题都需要适用规范分析的方法。

3. 实证分析方法

研究的意义不仅在于推动理论发展，更在于切实解决实践中的一些问题。所以，实证分析方法自不可少。本书的实证分析主要集中于两大方面：其一是新闻媒体报道的一些现实情况、案例等；其二是选择一些最高人民法院典型案例，或者从中国裁判文书网、北大法宝法律数据库中寻找一些典型案件进行分析。

4. 多学科研究方法

国有自然资源特许使用权问题不仅涉及资源环境科学、法律科学、经济学，还涉及管理学、生态学、伦理学、政治学等多个学科，并且经常需要多个学科相互配合才能更好地思考、分析问题。本书主要立足于（行政）法学，但也注意借助资源环境科学、管理学、经济学、政治学等学科的一些相关概念、观念与方法。所以，整体上，本课题研究方法又呈现出多学科合作的色彩。

（三）创新与不足

从整体研究情况而言，本书在选题、内容和研究方法上均有一些创新之处，同时也可能存在一些不足，分述如下。

1. 创新之处

首先，选题方面。自20世纪80年代初，我国学者开始关注国家所有权以及国有所有制以来，关于国有自然资源问题的研究逐渐繁兴起来，但直到21世纪初期，相关研究相对还是比较淡薄。主要原因大概在于，改革开放后，随着国家经济建设步入正轨，大量基础性、主干性立法才陆续展开，国有自然资源法律制度的建设除了一些原则性规定尚未及展开。进入21世纪后，随着《行政许可法》《物权法》，以及相关自然资源立法的完成或完善，国有自然资源问题才成为一个热门议题。近年来，关于自然资源国家所有权问题的研究比较集中，也比较多，但是在自然资源国家所有权的性质、结构、行使机制等重要问题方面仍然没有形成太多共识。而且相关研究明显主要集中于民法领域，传统民法物权的影响仍然深远。在这样的一种背景下，国有自然资源特许使用权问题的研究更为稀少，已有为数不多的研究也大多从民法物权范畴来讨论并构建相关机制。而且已有成果对一些要害性问题的回应并不完备，或者说从民法范畴去解释、分析和解决一些问题的思路值得反思。公法学视野在此议题上的价值并未受到应有重视，以公法方法研究该议题的成果也为数寥寥。当然，其中一些公法学者的研究颇值称道，但是值得我们进一步思考挖掘。所以选择这样一个课题不仅有意义，而且具有挑战性。也就是说，本课题的选题比较新颖、有价值。

其次，内容方面。对于国有自然资源使用权的传统研究主要是从民法物权范畴出发去建构逻辑，所以其内容多以物权的理论逻辑为支撑展开分析。但本书不仅涉及对民法物权的参照思考，更涉及行政法知识逻辑和方法。这样，本书的内容就比较特殊，既在一定程度上符合物权的基本逻辑，又在一定程度上符合行政法学知识逻辑。这主要是因为国有自然资源特许使用权的结构特殊，它不仅具有物权的属性，更是受到诸多公法限制的物权。所以，在整体视角上，它本质上是一种公法物权，它在性质、取得、行使和保护等问题上具体较多特殊性，这是它与传统物权或者财产权最大的区别所在。那么由这些问题串联起来的内容必然体现出一定的特殊性。

最后，方法方面。自然资源是一类特殊的财产。其本身属性即已决定了它的特殊性。对这样一类特殊的财产，要纳入法律范畴来建构它的秩序机制显然就不单是一个法律问题了。这里需要经济学、管理学、资源环境学、政治学、法学等多学科的配合，否则国有自然资源权利机制就可能失之合理、科学。本书不仅使用了比较分析、规范分析、实证分析等传统方法，也注意借鉴经济学、资源环境学、政治学、管理学等多学科的思维视野和方法，这也算是本书在研究方法上的一定程度之创新。

2. 不足之处

一项有价值的课题往往不仅说明它值得继续研究，也一定程度地说明它是有难度的。关于本课题研究的直接成果，尤其是域外的直接成果，由于各方面的条件限制，可能关涉并不很充分，只能通过收集、阅读域外关于自然资源、财产权、物权、经济学、生态经济学、资源管理等方面的资料进行不甚全面的概括分析，这不能不说是一种遗憾和不足，这是其一。其二是，由于国内相关研究并不充分，且现存的不少研究在视野和方法上比较狭小、固定，这可能会使文章中开拓新视野、寻找新方法的试图看上去像是在标新立异；加之，对其间可能会涉及的一些概念与理论在有限的思维空间和逻辑框架下无法详尽展开，所以研究中的一些观点可能会受到批评质疑，这也在所难免。比如，关于国有自然资源特许使用权的性质这一重要问题，从目前国内学界的相关研究来看，主流性意见认为它具有民法物权的属性，无论被称为自然资源特许使用权、准物权还是特别法物权，它都属于民法物权范畴。但本书认为它是一种公法物权。但是，这种观点在逻辑上能否自圆其说，以及能否经得起实践检验，尚待后续研究或者实践批评。再如，在国有自然资源特许使用权的价值使命问题上，本书虽也观照了私法与公法、私权与公权、私益与公益及其平衡，但整体上是坚持公法取向的思维方法，这种思维是否完全合理、妥当也可能会引发来自理论与实践的批评、质疑。没有批评就没有进步，任何研究都需要具有这样的胸怀，接受批评并在克服不足中成长也是一种必然的道路。

第一章

国有自然资源使用形态及其分类

在国有自然资源特许使用权问题上，学术研究的所有动因都指向了其法律机制的合理建构。但在目前主流的民法物权化模式下，受制于传统民法物权理论，以及自然资源的特殊性，在从国有自然资源使用形态向使用权形态的转变问题上，相关研究并不充分、清晰，学者对我国自然资源使用权之现行法也提出了不少批评。其中的缘由固然是因使用形态与立法之间的对接不合理，但更实质的问题则是使用形态的类型化不科学，以致无从为立法提供完整、科学的素材规整，无法指导合理立法。由此看来，国有自然资源的使用形态及其合理类型化就成为一个前提性问题。

第一节 自然资源使用的现代价值

一 何谓"自然资源"

（一）自然资源的含义

一般地，人们习惯用"资源"一词泛指那些对人有用的、能为人带来价值的东西。自然资源是这种广义资源概念中与经济资源、人力资源等并立的一种资源类型。它是指能为人利用而作为生活和生产资料来源的自然要素，主要包括土地、水、生物、气候、旅游等。[①] 它与人类环境关系密切，是环境的重要构成要素，蕴含于环境之中。由于二者唇齿相

[①] 参见《中国大百科全书·法学》编委会编《中国大百科全书·法学》，中国大百科全书出版社1984年版，第25页。

依，所以学者通常也将二者统称为"环境资源"。"环境概念强调整体性、生态联系性，人类环境无国界；资源概念强调使用价值、可开发利用性，自然资源是财富。"① "环境是以人类为中心、作为人类生存条件，能够满足人类生存与发展需要的空间和直接或间接影响人的生存和发展的各种自然因素的总体，具有物质性、生态性、唯一性、有限性特征"；"自然资源乃自然界形成的可供人类利用的一切物质和能量的总称"。② 因此，自然资源就是天然的财富，它具有有限性、地域性、多用性、价值性，其中的有限性（稀缺性）和多用性是法律存在的前提，正因这种有限和多用才具有了优化配置的需要，有了法律机制需要。③ 这种法律机制通常包括两大部分，一是自然资源利用机制，二是自然资源保护机制。如何在利用中保护或在保护中利用，涉及公共利益和私人利益的平衡。当然，由于在自然资源利用和自然资源保护中均存在公益与私益的复杂交错。所以，有关自然资源权利的法律机制之复杂性更强，这毋宁说乃源于自然资源自身的复杂性。

（二）自然资源的特征

首先，自然资源具有整体性和相互关联性。不同类型的自然资源形成了一个整体，这个整体在生态环境意义上被称为生态系统，对作为整体系统要素的每类自然资源的分割、利用，从长远来看都会在数量或质量角度降低系统性能，因为每类个体自然资源除了拥有自身系统外，还与其他自然资源结成了一种必然相互影响的关联关系以织就整体生态系统。生态系统指在一定时空中，生物之间及生物与其生存环境之间通过相互作用、物质循环、能量流动、信息交换等方式而形成的自然整体。④ 20世纪70年代前后是自然资源环境问题爆发、讨论的紧要时期。随着人们对自然资源环境的认识的逐步深入，多元知识被引入其中，以期对这一问题及其消解实现从抽象到具体的模式与路径建构。物理学的相关理论也参与了这项活动。1971年美国学者

---

① 蔡守秋主编：《环境资源法学》，高等教育出版社2007年版，第3页。
② 吕忠梅主编：《环境资源法学》，中国政法大学出版社2005年版，第3—6页。
③ 参见吕忠梅主编《环境资源法学》，中国政法大学出版社2005年版，第7—8页。
④ 参见《中国大百科全书·环境科学》编委会编《中国大百科全书·环境科学》，中国大百科全书出版社2002年版，第328页。

雷根等人借助热力学的"熵"原理，提出熵法则的经济过程理论。他指出，供人类生存繁衍的地球是一个独立体系，它从太阳获得源源能量，并持续延展着低熵补给和高熵废弃的能量交流运动，工业文明的兴起是以自然资源环境等构成的地球生态系统的破坏为代价的，生产、交换、消费导致了资源枯竭的同时，也将高熵废弃于地球外，从而制造了更为广深的人类生存危机。[1]这种观点促使我们对自然资源环境问题的认识更为深刻和体系化，这也是对自然资源的系统性特征的一个证明。

其次，具有多元的有用性。自然资源的有用性，一是指它具有维护自身系统健康的生态价值，一是指它对人的多元价值，如生存价值、发展价值，经济价值、精神价值等。自然资源的多用性与自然资源兼具公共物品和私人物品属性密切相连。作为一种公共物品，自然资源更多地体现出公共利用和生态平衡之公共利益价值，因而需要公权力作为公共利益的代表，以克服其因缺乏激励与动力而产生的供给与保护不足问题；作为一种私人物品，自然资源主要体现在对经济利益的寻获——私人能获得市场带来的足够经济利益和制约机制，因此，需要明确自然资源的权利归属和边界，以形成合理、常态的自然资源开发利用行为模式。[2] 自然资源的多用性增加了自然资源权利法律机制的复杂性，也为传统机制带来了挑战。

最后，稀缺或有限性。稀缺或有限性实际上体现了自然资源的社会性，体现了人与自然的关系，因为有用才会被人类追逐利用，因为有利用价值才会产生竞争并导致稀缺和有限，才需要建立合理的自然资源权利法律机制。

二 人与自然关系简史：从蛮荒到文明

自然资源是大自然赋予人类的，为保障基本生存和谋求发展所必需

---

[1] Georgescu-Roegen, Nicolas, *The Entropy Law and the Economic Process*, Cambridge, Mass：Harvard University Press, 1971. 转引自 A. N. 斯特拉勒等《环境科学导论》，北京大学地理系译，科学出版社1983年版。

[2] 黄明健：《环境法制度论》，中国环境科学出版社2004年版，第199页。

的一类资源。在人类社会发展的不同时期、不同阶段，人们对自然资源的认识程度有高低之别，那么自然资源对人类的价值也就不尽相同。① 所以，在不同历史时期，人与自然的关系模式也会有所不同。尤其是随着人与客观物质世界的分离，人类获得整体解放，人不再被视为客体和手段，从而使人类得以主体身份进行发展的同时不断审视自身所处的环境、可资运用的工具、手段与条件。

从人类社会发展时序看，人类发展史也就是一部人类对自然的认识史、利用史。自 1840 年爆发第一次工业革命后，以煤炭、钢铁等严重依靠高度消耗自然资源为标志的"黑色革命"成为人类经济与社会发展的主旋律。大型机器的发明和使用所产生的超乎想象的经济价值将人类原本麻木的神经搅动得异常兴奋，于是人们用了短短三百年，摧毁了分别经历了百万年与一万年漫长发展之路的原始文明和农业文明，弹指一挥之间成就了工业文明。侵略式、毁灭式、非持续性、欲望张扬等，成为那个时代的绝佳注脚。随之而来的问题是，生态危机成为 21 世纪人类面临的最大挑战。②

为应对和消解生态危机，世界几乎所有国家、各色各类组织自 20 世纪中叶开始发起了一系列生态运动，积极号召改变生产、消费等生活方式。此后，随着诸多生态环保组织的蓬勃发展，生态运动也随之成为一个国际化议题。1987 年 2 月，联合国环境与发展委员会在其提交的《我们共同的未来》这一报告中系统提出"满足当代需求亦不牺牲后代需求与利益"的可持续发展战略。1997 年 12 月，在《联合国气候变化框架公约》第三次缔约方大会上，与会的 149 个国家和地区代表一致通过了旨在抑制全球变暖的《京都议定书》。至此，生态文明渐已成为一个被民间与官方持续、强烈关注的议题。生态文明，是指人们在改造客观物质世界的同时，不断克服改造过程中的负面效应，积极改善和优化人与自然、人与人的关系，建设有序的生态运行机制和良好生态环境所取得的物质、

---

① 有学者对自然资源范畴随人类社会和科学技术的发展的扩展做过非常系统的研究比较。参见万年庆等《对自然资源概念的再认识》，《信阳师范学院学报》（自然科学版）2008 年第 4 期。

② 本部分主要参考叶小文《生态文明与中国发展》，《光明日报》2014 年 7 月 11 日，第 4 版。

精神、制度方面的成果总和。① 它是人类对工业文明进行深切反省之后，基于人与自然和谐相处的人文的、良性持续的需求而抽象出的一种新理念。它体现出人类在对扭曲的工业文明经过思考之后，认识到生态环境乃是人类生存的根本，因而亟须以一种可持续的理念与方式去经营人与自然，乃至人与人关系的至上性价值理念。它是一种能够体现和包括社会生活基本方式、基本价值取向和运作模式的社会生活逻辑。生态文明的提出指明了人类社会向后的发展方向、方法与目标——以非侵夺的绿色可持续方式，发展人与自然的同构关系，使人与自然、人与人和谐共生。②

三 生态文明的启示：既要效率也要公平

人与自然关系走向文明已为人类明确指示了自然资源开发利用的未来之路：要兼顾效率和公平。只有符合效率价值，人类才能发展；但唯此不足以健康长远发展。人类社会要求的健康持续发展，还必须注重公平。

（一）效率价值

自然资源是人类存在和发展的一种物质基础。人类要开发和利用自然资源以创造出新的财富和价值，推动社会的更新发展，这是效率价值使然。效率，在经济学上一般指投入与产出的比值。但在社会科学上，效率通常被用来指称有用性，以及对这种有用性能够促进人及社会发展的意义评价。它可以促使主体发挥最大动能，也可促使客体释放最大效能，并以此种方式刺激财富积累，为人与社会发展提供物质基础。

自然资源具有多用性，在主—客二分的哲学范式中，自然资源作为客体服务于人。而如何更好地服务于人的生存和发展，则首先涉及效率问题。在通常的效率观念下，自然资源利用效率可以理解为自然资源开发利用的所有投入和产出比。由于传统观念认为自然资源是供人类无偿、永续使用的自然资本，所以自然资源利用效率是一种持续正向增长的函

---

① 尹小明：《科学发展观视阈下我国生态文明建设的路径探讨》，《重庆社会主义学院学报》2009 年第 2 期。
② 张牧遥：《生态文明的法制保障》，《甘肃理论学刊》2015 年第 3 期。

数。但近代以来的工业革命极大开发了自然潜能，一味追求经济效率的掠夺式利用也导致了自然环境的"消极回报"——环境污染、资源破坏。而且由于自然资源是一种公共物品，没有产权配置的公共物品会造成人人都可使用，但却不用付费；人人都可使用，但却没有人来保护的局面。也就是说，在那些公共物品上存在开发利用的非经济性，开发和保护成本无人负担，使用者无须付费，甚至为开发和保护这种公共物品的成本要远大于收益，以致这种公共物品的利用毫无效率性可言。此即学者所谓之"公地悲剧"。① 正是为解决自然资源利用上的这些非效率性问题，产权配置理论应运而生。西方产权经济学侧重将产权作为一种微观、独立的经济范畴予以研讨，其重在强调产权配置与经济效率之间的关系，力图通过合理的产权配置实现提升效率之目标。②

产权配置源于资源的稀缺性，因为稀缺才要排他占有。"一种资源即使是自然稀缺的资源，如果缺乏能够被运用的控制技术，也不能导致财产权的创立。"③ 但基于稀缺而占有、控制、支配财产并非根本目的。将产权机制引入自然资源这种公共物品配给领域的根本目的在于资源配置符合效率要求。在这一问题上，科斯率先做出了重要贡献。他在《社会成本问题》一书中提出了著名的"科斯定理"之基本思想。之后，斯蒂格勒在其《价格理论》一书中将这一思想提炼为科斯定理，"认为倘若交易费用为零，无论初始的产权如何界定，都不会影响资源配置的结果。也即在交易成本为零时，法律的初始安排只对收益的分配构成影响，而不会对效率的实现产生影响。但是，实际上现实中的谈判交易面临着各种各样的成本，当交易成本为正时，产权的界定就会对资源配置产生影响，就有了科斯定理的推论，也被称为科斯第二定理——倘若交易费用不为零，则不同的产权界定将导致不同的资源配置结果。也即，在交易成本为正的情况下，不同的法律安排不仅会影响收益的分配，更会影响

---

① "公地悲剧"是由哈丁于1968年在《科学》上的一篇讨论公有草地上的放牧问题所引发和阐述的一个概念与理论。See Garrett Hardin, "The Tragedy of the Commons", *Science*, 162 (1968): 1243 – 1248.

② 桑东莉：《可持续发展与中国自然资源物权制度之变革》，博士学位论文，武汉大学，2005年，第94页。

③ 史晋川主编：《法经济学》，北京大学出版社2007年版，第63页。

效率的水平"①。

产权理论的一个基本假设是：人具有自利本质，对属于自己的财产会比较珍惜和爱护。但过于密集的产权同样是不符合效率的，它会过度分散财产而阻碍财产的有效利用。所以，"反公地悲剧"② 概念及其理论也得以产生。由此可见，无论是"公地悲剧"还是"反公地悲剧"，其核心都在于如何解决资源利用的效率问题。但是，产权机制比较侧重市场的作用，其忽视甚至否弃法律以及代表法律的国家（政府）干预的观念值得质疑。波斯纳就曾指出：科斯对经济学领域和方法的理解是狭窄的……他的《社会成本问题》对法律和经济学运动的关注表现得漫不经心。设置产权的目的是保护人们的财产权利，它是由一系列规则体系所构成——它确立了生产劳动与产品分配规则，也是一个包含所有权在内的权利束，因此它也意味着人们行使这些权利所形成的权、责、利关系结构——包括了所有权、行为权（占有或使用权、转让权、经营管理权、处置权等）和接受权（主要指收益权），此三权围绕生产资料这一客体，分别对应于所有制、生产和分配三项问题；从此结构来看，产权不仅是所有权，更是行为权。③ 由于法律通过规制行为而建构秩序，所以，法律范畴内的权利机制与这种行为权形成一致。法律经济学的一个基本观点是，法律的诸多原则、程序与制度本身就是在直接回应人际交易成本问题，以确保市场机制的正常运作。由此，产权理论与法律得以结合，在自然资源权利领域则进一步催生了自然资源物权理论。④ 当然，以科斯、波斯纳等为代表的经济学家、法经济学家主张私有化——一种产权界定模式。⑤ 这种产权配置模式在国有自然资源上的适用并不见得十分科学合理。这一方面是因为，以私有化模式满足效率价值，要求完全竞争市场、明晰产权、交易成本低微和环境保护等条件的同时满足，但这些条件苛

---

① 史晋川主编：《法经济学》，北京大学出版社 2007 年版，第 68—69 页。
② "反公地悲剧"是对产权分割过于细致零散的一种反思观念。
③ 王玉敏等：《产权的权利结构论——一个认识产权问题的新视角》，《科技进步与对策》1999 年第 3 期。
④ 黄锡生：《自然资源物权法律制度研究》，重庆大学出版社 2012 年版，第 13 页。
⑤ 虽说有学者认为，科斯定理本身不存在或私有或公有的制度偏好，仅以资源配置效率的帕累托最优为基础，以交易费用和收益之比较来进行选择。但是，这种方法所要求的资源配置以及资源流转的高度自由性和目的价值上的效率性是与私有制的本质相契合的。

刻得近乎理想；另一方面，将资源开发利用的各种成本内化，以效率涵摄公平（保护环境）的理论企图可能无形之中矮化了公共价值，可能忽视自然资源利用中的公平问题。

(二) 公平价值

公平意味着同样情况同样对待。公平的法律表达主要指权利的赋予、行使和保护上的无差别对待。自然资源利用上的公平问题关乎代内平等和代际平等。对资源的非合理利用通常由于打破了生态、效率和公平之间和谐从而是不可持续的。由于自然资源利用领域的公平问题间接倡导了生态价值，所以，可以说自然资源权利法律机制的构建主要围绕资源利用的效率与公平价值而展开。从如今的现实看来，自然资源利用中的非公平现象已经全球化。而且这种不公平突出表现为穷人资源向富人的转移，贫富差距愈加悬殊，社会公平结构正在发生畸变。如印度学者古哈指出，在印度，忍受环境恶化所引致诸多问题挤压的主体主要是穷人、无地的农民、妇女和部落；而这一问题的解决则涉及经济和政治资源的重新分配，其本质还是公平问题；备受西方环境保护团体关注的印度原始荒野与野生动物保护，实际上引致了自然资源从穷人向富人的直接转移，加剧了社会不公。① 实质上，自然资源利用领域的不公平问题在工业革命之后已经扩散并表现为群体之间的不公、地域之间的不公、产业之间的不公等多元化之复杂形式。富人与穷人之间、落后地区与发达地区之间、高耗能产业与绿色产业之间的"俘获与被俘获"现象广泛而又复杂。② 这一切无不关涉公平。

关于自然资源利用上的公平问题，其实质涉及人与自然资源环境的关系定位。对此，越来越多的学者从伦理学、哲学的高度展开了观念交锋。自近代以来，自然科学的研究范式被引入哲学与社会科学，机械认识论、牛顿力学、笛卡儿的"主客二分"思维也得以盛行。在机械认识论看来，人与自然之间的联系是机械的，人可以控制自然并将之作为围绕自己所形成整体的一个部分。显然，这高估了人认识和控制自然的能

---

① 梁剑琴：《环境正义的法律表达》，科学出版社2011年版，第3页。
② 张牧遥：《民族地区自然资源利用的法律思考——以贵州省为例》，《贵州民族研究》2016年第8期。

力，而低估了自然自身的复杂性，人对自然的认识、控制、利用流于形式，过于肤浅和机械。这种"主—客"二分并以人为中心的自然资源观，给人类带来了前所未有的灾难——生态的毁灭性灾难。[①] 那种突出强调以人为中心的资源利用观念，将自然资源仅视为实现自己——当代人目的的手段和工具，从不考虑为后代人保留一些自然资源财富，也从来不考虑自然资源本身的特殊性，不考虑资源环境的珍惜、保护。正是出于这样一系列问题的考虑，自然资源利用的代际与代内公平问题被抽象出来，之后的法律、哲学、社会学等多学科学者纷纷登台进行了一场关于人与自然关系的大讨论。讨论的结果基本形成了对传统人与自然关系认识的三种或修正或超越的观念：其一是有限修正主义，又被学者称为"修正的人类中心主义"；其二是"整体生态主义"；其三是超越的"生态中心主义"。在这三种观念中，前二者其实非常相似，甚至可以说具有本质上的同一性，即都无法否认人类对自然资源的利用，都提倡人对自然适当的尊让，所不同的是，整体生态主义的视角更为广阔，它将人、生物及其他无生命的自然资源均视为一个整体系统的组成部分，各个部分之间是彼此同构、相互影响的。当然，"整体生态主义"激进得近乎理想。借此观念，近年来，不少学者、社会组织与个人频频以鱼、树木等生物之名提起所谓之公益诉讼。这种观念所宣扬的一个主题就是"种际"公平，但它存在主体泛化、价值泛化以及道德泛化等一系列问题。而"修正的人类中心"则仍然认为，人是主体，自然资源是与人共生共存的客体，所以在利用自然资源的同时也应尊重自然，重视自然规律，以避免影响生态健康。也就是说，"修正的人类中心主义"重视生态价值，为维护生态价值、保障人们健康地生活，虽然仍需以人为本，但这里的人已不再是自私自利的个体，而是"全面发展的人""最大多数人""当代及后代人"，系指"整个人类"。[②] "生态中心主义"则主张，存在于自然环境中的生物和无生命之物应享有比人更高的地位，它们应是生态系统的主体，而非为人所利用、服务于人的客体。若说出于保护环境的迫切需要，为

[①] 陈泉生等：《环境法哲学》，中国法制出版社 2012 年版，第 8 页。
[②] 王建明：《论"以人为本"的环境价值观——科学发展观的环境伦理学视野》，《江海学刊》2005 年第 4 期。

促使人们更加尊让自然环境，尊重自然规律而提倡所谓的"种际"平等，这在理想层面无可厚非，但为了这样的目的而无限制地拔高则会带来一系列的技术难题。因此，此种观念也受到不少学者的批评。

我们认为，"修正的人类中心主义"具有可取性。但"生态整体主义"所主张的人与自然平等、不分主次的观念对"尊让"自然的价值过分拔高，这会使机制设计与实践难题丛生；而"生态中心主义"的观念却存在矫枉过正的嫌疑。首先，社会是人的社会，社会中的一切事物都是围绕人而形成的关系网络。尽管在编织这些网络的过程中，诸如自然资源等要素也都参与其中，但它们仍然只是一种手段，而非目的。不过，因为人类首先是生存于特定的自然环境之中，从而需要考虑生态环境健康问题。但存在于此处的所有关系及其关系调整都围绕人并以人为目的，不论是法律的调整手段还是其他非法律的调整手段，调整的都只是人的关系。可以想见，那些主张动物、植物也有与人平等的权利，甚至超越人的价值而强调"生态中心"的观念怎样去进行机制设计和实践活动？其实，从那些主张者的设计中我们仍然可以看到人的影子，如果自然的权利最终还需要由人代理行使，那这种赋予自然的权利还有必要存在吗？可行吗？其次，"生态整体主义"鲜有远见卓识。我们无法否认，在系统论的视角上，构成和存在于整个系统的每个部分都必须健康、持续做功，否则系统将无法健康维持。"生态整体主义"恰是将人与自然都看成这个系统的重要组成，却不去关注到底谁主谁次。所以说，它几乎是在一种功能主义的视角下观察和理解人与自然在整个生态系统中应有的角色和作用——人固然必须利用自然资源环境，但也应尊重自然，维护自然生态健康。不过，"生态整体主义"同样为我们带来了机制设计与实践活动的难题，它对科学的法律机制的构建几无建树。正如学者指出，"'整体主义'往往蒸发成一种神秘主义的感叹，一种生态伙伴关系和共同体的修辞性表达，从而完全流于日常问候语般的形式"[①]。所以，应该看到，在最终目的上，自然资源利用问题的关键仍然指向人更幸福、更健康地活着！"修正的人类中心主义"不仅系统地看待人与自然资源环境的关

[①] [美]默里·布克金：《自由生态学：等级制的出现与消解》，郇庆治译，山东大学出版社2012年版，第6页。

系，积极地尊让自然环境，也能比较便捷地创造富有操作性的机制，从而努力将效率与公平价值平衡起来。

第二节　国有自然资源使用的形态及其理论

近现代以来，自然资源的使用成为一个重要的话题。但是，任何一种生态哲学观念一旦仅以人为中心或完全脱离人的中心都是不合时宜的。修正的人类中心主义正是看到这一点，才强调自然资源及其使用仍应服务于人类，但人类也应该尊重自然，遵循自然规律，以此为自然资源的使用附加了一定的公益要求。可以说，如今任何一国或地区的任何一种自然资源使用机制、使用形态都是在保障效率与公平、维护私益与公益的平衡之际"带着镣铐起舞"。

一　域外有关自然资源使用形态的分类及其理论

在现代社会，使用权几乎成为财产权的核心，财产归属的光环则正在消退。

对于国有自然资源，大陆法系国家通常将其视为国家公产，① 并以利用的自由性、人身依附性、公平照顾、效率价值等为考量因素，将其利用大致区分为自由使用、许可使用、特许使用等方式，并由此进而延展出无偿使用与有偿使用、平等使用与排他使用等诸多分论形式。而我国传统、主流观念则将自然资源使用权禁锢在民法领域，近年来则吸收了大陆法系公产、公物理论之后较为普遍地认为，应将国有自然资源区分为国有公物和国有私物而分别讨论各自机制。可以说，这种将归属与使用方式捆绑一起的方式无疑增加了我国国有自然资源权属机制研究与建构的难度。大陆法系国家的公产、公物理论是以使用方式为标准来认识和建构权利机制的，所有权归属虽亦贵为前提，却似非使用权机制的决定要素，私有财产（物）上同样可以设立公用目标。在英美法系国家，自然资源虽也越来越多地被规定为国家所有，但所有权问题也非关键问题，反倒是自然资源的使用问题更受关注，公共信托理论在英美法系国

---

① 王智斌：《行政特许的私法分析》，博士学位论文，西南政法大学，2007年，第40页。

家的发展、发达恰在一定意义上说明了自然资源使用权的重要，以致人们不得不创造一种极富操作性的技术方法以将自然资源使用上的效率与公平、私益与公益价值进行整合。

（一）德国

在德国，不少自然资源被视为公物。德国行政法学者似乎认为"公物"与"公产"是同一概念。① "公产法一方面调整人们日常享受的大量行政给付，是范围最为广泛的一个国家生存照顾领域；另一方面它也调整公共行政主体为执行其任务所必要的人力和物力手段。公产法的目的是维护公产的状态和可用性。"② "公产法上的财产概念与民法上的财产概念并不一致，有争议的通说认为，公产法上的财产概念包括未在《民法典》第90条规定的特定形态即固体轮廓的物品，如空气、水流、电流等。公产是一定范围的具有内在相同特征的财产，它们的共同之处是，用于公共目的，对其法律地位不能只从私法认识，相反，应当将其作为行政法上的一项专门制度。"③ 在公产的使用上，德国法根据利用形态对作为自然公物的自然资源的使用区分为一般使用和特别使用（其又包括许可和特许）。一般使用是指无须特别批准，每个人都可依照公产的高权性目的使用公产之公共权利。一般使用是一种平等自由使用，原则上向自然人和法人开放，除非法律为了其他共同使用人的利益而作例外规定，不能限制使用人的范围；免费使用也不是公产一般使用的实质特征；一般使用原则上属于主观公权利，行政机关违法限制一般使用权的，关系人享有针对该机关的防御请求权；至于一般使用的内容，客观上源自限制使用方式的命名，主观上则源于特定的（一般的）使用目的，超越该特定目的使用（如在公路上设置固定物品）则非一般使用；一般使用的监督和保护由物主负责，为了排除危险、便利交通，物主可以扩大、限

---

① 如德国学者沃尔夫、巴霍夫、施托贝尔等所著的《行政法》第八编，第一章题名即为"公产法"。该书译者也指出，公物法是公产法的一种译法，二者的区别只在于公产法偏重于物的产权归属等法律属性，而公物法偏重于物的使用等功能属性，诸如空气、环境等未明确产权但可供使用的物可属于公物。参见［德］汉斯·沃尔夫、奥托·巴霍夫、罗尔夫·施托贝尔《行政法》（第二卷），高家伟译，商务印书馆2002年版，第455页。

② ［德］汉斯·沃尔夫、奥托·巴霍夫、罗尔夫·施托贝尔：《行政法》（第二卷），高家伟译，商务印书馆2002年版，第455页。

③ 同上书，第456—457页。

制或者禁止一般使用，但对此法律一般会有明确规定；沿线居民对诸如道路、水有一种实质上超出一般使用的事实上或经济上的使用需要，不过，这种使用仍属一般使用，是一种加重的一般使用，它受宪法保障，是沿线居民对公产享有的公法权利、主观公权利。①

特殊使用是指超出公产一般使用范围的使用，此种使用或会严重妨害公产的一般使用，因此并非任何人都享有特殊使用权。特殊使用虽超出一般使用范围，但也不能因而绝对化，为了协调公产方面的公共利益和财产所有人的私人利益，需要设定专门的使用许可；就水法上的"许可"，德国区分比较严重的特殊使用和严重的特殊使用；特殊使用采用收费原则，计算使用费则采用"等价原则"。②

（二）法国

法国法将行政主体的财产分为公产和私产，公产原则上受行政法支配。法国19世纪的公产理论认为公产是根据自然性质属于公众使用的财产，如道路、河川等，它们在本质上具有公益性质，无须政府过多干预，政府保存和维持这种公共财产即可；而且当时还认为，公产是非生产性财产，不能产生收益。但20世纪后，理论认为公产不限于自然性质属于公众使用的财产，还包括行政主体为了公益指定作为公用的财产在内，并且公产制度并非完全排除政府取得收益。③ 法国的公产包括公众直接使用的公产（共用公产）和公务用公产（公用公产）两类。海洋、湖泊、河川等都属于公产，当然不是全部都必须作为公产。"公产的公共使用是所有权的一种表现"；"因此，公产所有权应被认为是与私所有权不同的行政法上的所有权"。④ 根据形态划分标准，自然资源一般可纳入自然公产范畴。在公产的使用上，对公众直接使用的公产的使用方式，可依不同标准进行分类：如可依人数不同，将公众使用区分为集体的共同使用（如在海滨散步）和个别的独占使用（如菜场中的菜摊）；还可依使用者是否按照公产设定之目的进行使用，将之区分为普通使用和特别使用，

---

① ［德］汉斯·沃尔夫、奥托·巴霍夫、罗尔夫·施托贝尔：《行政法》（第二卷），高家伟译，商务印书馆2002年版，第495—511页。

② 同上书，第514—525页。

③ 王名扬：《法国行政法》，北京大学出版社2007年版，第238页。

④ 同上书，第248页。

前者一般指按照公产设定目的使用（如在河川上航行），后者指在不违背公产目的的情况下，不按照公产设定之目的使用（如在人行道上设置摊位）。"这两种使用分类可相互结合，共同使用和独占使用可以是普通使用，也可以是独占使用，如公共道路的共同使用是普通使用，公共道路的独占使用是特别使用，公墓的独占使用是普通使用。"① 对公用公产的共同使用是自由、免费、平等使用，无须对公产享有任何特殊权利即可直接使用。独占使用则指使用者依行政主体赋予的权利独占公产一部分而为使用。独占使用又包括特别的独占使用和普通的独占使用，前者指公产设定目的为供大众直接共同使用，唯作为例外才设定独占使用；后者是指公用公产设定的目的是供大众个别使用，故独占使用为正常使用形态。公产的特别独占，需要行政机关许可或与行政机关订立合同。在许可场合，行政主体可单方面允许私人例外使用部分公产，它又包括固定的特别许可和临时的特别许可两种方式。在特许场合，公产使用人与行政机关订立合同，并以此合同取得列为独占部分公产的权利。② 这种特许使用权具有公法物权性质。独占使用不适用自由使用、平等使用和免费使用原则。

（三）日本与我国台湾地区

日本公物法理论与法制受公所有权说的代表国家法国和私所有权说的代表国家德国的双重影响。具体而言，日本的《道路法》借鉴了德国法，原《河川法》则借鉴了法国法。不过日本法上的公物范畴与德国却有较大区别。"如德国的公物除包括日本法上所谓的公物外，还包括营造物。而在德国法上被作为公物，在日本则多被认为属于民间领域或在日本根本不存在的则包括：铁路、地铁、路面电车、广播设施、供电供气设施、教会礼拜用地、牧师场馆等。"③ 在德国和日本，共同被纳入公物范畴的则包括：道路、人工河流与天然河流、机场、港口、水库、绿化带、游乐园、海水浴场、幼儿园、老人公寓、学校、高等教育设施、研

---

① 王名扬：《法国行政法》，北京大学出版社2007年版，第267页。
② 同上书，第269—276页。
③ ［日］大桥洋一：《行政法学的结构性变革》，吕艳滨译，中国人民大学出版社2008年版，第194页。

究所、图书馆、自来水、净化设施、垃圾处理场、停车场、市政办公场所、法院建筑等。日本的公物使用被区分为公共用物的使用和公用物的使用两大部分。对公共用物的使用又包括一般使用、许可使用、特许使用；对公用物的使用则为一般使用。一般使用是使用人按照公物原设目的对公物进行的使用，它从来都是概括地适用于利用人。而对是否一般利用的判断往往比较复杂，不仅要考虑公用开始行为之原本目的，也要考虑特殊群体的特殊需要；不仅要考虑普通大众的一般利用，也要考虑沿途居民的特殊需要；不仅要考虑公众公物的一般关系，还要考虑沿途居民与公物的特殊关系，而谋求更高程度的公物利用。[①] 对公共用物的许可使用，日本有别于德国，将此种许可使用又区分为许可使用和特许使用两类，前者为单纯特别使用，后者则为设权性特别使用。一种持续性地妨碍一般使用者，便会被认定为特别使用。按照学界对许可的一般理解，日本法上作为特别使用之一的许可使用，实质上就是对普通人的解禁性许可，而作为特别使用之另一种的特许使用则就是赋权性许可，是对普通人使用公物的一种排除。

我国台湾地区对日本法的学习与借鉴较多，故在此一并讨论。在台湾，"公物"一语是学理而非实证法上用语。其义有最广、广义和狭义之别：最广义上，公物系指国家或自治团体直接或间接为达行政目的所必要的一切财产而言。包括财政财产、行政财产及公共用财产三类；广义公物，系指行政主体直接供行政目的之用，包括前述的行政财产与公共用财产。此种公物不以所有权为区分标准，而以是否直接供行政之用。狭义公物，系指行政机关遂行行政任务所提供的公物，包括直接供一般人民通常利用或特别利用之公共用财产。[②] 以形态，可将公物分为自然公物与人工公物。其区别实益在于"供公用"之程序不同；以功能，则可分为一般公共用公物、特别用物与营造物。营造用物乃构成营造物中的公物部分，如学校的教室与游戏设施；特别用物系指得以特许方式为人

[①] ［日］大桥洋一：《行政法学的结构性变革》，吕艳滨译，中国人民大学出版社2008年版，第196—216页。

[②] 李惠宗：《公物法》，翁岳生主编：《行政法》（上册），中国法制出版社2009年版，第423—424页。

民创造出权利之公物,例如,就水源地可特许人民享有水权,该水源地即属特别用物。其他不经许可即可利用或虽经许可始可利用之公物,即为一般公共用公物,例如,道路虽主要供人车通行,但非经许可不得利用以摆设宴席或举办马拉松赛跑;一般所称之公物乃直接供一般人民通常利用或特别利用之公共用财产,具有如下之特性:第一,融通性之限制;第二,强制执行之限制;第三,取得时效之限制;第四,公物征收之限制。①

(四) 英国与美国

英美国家法律上没有公物、公产概念,自然资源通常被视作法律上国家所有,实质上全民所有的公共财产,并引入信托理论架构了自然资源权利制度体系。在英美法上,凡是值得保护的利益均被纳入法律范畴。因此,无论是公众对自然资源的占有、使用、收益、处分之传统利用,还是出于精神、审美、生态价值而对自然资源的利用,都受到法律广泛的保护。在对公众自然资源使用权的保护上不仅存在严密的实体法依据,也存在严格的程序法依据。为保护公众的自然资源使用权利,英美法从正当程序传统中获取了支持——将自然资源作为一项公共财产,并要求对这种财产的侵占、剥夺必须符合特定的公共利益目的,并经过严格的程序审查之后方可,未依公共利益标准和正当程序而对公众享有的此种财产权利之侵害构成违法。

在自然资源使用形态上,由于公众是自然资源的实质所有者,所以其法律制度在尽量保障公众对自然资源使用上也持一种积极、开放的态度。凡不违背公共利益目的,不妨害他人权益的使用一般均能得到支持;除法律规定的使用方式外,因传统形成的习惯性利用也占有较为重要的地位。并且由于较少受到诸如大陆法系物权理论的束缚,其使用也深受功能主义影响而尽可能从自然资源自身特征以及自然资源对人的不同层次、多元用途视角区分出富有层次和逻辑的灵活机动的自然资源使用形态体系,如按照生存保障需要、生态环境需要、公共使用需要、发展经济需要等不同层次设计了层次分明的自然资源使用形态体系。在不同层

---

① 李惠宗:《公物法》,翁岳生主编:《行政法》(上册),中国法制出版社2009年版,第426—427页。

次的自然资源使用形态下,自然资源的特性、参与主体的角色功能等得到了较好的贯彻和体现。这一点从英美法和大陆法关于所有权的理论区别上即可见一斑。一般而言,所有权的权能就是所有权的内容,是权利的具体作用样态,意味着行使所有权的各种可能性。大陆法系国家通常将所有权权能划分为占有、使用、收益、处分四项,然而英美法理论则将之分为:占有请求权;使用的自由;管理的权力;收益的请求权;更改、消费、毁损之自由;转让的权力;征用的豁免权;无期间限制;无害使用义务;执行的责任;复归性。① 显然,英美法上的所有权功能更多、更直接地聚焦于使用权的主体以及主体使用行为的方式、功能、限度等,从而更为直接、充分地涵摄和彰显了财产使用权的效率与公平、私益与公益的平衡。

二 我国有关自然资源使用形态的分类及其理论

近年来我国关于自然资源使用形态的研究主要为行政法和环境法学者所推进,大多数民法学者依然保持民法思维,要么认为民法理论已经解决了相关问题,要么固执地认为公法介入民法"领地"不合时宜。正是因此,关于自然资源使用形态问题较有前瞻性的研讨不仅分散而且相较晚近,综观而言,可以大致归纳为以下几种类型。

(一)消耗性使用与非消耗性使用

在财产分类中,存在消耗物与非消耗物的分类,前者指"仅仅由于按照其用途一经使用即被消耗之物,与此相反,如一物可以长期使用,尽管物的价值因使用而有所减少,我们仍称之为'消耗物'";"区分消耗物与非消耗物的意义来自于这两种类型的物自身的特点:只有非消耗物才能作为以下权利的客体——这种权利包含着非消耗物的持有人在使用该物之后有义务按照'同一性个体'返还该物;与此相反,如果是对消耗物设置的权利,其法律性质也因此受到影响,例如:消耗物负担用益权时,这种用益权便成为一种'准用益权',也就是说,用益权人成为物的所有权人,同时负有义务,在用益权终了时返还品质相同、数量相同

---

① 周林彬:《物权法新论——一种法律经济分析的观点》,北京大学出版社 2002 年版,第 403—404 页。

的物，或者返还一笔代表物之价值的金钱"（《法国民法典》第587条）。① 我国有些学者也将它们称为"消费物"与"非消费物"。前者指依其性质使用一次即为消耗，不能再用于同一目的之物；反之，则为非消费物。② 与此如出一辙的是，在自然资源使用形态分类中，也存在消耗性使用和非消耗性使用的分类。消耗性使用是指，使用的同时会造成物本身的消耗乃至消灭；非消耗性使用则是指，使用不会造成物本身的损耗。③ 此种分类的实益在于，在传统物权理论的场合，只有非消耗性使用才符合用益物权特征，才可纳入用益物权范畴进行规制，而那些一经使用即会导致物本身损耗的自然资源使用便不符合用益物权的特征。令人感到复杂的是，那些非消耗性自然资源诸如空气、风等却又恰好不需要或不能进行使用权配置，对其使用的权利也不具有财产权属性，所以也就无法物权化。反倒是那些消耗性自然资源如水、矿等，其使用权可能具有财产权性质，也可以物权化，但却因为使用会导致这些资源本身的损耗而不符合用益物权的特征和要求。一些主张此种分类的学者认为，应该将消耗性和非消耗性自然资源使用权全部纳入用益物权范畴，但对上述矛盾如何解答没有后文。另外一些学者则认为，对那些非消耗性资源应纳入国有公物范畴，由公物法制予以调整，而那些消耗性资源则可作为国有私物而物权化。然则，其一，这种机械化划分是否合理仍值得质疑；其二，也未解决如上矛盾。个中缘由大致在于：物权的客体和公物范围之间存在复杂的交叉和错位，以致我们利用上述任何一种机械分类都无法分清范围，合理解决矛盾。所以，就后续研究而言，我们所能、所需关注的大概在于二者交叉部分的权属性质与权属机制建构。

（二）自由使用与许可使用

自由使用是指对自然资源的使用无须相关机关许可，人人都可直接取而用之。自由使用是使用者无须经使用对象管理者许可、认可或申请程序，无论何时均可自由使用之公物一般使用形态，比如对河川之自由

---

① [法]弗朗索瓦·泰雷、菲利普·森勒尔：《法国财产法》，罗结珍译，中国法制出版社2008年版，第19页。

② 王泽鉴：《民法总则》，中国政法大学出版社2001年版，第211页。

③ 参见张璐《论自然资源的国有资产属性与立法规范》，《南京大学法律评论》2009年春季卷。

使用，如划船、游泳、洗涤、钓鱼、散步等；相反，许可使用则是指需要经过相关行政机关的许可方能使用特定自然资源。二者的区别在于是否有相关行政机关的介入、干预及其程度如何。在自由使用中，行政机关不得积极介入干预，消极保障公众使用即可，但在许可使用场合，自然资源使用需要行政机关的事先介入和积极干预。这种干预的动力源于公共利益考虑——以干预的方式为特定自然资源使用附加了公益目的限制。在区分了许可和特许的国家和地区，政府干预的程度又有进一步的区分，许可只是对普通人使用的解禁，而特许则是对非普通人的赋权。特许与许可的区别是，被特许使用者通常取得使用对象本身所具有之财产价值者而言。[1] 自由使用坚持自由、免费、平等原则，许可使用须经许可、不稳定、不免费。[2] 由此可见，自由使用与许可使用体现了政府干预方式、程度和强度的不同。这也塑造了不同使用权的不同属性，从而也就决定了不同的权利实现和保障模式。

（三）公益性使用与经营性使用

自然资源具有社会属性和经济属性。自然资源的权属关系是围绕人对自然资源所有和利用而生发的一系列关系，而人具有社会属性，自然资源权属关系本质上就是一种社会关系。这种社会关系聚焦于两大利益关系及其平衡，即公共利益和私人利益。私人对自然资源的使用通常是为了追求经济利益，而为追求经济利益而从所有权中分离出来的对自然资源进行使用和收益的各式权利即为一种经营性权利。在利益代表上，公益性使用代表广泛的公共利益，经营性使用则代表个别的、私人利益。尽管在公益和私益的互动关系上，二者彼此促进不容否定，但对公益与私益的平衡模式，则一直不易选定。从我国现实来看，"我国的国家所有权按其占有目的的不同分为三种情况：一是对资源型财产的国家所有权；二是对营利型（或称国有企业支配型）财产的国家所有权；三是非营利型（或称行政事业型）财产的国家所有权"[3]。在资源型国家所有权上，

---

[1] 陈春生：《日本之河川流域管理法制》，载林诚二教授祝寿论文集编委会编《私法学之传统与现代：林诚二教授六秩华诞祝寿论文集》，学林文化事业有限公司2004年版，第315页。

[2] 张杰：《公共用公物权研究》，法律出版社2012年版，第224—234页。

[3] 赵万一：《论国家所有权在物权法中的特殊地位》，《河南省政法管理干部学院学报》2007年第1期。

自然资源国家所有权具有典型性，在其实践中，我国则从国家所有权中分离出经营权，并将之主要交由国有企业进行了长期、大范围的使用和收益。

（四）排他使用与非排他使用

排他使用是指，对自然资源的使用会造成对其他人使用该自然资源的排除；非排他使用则反之。排他使用具有竞争性、垄断性。在物权理论视野中，对某物的持续排他使用是物权的重要特征。因为这种排他性而使物发生了使用固化，而最终可能演变出所有权特性。但是在自然资源领域，可供排他使用的自然资源也是有限的，有一部分自然资源的使用必须或者不得不具有非排他性。这种使用上的排他性和非排他性取决于两个方面：其一，人类对自然资源的认识以及利用程度和水平。一般地，认识和利用程度与水平较低的时期，对某些自然资源的价值认识和价值发掘水平也相应较低，非排他性使用就成为常态，反之排他性使用则为常态；其二，自然资源对人类的价值。一般地，那些具有人类基本生存保障价值的自然资源的经常使用，也必须是非排他的、自由的。而那些旨在使人类更好发展的自然资源的使用则经常是排他的，这种排他性源于自然资源的稀缺以及以此为基础的权利的非均等化配置需要。排他性使用和非排他性使用的区分意义在于，二者的实现和保障的路径和模式大不相同，对前者一般路径和模式为物权化，而后者则可能更多地属于自由权范畴。

（五）临时性使用与持续性使用

临时性使用，是指对某类自然资源短暂时间内的占有和使用，而持续性使用，则是指对某类自然资源的较长时期的占有和使用。二者的区别不仅在于使用时间，更在于取得方式。对临时性使用，虽然一般情况下也需获得许可，但这种许可的性质多为批准而非特许，但在持续使用场合，这种使用的许可则通常具有特许性质，是一种赋予权利的许可。另外，由于这种持续性使用会经过较长时期的占有控制，而最终演化为具有排他性、竞争性的物权性权利。

（六）竞争性使用与非竞争性使用

竞争性使用和非竞争性使用的区别在于，在竞争性使用场合，特定人对特定自然资源的使用会造成对他人使用该物的排挤，从而可能使此种使用权具有排他性。而竞争性、排他性又是物权的重要特征之一。竞争性使用和非竞争性使用区分的价值在于，二者的实现和保障模式不同。对竞争性使用，一般可依物权化模式进行机制设计，而对非竞争性使用，因其公平、非竞争性使然，对其实现和保障的模式通常不可物权化，而得寻求诸如行政管理等公法性手段。另外，竞争性使用和非竞争性使用的区分也会反过来影响自然资源的分类，一般地，得以非竞争性使用的自然资源多为公共用物，而得以竞争性使用的自然资源则可能因被特定人独占使用而具有私有物的色彩，这就使民法物权理论在自然资源领域中的纠缠、影响根深蒂固。

（七）自然性资源的使用与人为性资源的使用

与多数学者以利用方式不同而对自然资源进行区分的做法有别的是，有学者从自然资源对人的不同价值层面阐发了不同的自然资源使用类型。其基本观点认为，在自然资源中，有些是专为保障人的基本生存，也即满足人的动物需求，此类自然资源即为自然性资源，对之使用即为自然性资源使用；而此外的自然资源则是为满足和激励人的发展，即满足作为幸福人的社会需求，此类自然资源则为人为性资源，对之使用即为人为性资源使用。① 此类区分的意义也主要在于各自的实现和保障模式不同。自然性资源使用权具有身份性、不可让与性、使用上的自由、平等性，而人为性资源使用权具有财产性、可让与性和使用上的竞争、排他性，对后者可以物权化，而对前者则不能。

三 自然资源使用形态分类的意义

自然资源使用形态的分类无疑具有重要意义：首先，自然资源使用形态及其分类是自然资源使用权及其分类的基础和前提，二者唇齿相依。一种合理科学的自然资源使用形态分类及其理论会为塑造合理、科学的自然资源使用权类型体系奠定基础；其次，从上述自然资源使用权形态分类来看，其比较一致的实益在于为自然资源权属实现和保障机制设计提供科学的模式与路径。不同类型的自然资源上会存在不同的使用形态，不同使用形态影响和决定不同使用权机制设计。所以，自然资源的区分

---

① 金海统：《论资源权的法律构造》，《厦门大学学报》（哲学社会科学版）2009 年第 6 期。

—自然资源使用形态区分—自然资源使用权区分，是一个具有普遍性的思维过程。最后，自然资源权属机制说到底包括两大部分，一个是自然资源所有权，一个是自然资源使用权。对所有权，在我国规定自然资源国家所有的立法现实下，讨论的实际意义有限，反倒是自然资源使用权的配置和行使机制更具实际意义和实践价值，甚至可以说它是我国自然资源权利机制的核心所在。所以，对自然资源使用形态的关注和研究在此就具有了十分重要的价值。

第三节 自然资源使用形态分类的视角变迁

一 自然资源使用形态的类型学思考

（一）类型及类型建构的标准

"类型"这一概念源于希腊语，起初被用于中世纪神学家的拉丁文神学著作。[①] 但作为一种科学研究方法，近现代之后，它最初被广泛适用于生物学、物理学等领域。之后，它被推广到考古学、建筑学、语言学、文化学、社会学、法学等诸多领域。在社会科学领域，韦伯对类型方法的使用与分析深具代表性，但将之作为一种解释方法进行系统化并推广到法学领域，拉伦茨功不可没。拉伦茨在他的类型化思维理论中提出，"当抽象——一般概念及其逻辑体系不足以掌握某生活现象或意义脉络的多样表现形态时，大家首先会想到的补助思考形式就是'类型'"[②]。"对类型及须填补的评价标准，无法作这种定义，借着提出一些指导观点、合格例子，虽然也可以描绘它们，使其轮廓清晰。然而，将某种生活事件归入某类型或某须填充的标准之意义范围中，其并非涵摄，毋宁为评价性的归类。"[③] 此即他的类型论的核心——评价思维。

自然资源使用类型的合理与否会直接影响使用权法律机制的建构。类型方法在自然资源使用形态及使用权形态的抽象提炼上也具有一定指导性，它不仅可以指导我们分析已有类型，也可以指导我们进行新的类

[①] 王利明：《法学方法论》，中国人民大学出版社2011年版，第660页。
[②] ［德］卡尔·拉伦茨：《法律方法论》，陈爱娥译，商务印书馆2003年版，第337页。
[③] 同上书，第153页。

型提炼。

1. 几种"类型"理论的思考

（1）"经验类型"

在由库恩所倡导建构的科学研究范式中，分类与类型是主要工具，分类是对材料进行归组整理的过程，分类通常可以理解为以此为基础从经验上获得可检验的单元（即类型）作为向后研究的基础。所以说，经验或者经验类型是类型学的始祖。经验类型，是在经验的基础上借助观察、统计等方法将现实中发生的现象进行理解与规整所建构的类型。它有两种代表，即"平均类型或经常性类型"和"整体性类型或形态"。① 前者系以较长时期内不断显现的经常性现象规约出平均性特征从而提炼出的一种类型；后者则以规约某类事物或现象的整体性、本质性特征为手段而提炼出的一种类型，比如，凡可为非消耗性使用的自然资源普遍具有专属性和身份性特征，并且不具有排他性、竞争性、可让与性。这些"普遍性特征"虽也源于事实，但对它的抽象又与经验和价值判断密切相连。

虽说经验类型乃一种广为适用的类型方法，但它的优缺点也是非常明显的：它的优点在于切近现实、直观和真实；它的缺点首先在于，因为太过直观和真实而易致抽象与涵摄性不够，以致它时常形同现实的翻版；其次，由于贴近现实以及对真实性的过高追求而使它对现实素材的统计要求过高，一旦不符合统计要求，极有可能使此种经验类型的意义大打折扣，甚至直接丧失。因此，经验类型方法的适用程度和范围均受到限制。最后，经验类型的逻辑性和体系性均较低，故它在法律上的适用较少。②

（2）"理想类型"

韦伯认为，人是有意识自觉的行为主体，所以，人应以特定历史文化为背景，选择那些研究意义大的对象素材，寻求那种兼顾客观事实和自己主观思想的理想模式，并以此作为评价经验的尺度。也就是说，他

---

① ［德］卡尔·拉伦茨：《法学方法论》，陈爱娥译，商务印书馆2003年版，第337页。
② 吕忠梅等：《侵害与救济——环境友好型社会中的法治基础》，法律出版社2012年版，第54—55页。

"试图仿效自然科学研究中普遍采用的'理想模式'的方法，先对经验的、现实的对象或关系进行抽象，即先进行超验的、纯观念的研究，然后再以研究中假设的'理想类型'为参照对经验的、现实的对象或关系进行理论解释"①。但他又指出："一种理想类型是通过片面突出一个或更多的观点，通过综合许多弥漫的、无联系的、或多或少存在和偶尔又不存在的个别具体现象而形成的，这些现象，根据那些被片面强调的观点而被整理到统一的分析结构中。"然而，"就概念的纯洁性而言，在现实世界的任何地方都不能凭借经验找到这种精神结构，它是一种乌托邦"。②所以，他的理想类型在拉伦茨看来属于一种"逻辑的理念类型"。拉伦茨进一步指出，理想类型包括"逻辑的理念类型"和"规范的理念类型"两种，并且二者之间并不存在本质区别，均为"仅被想象出来，在思想上被掌握，以其特殊性被认识的类型"③。均非对现实之反映，不过前者乃是一种模型的观念，后者则为"模范型"，前者仅比后者具有价值的优越而已。

顾名思义，理想类型比较理想化，它的缺陷在于：其一，它几乎完全是观念的产物，客观依据淡薄、准据性差，也就是说容易失真；其二，理想类型的建构要对"无历史接触"社会现象，甚或不同质之事物予以比较，但此种比较可信性不足，由其得出的结论也就不尽科学；其三，对研究对象进行分类的共识性客观标准较少；④其四，它的研究对象之范围缺乏连贯性。在理想类型中，由于所取之素材仅是现实中突出和重大的那些，而且多为渗透着研究者主观价值的主观素材，所以可能使研究对象范围残缺或断裂，研究手段过分偏离经验而陷入纯粹主观性。⑤

---

① 陈景良：《反思法律史研究中的"类型学"方法——中国法律史研究的另一种思路》，《法商研究》2004年第5期。
② [德]马克斯·韦伯：《社会科学方法论》，杨富斌译，华夏出版社1999年版，第186页。
③ [德]卡尔·拉伦茨：《法学方法论》，陈爱娥译，商务印书馆2003年版，第337页。
④ 程乃胜：《论类型学研究范式在法制现代化研究中的运用》，《法学评论》2006年第1期。
⑤ 吕忠梅等：《侵害与救济——环境友好型社会中的法治基础》，法律出版社2012年版，第56—57页。

(3)"规范类型"

由于"理想类型"存在上述诸多缺陷,后来的学者在其基础上发展出了规范类型。规范类型是在融合经验类型和逻辑类型基础上,结合规范的特性而提炼出来的类型。拉伦茨将它称为"规范的现实类型"和"法上之结构类型",前者是以经验类型(事物的整体)为原型,将其规范化处理后纳入法秩序之类型,后者则是以逻辑类型或理想类型为基础,经由法律的评价建立的规范类型。规范类型的优点在于:其一,吸收经验类型之优长,来源于现实但又高于现实,既真实而又非对现实的简单翻版;其二,它也吸收理想类型之优长,建构对社会生活发挥引导调整作用之类型;其三,它采取对级思维方法,力图构建一种有着清晰对应、明确层次和严谨结构的类型。当然,应用此种类型时,不应过度偏执于对级之一致性,以避免导向非"此"即"彼"的二分法,从而不致使规范类型设计的对级分类成为乌有。①

(4)关于类型理论的一些简单总结

从上述可见,在类型的发展简史中,经验类型、逻辑类型和规范类型的分类,是按照一定的逻辑进行演变的,即经验类型(转化为)逻辑类型,然后逻辑类型经过法的评价而成为规范类型。理想类型则正像是一种身处经验与规范类型之间的中介。它来自事物的现实观察、比较、分析,既非纯粹智识创造亦非单纯经验描摹的评价类型。② 它的目的指向行为规范的建构。

其实,除上述几种类型外,所谓"概念类型"也被学者提出。但是,不乏学者指出,概念并非一种独立类型。因为抽象概念虽亦能反映事物特征,但概念却"是透过一些有限的,彼此分离的'特征'加以定义,因而是与直观互相对立的;然所谓'类型化的思维'却是一种整体性、综合性、要素之间动态互补、弹性结合的观察方式"③。正如拉伦茨所指出的,类型的表现方式较概念更为具体,它常是当抽象概念及其体系不

---

① 吕忠梅等:《侵害与救济——环境友好型社会中的法治基础》,法律出版社2012年版,第58页。

② 叶明:《经济法实质化研究》,博士学位论文,西南政法大学,2003年,第4页。

③ 陈磊:《类型学的犯罪故意概念之提倡——对德国刑法学故意学说争议的反思》,《法律科学》2014年第5期。

足以涵括生活现象或意义脉络的多样表现形式时进行补助思考的形式。①所以，概念式类型并非一种独立的类型。

通过对以上四种类型进行分析、思考，可以得出的初步认识是：基于既要反映实在的现实生活，又要指导和规范社会生活的研究目的，糅合经验类型的现实特征和逻辑类型的理想特征的规范类型是最合适的类型研究模式，它是法律最常用的一种类型方法。②所以，对于自然资源使用形态的类型研究也适宜采用此类型方法。那么，与此紧密相关的一个问题是，类型建构的基本标准是什么？对这个问题的回答直接决定我们可以选择的类型及其效果。

（二）类型建构的基本标准

"标准"是"一种要求或同意的质量或成就标准"和"在比较评估中所运用的一种尺度、标准或模式"。依据一定标准可以对某事物进行评价，它本质上是借助特定标准这种方法对事物进行的一种理解。在不同的研究领域，可能涉及不同的标准，整体上，可将标准分为基本标准和具体标准。在人文社科领域，由于研究对象具有广泛性，研究方法具有抽象性，研究结果具有一定模糊性，所以常采用基本标准。所以，基本标准也常被称为抽象标准，如通过对所谓"善良风俗"的判断标准进行梳理后提炼出的经验主义与唯心主义标准就属于基本标准。③而在自然科学领域内，由于研究对象、研究方法较为具体，研究结果的可测性比较精准，所以，存在和依据具体标准就够了。当然，基本标准和具体标准并非截然对立，在不同领域内也经常需要将两种标准进行融合和贯通。以法学研究为例，由于法学研究的动因经常涉及诸如公平、正义等一系列价值比较、排序和选择，就需要首先借助基本标准来评价某事物对这些价值的坚持与否，然后借助具体标准判断和融贯这些价值的张扬、序位选择等。有学者指出，类型化的标准有三个：其一是同一类型在理论评价上趋于一致，即趋同性或一致性的评价性观点；其二是事物之间的

---

① ［德］卡尔·拉伦茨：《法学方法论》，陈爱娥译，商务印书馆 2003 年版，第 337 页。
② 吕忠梅等：《侵害与救济——环境友好型社会中的法治基础》，法律出版社 2012 年版，第 60 页。
③ 戴孟良：《论公俗善良的判断标准》，《法制与社会发展》2006 年第 6 期。

根本特征或属性，类型与原型的一致性或近似性；其三是研究对象能以一定的方式反复显现。① 这种认识无疑立足于类型的基本特征，并尽量归纳出能够区分各个独立类型的方法。这种方法就是类型划分的标准，即应以何种标准方法去建构清晰可辨的类型。对此"标准"，有学者指出其要点在于"意义性"或"评价性"。"意义或者说评价的观点指出了法律上类型构筑的建构性因素，在此，经验的诸表象在一个规范性的尺度下被'总括'视之。"② 这就表明，"意义性"或"评价性"是类型的一个重要特征，建构类型的因素是某种价值观点或评价观点。在判断某一或多或少具有类型特征的现象是否应归类于该类型时，取决于在建构该类型的评价观点之下，二者是否同类或是否具有类似性。③ "我们无法通过看到并数出一个事物中所拥有必要的构成要件特征来说'此物属于某一类型'，而是去'直观'一件事物其组合所'散发'、'营造'、'体现'了某种'意义'（事物本质），来判别其所应归属的类型。"④ 这个过程与拉伦茨所指的"价值评价"如出一辙，它并非直接源自"感觉"或"直觉"（即伽达默尔哲学解释学层面上的"前理解"），而是以人自我意识（社会经验）为媒介，使"价值评价"在逐步进行的过程中展示出"进步"的姿态（螺旋上升）。⑤ 在拉伦茨看来，类型论的本质正在于"评价思维"⑥——这是他的类型论的最重要特征。这种既非纯粹"价值判断"，又非"涵摄"推理的评价思维将现实素材与基本思想（标准）间的对接以协作、磨合形式呈现出来，并伴随着价值评价的追加而被理解者提炼成某个类型。

---

① 李可：《类型思维及其法学方法论意义——以传统抽象思维作为参考》，《金陵法律评论》2003年秋季卷。
② 林立：《法学方法论与德沃金》，中国政法大学出版社2002年版，第128页。
③ 吕忠梅等：《侵害与救济——环境友好型社会中的法治基础》，法律出版社2012年版，第62页。
④ 林立：《法学方法论与德沃金》，中国政法大学出版社2002年版，第129页。
⑤ 顾祝轩：《制造"拉伦茨神话"——德国法学方法论史》，法律出版社2011年版，第208—210页。
⑥ 以社会经验（类型）为媒介的判断即为拉伦茨所称之"价值评价"或基于类型的"评价思维"。参见顾祝轩《制造"拉伦茨神话"——德国法学方法论史》，法律出版社2011年版，第207页。

应该说,"意义性"和"价值性"是类型的基本标准,但仅此仍有不足,还需纳入一些具体要求或标准:其一,实践性要求。标准的来源是多元的,有约定的,有直观的,也有来自知识或传统的。类型化应筛选出事物本然、客观之特征;① 其二,整体性要求,又称为同一性要求。在类型化中,筛选出客观的、本然的、有价值的诸种特征后,还得遵循另一规则,即确保诸特征是有机的、相互依存的,可得构成"一个富有意义的整体"或是"一个一致的图像"。② 这是对已筛选出的客观、本然和有价值的诸特征的再次筛选与整合,以发掘事物诸特征之间的相互关联,从而构建出一个具有整体性的类型;其三,层级性要求。现实事物经常是复杂多样的,所以,对事物的类型化就需要注意层次性,即在类型化过程中应尽可能多层次、多角度地进行思考、发掘和整合——这既表现在类型化的方法、角度、对象不同,也表现在同一类型事物的再类型——多层级的划分,这首先要求在上下层级之间,下层级应被涵摄于上层级范畴内,其次要求在上下级之间应保持一种递进关系,同级之间保证基本的同一性,唯此才能构建起富有严密逻辑和严谨体系的类型谱。③

二 自然资源使用形态分类的视角与方法的发展

若以上述类型及其标准理论的分析来审视,我们会发现,目前学界对自然资源使用形态的分类已经或正在发生着一种从平面到立体的视角与方法变迁,这种变迁在促进自然资源使用形态和自然资源使用权分类方面无疑具有重要意义。

(一) 从平面到立体的分类视角变迁

从视角和方法上来看,始于20世纪80年代前后的基于自然资源特别法对自然资源使用形态进行分类的视角和方法逐渐发生了从平面到立体、从机械到灵活、从模糊到直观清晰的变化。具体分析如下:

---

① 吕忠梅等:《侵害与救济——环境友好型社会中的法治基础》,法律出版社2012年版,第63页。
② 林立:《法学方法论与德沃金》,中国政法大学出版社2002年版,第130页。
③ 吕忠梅等:《侵害与救济——环境友好型社会中的法治基础》,法律出版社2012年版,第64页。

第一，关于消耗性使用与非消耗性使用。其一，在标准上，消耗性使用与非消耗性使用的分类是以自然资源的静态分类为出发点，对使用方式所作的一种静态归纳。它将使用是否造成自然资源本身的损耗这种经验观察作为区分消耗性还是非消耗性使用的标准，这实际上是一种"平均"或"整体"性类型。它虽比较贴近现实，但抽象性不足，更像是对自然资源利用现实的直接描述。其二，在内容上，此种类型在素材统计上要求更多、更广的素材被纳入其中，但何谓"消耗性资源"和"非消耗性资源"，具有一定的模糊性和相对性。在整体意义上、长期来看，任何自然资源无论是实体的消耗和价值的变迁等，都意味着自然资源在量与质上的损耗或变迁。所以无法准确地对全部自然资源进行近乎机械的套用和区分。其三，这种类型区分的逻辑比较机械，体系过于简单。在分类中存在非此即彼的严格、机械对级，以致这种对级分类的意义几乎丧失。所以，这种分类更像是一种经验类型的建构。这种经验类型的分类之最大特征就是注重表象和静态特征的整体平均，所以其视角是平面化的。

第二，关于自由使用与许可使用。此种类型是以使用权的取得方式或说权利配给角度对自然资源使用进行的类型划分。在不需政府干预而自动取得，自由、公平使用的场合，使用权的自动取得、公平自由行使成为一个重要标准，反之，在需要政府干预而配给使用权的场合，使用权则是被动取得、非公平自由行使（受限的）。这种标准相较第一种分类已有变化，已因使用权取得或配给既是对一种事实或现象的描述，更是对一类行为特征的抽象而变得具有了动态属性。另因自由使用场合，使用权是一种原始取得，而许可使用场合，使用权则更像是一种继受取得（政府授予），从而发生了视角从平面到立体的些微变化。但是，这种类型化不是针对自然资源本身，而是针对自然资源使用撷取了现实中两类具有代表性的事物作为整体分析的框架，形成了一种"片面深刻"，它仅以使用取得的方式为标准，而对自然资源的自然属性、社会属性缺乏系统考虑，它虽也能反映现实，但它对现实的指导功能因太过理想化而有所减弱。这种类型虽说与现实之间存在一定规模和程度的对接，但它更像是研究者为了分析和理解现实而构想的理想模式。

第三，关于公益性使用和经营性使用。这种分类的标准是以使用目的作为标准进行类型识别和类型建构的标准与方法。在公益性使用场合，使用的目的是为了公共利益，在经营性使用场合使用的目的是为了私益。从内容上来看，公益性使用和私益性使用首先涉及的"公益"还是"私益"之利益判断更像是一种价值判断，尽管这种价值判断的结果通常会回归到现实素材上，但公益目的和私益目的的评价在此时竟然成为一种从价值到事实的逆向判断。所以毋宁说，这种类型首先是类型建构者通过对某些事实进行整体分析的框架下建立的一种理想类型。与第二种类型分析一样，它虽也一定程度反映了现实，但对现实的指导功能则进一步减弱了。因为何谓"公益"和"私益"，本身就是一些不确定性概念，如何利用这些不确定性概念来建立公益性使用和经营性使用，其可操作性较差。即便能够进一步提炼出所谓"主体代表标准"、"质量数量标准"或者"时空标准"，也仍然是主观性大于客观性的一种纯粹价值判断。尽管如此，应看到的一点是，此种分类的视角因对象和方法的广阔和开放性而进一步开阔和立体化了。

第四，关于排他使用与非排他使用。为了给公有制和商品经济寻找一座彼此沟通的桥梁，得进行权能分离，从而形成我国全民所有制"两权分离"的财产权结构。"所有权的权能是实现所有权的手段，各种权能可与所有权分离。所有权的实质在于以符合所有权人意志和利益的方式来处置所有权的客体。由于我国采与商品经济相结合的全民所有制，全民只得通过国家行使所有权，所以，企业经营权就成为沟通全民所有制与商品经济的一座桥梁。"① 经营权是国营企业作为民事主体，对国家交给它支配的财产进行占有、使用和处分的权利。它既是社会主义国家代表全体人民行使所有权的方式，也构成国营企业独立从事商品生产经营的企业财产权基础。② "对于自然资源等领域的国家所有权进行物权法构建的基本问题是，由谁来代表国家行使所有权及其与国有财产占有或使用者之间的关系问题。"③ 按照民法及其物权理论，在此需要将国家作为民事主体并予以落实的制度设计就成为一个重要问题。这是由国家所有

---

① 佟柔文集编辑委员会编：《佟柔文集》，中国政法大学出版社1996年版，第279页。
② 同上书，第304页。
③ 王利民：《我国公有权制度的物权法构建》，《当代法学》2006年第2期。

权在我国社会体制结构中的规模和特殊地位所决定的,① 物权权能分离理论也能够为之提供相应的技术支持。

但是,这种分类较之前面几种类型进一步抽象化了。它以对自然资源使用本身造成主体数量的排挤、主体身份的限制和权能的排他特征为标志对使用形态进行了一种对级区分。在标准上,排他与否表示对主体数量、身份的限制,也标志着权能的排挤构成对他人使用的妨碍,致使标准本身更为精确。但此种分类对使用权的配置和行使等事前阶段的具体要求难以尽然涵摄和反映,从而对使用形态分类和使用权及其法律机制建构意义不大,反倒在权利保护和救济上体现出一定价值,这显然是在物权理论思维下,对物权权能或效果的一种评价与总结。当然,相较前几种分类,由于抽象性和逻辑性的持续增强,这种分类的视角变得更为立体化。

第五,关于临时性使用与持续性使用。这种分类以使用的时间长短为标准进行类型建构。它与排他性和非排他性使用这种类型之间存在一定关联。从目的上讲,排他与否和使用时间长短考量都是服务于对自然资源使用权的物权化。在物权理论上,只有具有排他性权利才可能物权化,而排他性的评价要素之一是使用权在时间上是否具有长期性和持续性,一种临时或短期的使用要么具有债权属性,要么连财产权都不是,也就谈不上物权化。从类型标准和内容上看,这种类型更像是撷取了部分素材作为整体分析的框架而形成的理想类型。即便是在物权理论上,使用的持续时间也只是是否构成物权的判断要素之一,但不是决定性要素。所以,这种以时间为标准的类型化也毋宁是一种片面的深刻,它需要借助经验分析的功能在有限理想和广阔现实素材之间进行比较,以寻求差异和同一性,然后借助物权构成要素将这种分析结果融贯或排除出物权体系。因此,这种类型不仅过分理想化,而且过于简单和机械。但从类型建构的任务目标和方法上讲,它也是在进行物权目的和要素的抽象与比对,其视角和方法自然更加立体和灵活。

第六,关于竞争性使用与非竞争性使用。这种分类与排他性使用+非排他性使用这种类型具有目标和本质上的相似或相同性。它的分类标

---

① 王利民:《我国公有权制度的物权法构建》,《当代法学》2006 年第 2 期。

准是以自然资源的使用是否是排他的，排他性的使用即具有竞争性，而非排他性使用一般也不具有竞争性。在目标上，物权理论认为只有那些具有竞争性、排他性的使用权才具有财产权性质，才可能物权化。反之，则不能。就此可见，此种分类也是在经验和逻辑基础上，结合物权特征所建构的类型，它无论是在视角还是在方法上都愈加抽象、立体和灵活。

第七，关于自然性资源的使用与人为性资源的使用。相较上述六种分类，这种分类最有内涵和深度，方法也最为成熟。其一，它不是以使用对象、使用方法等更为浅表的要素为标准，而是以自然资源的禀性、价值和目的等内在、深刻的要素为标准将自然资源分为保障人的基本生存和激励人的发展两类；进而，将这两类自然资源的使用分为依靠资源的自然禀赋保障人类生存的使用和依靠资源的社会禀赋激励人的发展的使用两种形态。其二，在两类不同使用形态中，这种类型进一步抽象出它们各自的特征：自然性资源使用权具有身份性、使用上的自由、平等性、非排他性、不可让与性和限制性（合理使用）；人为性资源使用权则具有使用上的竞争性、排他性、财产性、可让与性和限制性（合理使用）。并且在各自然资源特别法上，这种自然资源使用形态在渔业权、矿业权、海域使用权等自然资源权利法律体系中都有着明确的对应与存在。所以，这种类型化是一种较为完美的规范类型。它的完美不仅在于分类标准更为深刻、多元，兼顾了自然资源的自然属性和社会属性，也兼顾了自然资源的价值多元性；更在于它较为深刻和直观地体现了自然资源权属机制应予贯彻的生态理念，也清晰直观地体现了自然资源权利实现和保障的基本路径和模式。所以，这种分类的抽象程度更高、视界更为开阔、立体，方法也更为深刻、灵活。但是，这种完美也是相对的，任何一种类型都只能更好，而不可能尽好。这种分类的可能缺陷在于：其一，目的标准本身就是一种价值标准和价值判断，所以同样比较抽象；其二，自然性资源使用和人为性资源使用的概念自身之确定和判断不太容易，以致二者之间这种对级是否能够涵括所有现实素材，是否可能导致一种严格的对级一致都仍然值得继续讨论。

但不论怎样，上述七种分类及其理论在视角与方法上逐渐立体、灵活和直观化既是本书在此提出的初步结论，也是一个不争的事实：首先，分类标准上逐渐发生了以使用对象、使用方式等更为浅表、形式的标准向以自然资源性质、特征、价值等更为深刻、实质的标准的转变。标准的深入意味着抽象的广度和深度之增强，也就意味着分类对"意义"和"价值"图像的提炼已从平面视角的贫乏抽象转向立体视角的丰富抽象，从而在类型建构标准上构建起更为真实、立体、直观的"意义图像"这一类型之核心标准；其次，在分类方法上，概括而言，逐渐发生了从注重单纯经验、理想向注重经验和逻辑相结合的规范类型方法的转变。具体方法更具层次性、逻辑性、多元性和灵活性；再次，在分类目标上，所有分类都服务于自然资源使用权实现、保障的路径与模式，并且在物权化模式上具有目的一致性。区别在于，上述分类依序将此目的由含糊向直观、清晰逐步推进。最后，在分类效果上，不是每种分类都能经得住规范实证，但上述分类依序将分类效果逐渐推向实证和实践，也因此，上述分类的实践功能与可能在依序逐渐强化。对于任何分类而言，理论意义是其次的，实践意义才是最终和最重要的。也就是说，一种符合经验和逻辑的类型不仅必须是规范的，还必须是面向功能主义的，能够解决实际问题的。

（二）视角与方法变迁的意义

综上可见，自然资源使用形态及其分类在视角与方法上更为开阔、机动灵活和直观化，也促使使用形态类型思维度更加多元、全面，方式更加灵活、综合、多元。由于自然资源使用形态与自然资源使用权唇齿相依，所以，自然资源使用形态及其分类对自然资源使用权分类以及使用权法律机制的建立都具有重要的引领、指导意义。首先，这种视角与方法的变迁说明，一种合理的类型必须以符合经验、逻辑和规范的方式抽象出自然资源权利法律机制基本构成要素的整体框架——"意义"与"评价"图像，只有这样才能在理论和实践理性上找到尽量完美的平衡。其次，视角与方法的变迁对自然资源权利法律机制建构的实践性意义大于理论意义，这为我们未来相关问题的研讨指明了一个方向：多关注实际问题，面向解决实际问题的功能主义机制建构。最后，这种变迁要求我们尽可能直观清晰地将自然资源权的主体、客体、内容和目标等关键要素涵括和体现出来，以指导合理、科学的机制建构。

第四节　国有自然资源使用形态分类的新观念

从整体上讲，学界关于国有自然资源使用形态分类的观念具有可取之处，在上文述及的七种分类中，从分类视角、标准、方法、维度等多个方面来看，上列分类及其观念呈现出依序递推发展的态势，但上述各分类及其观念基本均或多或少存在值得进一步讨论的问题。因此，应该提炼出一个更为合理、科学的分类观念。

一　主—客互动关系视域下的分类基准

在修正的人类中心主义生态哲学观下，人虽仍然贵为中心，但已经强调人对自然的尊重，以要求使用人对自然资源环境的节约、保护。这是一种不同于传统的仅将自然资源环境视为服务于人的手段的主—客二元双向互动关系视域。

（一）对自然资源的使用是为满足人类多元需求

自然资源对人具有多种价值，既有生存条件供给，也有发展条件供给；既有直接价值，如水的使用直接供给生存或经济发展，也有间接价值，如滩涂用水直接上是为保障滩涂这种自然资源自身的正常、健康，间接上却是为保障人类生存环境的健康。再如矿产资源，个人为了生活而零星采挖是为基本生存保障而使用自然资源，但若为了谋取经济利益而大量采挖则只能视为谋求发展、追求幸福这种超越基本生存需要的自然资源使用形态。人类不断变化和多元化的需求，要求更多资源来满足，在人类将这种对资源的依赖与需求投向自然界时，人对自然界、对自然资源的认识水平和开发利用技术就决定了可以使用的资源空间，也决定了对尽可能多的自然资源价值的持续发掘。随着时代的变迁，有些资源的价值不是消退了，而是被人类放弃了。比如，对野生动物的驯养和繁殖之需要在现代已经消退或者变异了，若非为了进行物种保护，人类已经不需要再通过驯养和繁殖野生动物以丰富自己的食物。[①] 相反，有些自然资源的价值可能刚刚被人类发现或尚未发现，但这不能否定它在日后

---

① 刘新山等：《中国自然资源使用权制度比较研究》，《资源科学》2004年第4期。

对人类发挥更大价值。另外，即便是在同一类资源上，可能也存在不同的使用需要。比如，在河流中游泳、漂流和利用特定河川进行养殖，或者抽取河川中的水进行农业灌溉，生态环境保护等。这一问题，是目前学术研究关注最不充分的，以往的研究只是在整体上分析自然资源对人的多元价值，但对某一类特定自然资源上是否具有层次分明的价值体系则未作过多关注，这正说明传统研究的视界是平面、狭隘的。如今，最需要给予关注的正是对自然资源进行立体切剖后从内在视角发现自然资源价值系统，并将这种价值及其系统与人的需求所形成的关联纳入法律秩序内进行评价和控制。在这一过程中，深究其中奥妙，我们会发现，之所以发生此类变迁，一个是因为我们分析的视角变化了，从横向的、平面的视角转向了纵向的、立体的视角；另一个则可能是我们在认识和评价自然资源的有用性、价值性时的参照对象发生了变化，以往我们讲自然资源的价值时，是以人为参照中心，所以总觉得人的需要是多元的、立体的。但在类型的视角和方法均已发生变化的现在，我们评价自然资源的有用性和价值性时，却应以自然资源自身的多用性和人对自然的多元需求这一双向交流标准为参照。在这样的背景下，关于自然资源使用形态的分类视角也就更为立体，方法更为灵活，分类也就更为严密、完整。

（二）对自然资源的使用是为满足人类多元需求的可持续

从长远来讲，任何一种自然资源都是可损耗的，不过有些自然资源可以自行更新而已。但是，在自然资源谱系中，绝大多数自然资源的这种自我更新性是相对缓慢甚至可被忽略的，用一点就会少一点，在可数的未来，这些资源将会走向消失，最典型的如矿产资源。由于自然资源是构成生态环境的一个重要环境要素，所以，资源使用造成损耗的结果是在间接消费，甚至破坏人类赖以生存的生态环境。因此，如何寻找以及寻找怎样的人与自然关系模式就成为工业革命后各个国家共同努力的话题。一种人与自然和谐共存、可持续发展的理念（或说是一种愿景）应运而生。为实现这样一种愿景，环境哲学学者们提出生态中心主义、整体生态主义、修正的人类中心主义等多种生态哲学观念，但最终被较普遍接受的还是人类中心主义，不过有所修正。这种修正及其需要，是看到了生态环境对人的至关重要性，也是看到了脱离人及人的世界而将主体扩展至人之外生物的观点并不切合实际。所以，提出了修正的人类中心主义这一改变传统仅以人为中心，而不尊重和关心生态环境健康的单线式观念，将人对自然资源、环境的利用和对资源与环境的尊重、节约、保护统合起来形成的一种双向互动的，可持续型人与自然关系模式。

（三）资源的多用和人的需求多元决定了自然资源权利及其机制的复杂性

自然资源是生态环境系统中的一个自然要素系统。"系统"一词，说明它的整体性和相互关联性。各个独立类型的自然资源借助和遵循自然规律形成一个整体，彼此独立作用之发挥往往相互牵连，密不可分。对任何一类自然资源的使用一旦造成损耗即意味着对整体系统的损耗，对任何一类自然资源的使用又具有明显的对级性和层次性，从而在自然资源的多用性和人的需求的多元性关系配给中增加了复杂性。相应地，以调整这种关系及其配给为己任的自然资源权属法律机制也就复杂化了。

不过，以往的研究并未注意到这种复杂性并非杂乱无章，复杂性中早已蕴含逻辑性和层次性。在类型视角和方法发生变迁的当下，以自然资源的多元价值为参照的纵向剖析将我们对自然资源使用形态分类的视野变得立体化、开阔化，使我们发现自然资源的多元价值与人的多元需求之间存在一种紧密的、富有逻辑和层次性的双向对级秩序。这在类型学层面为我们指明了探寻新的分类观念的可能和可行道路。

二 对目前我国学界自然资源使用形态分类及其观念的进一步反思

（一）代表性观点简介

目前，我国学界关于自然资源使用形态和使用权的分类探讨并不十分充分。而且由于自然资源国家所有权与使用权，以及使用形态和使用权之间关系过于密切，学者们在讨论时，经常将自然资源国家有权与使用权，以及使用形态与使用权混合于一起进行讨论。代表性的观点如下。

第一种观点认为，自然资源应属国有资产，这种资产权益的实现和保护的重点不在于所有权，而在于自然资源开发利用权利机制设计，能否将国有自然资源的"非所有利用"纳入物权法则是关键。在理论上，国有自然资源的"非所有利用"无论其性质还是内容都符合用益物权特征。在利用方式上，应将国有自然资源分为"对物采掘类"和"非对物采掘类"，并摒弃目前仅将"对物采掘类"自然资源利用作为用益物权的定式思维，将"非对物采掘类"自然资源利用也纳入用益物权体系中。①不过，由于"对物的采掘"直接将自然赋存状态下的自然资源转化为资源产品，是一种"消耗性"的利用，而"非对物的采掘"是将自然资源作为物质载体或利用自然资源自身生产能力进行的社会性开发利用，是"非消耗性"利用，故对二者研究的侧重应有不同；但无论怎样，在生态经济视野下，对那些用益性自然资源的"非所有利用"权利配置应剥离出行政权影响范畴而以市场机制去引导资源权利机制建构。②

第二种观点认为，资源权是自然资源权属及其实现机制的核心。"资源权是指法律上的人对自然资源所享有的进行合理利用的权利，它由旨在保障生存的'自然性资源权'和旨在激励发展的'人为性资源权'所构成。"③ 前者是指为满足人的生存这一自然需求而得合理使用的自然资源，可简称为"生存保障类"自然资源。它具有取得的自然性、客体差异及身份性等特质。因此，尽管作为一种与生俱来的权利，利用者可得自由、平等、免费利用，但也必须保证其利用数量的妥当、利用目的合理及利用方式适宜；因此种利用在种类上无限制，加之自然资源地理分布的错综复杂，自然性资源权的客体也就具有了差异性；另因此种自然资源是人的生存不可或缺的，所以它实质伴随人的一生而成为没有存续时间限制的权利。这些决定了它无法让渡、无法进行市场交易，因之具有强烈的身份性。至于"发展激励类"自然资源及其利用，则具有取得的许可性、财产性等特质。它的取得需经国家许可，本质上属于赋权许可，即特许。④ 而且由于它需有偿取得、客体特定、利用目的的营利性和存续期间有限以及可交易等特质而具有物权性质。它在大陆法系国家常

---

① 张璐：《论自然资源的国有资产属性及其立法规范》，《南京大学法律评论》2009 年春季卷。
② 张璐：《生态经济视野下的自然资源权利研究》，《法学评论》2008 年第 4 期。
③ 金海统：《论资源权的法律构造》，《厦门大学学报》（哲学社会科学版）2009 年第 6 期。
④ 参见王克稳《自然资源使用许可中特许的物权属性》，法律出版社 2015 年版；赵红梅《水权属性与水权塑造之法理辨析》，《郑州大学学报》（哲学社会科学版）2004 年第 5 期。

被称为"准物权",而在英美法系国家则被称为"准财产权"或"新财产权"。自然性资源权与人为性资源权构成自然资源权的二元结构,这种构造虽尚未形成整体立法,但已现于水、矿产、渔业等自然资源利用实践,并成为比较法上的一个一致性趋向。①

第三种观点认为,作为"国有公物"的自然资源和作为"国有私物"的自然资源及其使用。国家所有即为全民所有权,而全民所有是一种公有权,它是具有任何个人所有和一切其他人共同所有这样一种双重权利结构。这种结构对所有权的构成具有重大影响:其一,全民公有乃国家所有权的基石;其二由于国家所有权的行使关涉公共利益,而对公共利益的判断及其原则、程序和方法必然衍生公权效力;其三是在特定范畴内,国家所有权又具有公共权力属性。由于这种公有权的双重结构决定了国家所有权的二重性特征,所以,我国国家所有权概念实际上不仅包含了民法意义的国家所有权,也包含了行政法意义的公共用国有财产管理权,这两种性质有别的财产权则形成了我国国家所有权机制的基本立法结构。在传统民法学视野中,国家所有权乃私权,应为一种物权。但其实,作为一种特殊财产权,国家所有权已远非传统所有权所能解释。所以,应该针对不同财产类型而分别适用法律规范。在国有自然资源领域也应如此。对国有自然资源,应区分为"非对物采掘"和"对物采掘"两类。前者如石油、煤、天然气、森林、水资源、野生动植物等,其公共性相对较弱,应为国有私物,在市场经济条件下,政府得代表国家借以所有权与经营权分离方式进行社会性开发与利用,从而实现自然资源所有权向资源产品所有权的转变。但对后者,如阳光、空气、湖海、河流、水域、湿地、山川、沙滩、草地、原始森林、自然环境等,公共性较强、在不为破坏的前提下,这类自然资源不应市场化、物权化,而应由民众自由、公平、免费使用。②

第四种观点认为,自然资源国家所有权具有公共财产权的性质,应以能否进行权利配置为标准将国有自然资源分为国有"公共自然资源"

---

① 金海统:《论资源权的法律构造》,《厦门大学学报》(哲学社会科学版)2009年第6期。

② 马俊驹:《国家所有权的基本理论和立法结构探讨》,《中国法学》2011年第4期。

和"国有自然资源",前者为国家名义所有的新型财产权、公共所有权,国家应从公共利益出发,承担管理保护、保障公众公平分配自然资源的责任,因其为国家与公民基于国家管理而产生的公法关系,故应由行政法调整。而对后者,相当于国家私产,国家对之享有排他的民事权利,对其所有权的行使有市场化和非市场化两种。[1] 另有学者则进一步认为,自然资源权是基础,但它只有衍生出单个个体对资源的使用权才能最终建构起自然资源利用秩序体系,才可使分离出的个体的资源利用权在达至排他、持续使用状态时,实质上就形成了资源物权。正是在此意义上说,资源物权才是自然资源利用秩序的关键。[2]

(二) 观点分析与反思

在审慎的研究习惯中,观点批评从来都不是目的,唯有站在前人研究的基础上,才能真正获得进步。上述观点的逐次排列其实正体现了一种不断扬弃、不断进步的过程:第一种观点显然是在民法物权一元论的路径上来讨论自然资源的利用。论者将国有自然资源区分为"对物采掘类"和"非对物采掘类",并进而认为前者属于"消耗性利用"、后者为"非消耗性利用",这种观点是非常有意义的。但是,论者将它们统制于民法"用益物权"下进行实现的一贯主张却存有纰漏。其最致命的问题大概在于:这种对"对物采掘类"和"非对物采掘来"自然资源一概适用"用益物权模式",忽视了自然资源消耗性利用和非消耗性利用之间的差别,前者可能导致作为权利客体的消灭,这并不符合用益物权的特征,所以将它归入用益物权无疑会加剧物权理论的内部紧张。与第一种观点以不同对象衍生不同利用方式的标准有别的是,第二种观点是对自然资源的特性和不同价值形成更为深刻的认知,并进而主张将自然资源划分为"生存保障类"自然资源和"发展激励类"自然资源两类。"生存保障类"这种"自然性"自然资源使用权,不可交易、不可市场化,而"激励发展类"这种"人为性"自然资源使用权则可交易、可市场化。这种观点显然不仅是对第一种观点的吸收,更是

---

[1] 邱秋:《中国自然资源国家所有权制度研究》,科学出版社2010年版,第190—193页。
[2] 巩固:《自然资源国家所有权公权说》,《法学研究》2013年第4期;《自然资源国家所有权公权说再论》,《法学研究》2015年第2期。

对第一种观点在方法视野和理论延伸上的发展。尽管这种观点也有些简单化嫌疑。但是论者指出，那些"激励发展类""人为性"自然资源的取得需要取得国家的许可，且从论者对自然资源使用权的批评与反思中可以看出，① 自然资源利用的民法物权化模式确实值得质疑。或正是认识到传统民法物权理论对自然资源国家所有权缺乏充足解释力，学者提出了第三观点，认为对"对物采掘类"自然资源应作为国有私物，可以物权化，但对"非对物采掘类"自然资源应作为国有公物，不宜市场化、物权化，由其发生的财产关系不宜纳入私法而应由公法专门调整。② 这显然吸纳了前两种观点的精华。但这种观点似可质疑的是：其一，"国有公物"与"国有私物"的区分可能失之机械。自然资源具有整体性、关联性、公共性、多用性和开发利用中的外部非经济性。自然资源并非单个的，而是聚为整体、相互关联的，经常不可分割或分割困难；同时，任何自然资源均具有公共物品属性，不过与公共利益的牵连程度不同；而且由于自然资源具有生态、社会、经济等多元价值，所以对自然资源的利用经常具有多元性，有些应主要供生态环境保护使用，有些则可供公共普遍自由、平等使用，有些则应重视经济性使用；有些使用不具竞争性、排他性，有些则反之；有些可以免费使用；有些则要付费，有些更宜采市场化手段进行权利配置，有些则只能采用政府干预方式。如有学者就指出：大陆法系国家是按照物的用途来划分公物和私物的，它与所有权没有关系；自然资源的功能是多重的，不能简单划分。而且大陆法系国家以能否反复使用为标准进行划分，使用之后消耗的东西不属于公物；公物和私物之间的界限是变动不定的，公物由公法调整，私物由私法调整，这同样也存在问题；③ 其二，将自然资源区分为"国有公物"和"国有私物"，与我国自然资源全民所有存在一定紧张关系，尤其是可能使政府以"国有私物"之名任意处分，这显然有悖自然资源全民所有权的宪法目的；其三，可能误读大陆法系公物理

---

① 金海统：《自然资源使用权：一个反思性的检讨》，《法律科学》2009 年第 2 期。
② 马俊驹：《国家所有权的基本理论和立法结构探讨》，《中国法学》2011 年第 4 期。
③ 姚佳：《"国家所有权性质与行使机制完善"学术研讨会综述》，《环球法律评论》2015 年第 3 期。

论——公物设定以物的用途为标准，那些消耗性资源不属公物，但大多国家在行使此类自然资源国家所有权时多采用公法上行政许可方式而不适用私法方式，且对那些不属公物的自然资源，其国家所有权及权利配置方式多由国有财产法或资源特别法规定，民法一般并不涉及。因此，有学者转而从公法角度去寻找理解，此即第四种代表性观点。但其观点同样存在一些可以质疑的地方：第一，将自然资源分为公共和国有两类较为人为机械和简化，这与自然资源的整体性、关联性、公共性等前文述及的特征不相符合；第二，两分法与我国宪法第 9 条有所冲突。依宪法第 9 条，凡创设为国有的自然资源实质上为全民所有，不存在公有和国有之别；第三，将公共自然资源界定为公共所有权，将国有自然资源界定为民法所有权，认为对前者，国家只享有管理权，对后者则享有排他民事权利，这显与自然资源具有多重使用价值的现实不相符合。以水资源为例，生态环境用水为公共使用，工业用水为经济使用，但绝对的非此即彼的使用方式较为少见。另外，有些学者的观点虽然抓住了国家对资源利用干预这一本质，但也存在如下可探讨问题：第一，宪法规定的自然资源国家所有权相当原则，权能设置、权利行使、权利配置等问题则需要结合考虑各自然资源单行法；第二，即便认为管理权为所有权的基本权能之一，但私法所有权也有管理权，那二者又有何区别？这显然需再行论证；第三，立基于公权说，资源使用权这一分离于国家所有权的物权却成为私法物权，这种公权基础—私权结果之间的矛盾作何解释，或说从公权向私权的转换究竟是如何完成的，这仍值得讨论。

三 自然资源使用形态及其分类新观点的提出

上述代表性观点的相互吸收、整合与演进，带给我们的启示是：自然资源的分类以及与之经常密不可分的自然资源使用权的类型化，需要考虑自然资源的特性、对人类的多元价值、权力配置机制中的政府与市场角色、公众参与监督及立法与实践现实等综合因素。首先，自然资源具有整体性、关联性、公共性、多用性和开发利用的外部非经济性。自然资源是一个不能或不宜分割的整体，这种整体性与人类对自然资源的利用活动形成互动而被评价为自然资源系统。"在自然资源被人类利用的过程中，自然资源系统和人类经济系统就通过物质流、信息流、能量流的相互转化，结合成为更为复杂的大系统。"① 由此可见，自然资源不仅具有生态性，还具有社会性和经济性等特质或价值。如我国《水法》第21条就规定："开发利用水资源，应当首先满足城乡居民生活用水，并兼顾农业、工业、生态环境用水以及航运等需要。在干旱和半干旱地区开发、利用水资源应当充分考虑生态环境用水需要。"为了实现这些目的而对资源的利用也就具有了多元性。这种多元利用在法律上形成一种"权利束"，它被一些学者概称为资源权。它既包括了对经济价值的支配，更在追求远比经济价值重要得多的生态、美学及精神价值。② 为实现这些多元价值的自然资源利用方式也经常是多样的，除传统民法上之占有、使用、收益、处分诸种方式外，排放、眺望、追逐、欣赏等新型利用方式也在环境法上兴起。③ 然而，上述代表性观点对自然资源的整体性、关联性、多用性以及开发利用的外部非经济性特质的体现或是残缺的，或是片面的。其次，自然资源国家所有权的实现是一个自然资源权利的配置与运作过程，也必是一种公私共同作用的过程。在此过程中，政府和市场的分权与合作扮演着重要角色——这其实已是一种世界性趋势。近来，"分权合作已成为几乎所有资源政策领域的一个重要问题，从拉美的巴西到中东欧的波兰等许多国家均将分权程序作为地区保护的分派与执行机制，在农业用水部分，公共权力已从部分集中转向区域或地方单位，尽管为了质量和安全控制，自始关于农业环境项目的设定和实施仍被保留为次级国家权力范畴"。④ 不过，在不同类型的自然资源权利配置与运行中，二者的角色和职能及其介入程度有所不同。如在生存用、生态用自然资源上，政府的干预是主导；而在公共用自然资源上政府干预则有所减弱；在经济用自然资源上政府的角色更为淡化，市场机制的角色则进

---

① 彭皓玥、王树恩：《基于熵和 hopfield 网络的自然资源管理研究》，《科技进步与对策》2008 年第 12 期。

② Justine Thornton, Silas Beckwith, *Environmental Law*, London: Sweet & Maxwell, 2004, p. 7.

③ Steven Ferrey, *Environmental law: Examples and Explanations*, New York: Aspen Publishers, 2004, p. 5.

④ Thomas Sikor, *Public and Private in Natural Resource governance——A false Dichotomy?* Published by Earthscan in UK and USA, 2008, p. 7.

一步强化。显然，不同自然资源及其使用类型下，政府与市场的作用需要呈现为一种梯度变化的状态。但以上代表性观点没有或不能直观和清晰地反映这种特征与趋势。国有自然资源权利配置过程中需要体现现代民主的基本精神，需要公平、公正和公开的程序。在自然资源权利配置中，公法性手段的使用是一种世界经验。现代法治国家都非常重视行政程序，而且这种程序业已从一般理解的行政的内部步骤合理化转向引入外部机制的广泛参与式公共行政之正当程序。至于何为"正当"程序，虽不易回答，然而，由于行政总是试图优先考虑正当程序诉求外的大量多样、变动并常会影响广泛私人利益的情况，而使行政部门的行动辩解并非固定情境式有迹可循；为此，让他们与见证者一起在一个无偏私的决定者面前进行辩论听证无疑会实质性地增强决定的准确与公正。① 公众参与正是为此的一种优选机制。我国《取水许可和水资源费征收管理条例》第18条规定："审批机关认为取水涉及社会公共利益的需要听证的，应当向社会公告，并举行听证。取水涉及申请人与他人之间重大利害关系的，审批机关在作出是否批准取水申请的决定前，应当告知申请人、利害关系人。申请人、利害关系人要求听证的，审批机关应当组织听证。因取水申请引起争议或者诉讼的，审批机关应当书面通知申请人中止审批程序；争议解决或者诉讼终止后，恢复审批程序。"这种规定本已隐含了公众参与、公开公正程序之追求。2007年环发［2007］165号《关于印发〈国家重点生态功能保护区规划纲要〉的通知》更是明确指出应"增强公众参与意识，形成社区公关机制。不断提高全民生态环境保护意识，增强全社会公众参与的积极性。各级政府要以多种方式建立与居民的良性互动共管机制"。公众参与机制的引入使民众得以权利主体身份发表意见、表达利益诉求，参与行政决定及其执行，以形成民众与行政机关的利益博弈与合作，以促成行政民主、科学、正当和效率。② 然而，上述代表性观点对此关注较少，或说无法直观、清晰地反映自然资

---

① Ernest Gellhorn and Ronald M. Levin, *Administrative Law and Process*, Publisher：West Group, 1997, p.192.

② Langton, S., "What is Citizen Participation?" in Stuart Langton ed., Citizen Participation in American, Lexington Books, 1978, p.13.

源权利配置领域公众参与的动力、方式、途径、程度等。最后，从立法与实践现实来看，自然资源使用权的配置方式主要是公法性的许可，这是一种世界性特征与经验。在我国，对物权法僭越权力的批评并不鲜见，对有关自然资源立法公法性的思考也有很多，这些批评与思考促使我们尝试转变民法一元论的思维而从公法寻找更为可能和合理的解释。

综上，本书认为应对自然资源及其使用分类进行更进一步的思考：第一，应因应自然资源的整体性、关联性、公共性、多用途性和开发利用的非经济性，按照各类自然资源在公共性、生态性、经济性上的差别，将自然资源区分为生态性强的自然资源、公共属性强的自然资源和经济性强的自然资源。对生态性强的自然资源——原则上以保护为主，不仅不可创设可配置的自然资源权利，一般使用也受到限制；公共性强的自然资源——原则以公众平等、自由使用为主，在其上创设可配置的资源权利应以不损害资源的公共属性为前提，以不妨碍公众的自由使用为条件，在资源配置中，市场化的配置机制应受制于公共使用；经济性强的自然资源——应以有偿使用为原则，其中对于竞争性的资源使用，应以市场化的配置为主；第二，对应上述三类型，自然资源使用可类型化为生存用自然资源——优先、无偿、非排他、平等的自然资源使用权，此类使用权无须配置，也不能进入市场交易；公共用自然资源——自由、平等、非排他使用，此类使用权也无须配置，也不能进入市场交易；生态环境用自然资源——为保护环境，为全民共同权利，由人民委托给政府行使，为一种优先的自然资源权利，属公共权利范畴，不可交易、不可让与；经济用自然资源——为经营目的，须经行政许可，且为赋权性许可，在我国习惯于将此类概称为特许使用，它具有明显的财产权属性，法国公产法认将之属其为公法性质的物权，因此，此类资源使用权可转让、可交易。以往，无论是将自然资源分为"公物公产"、"私物私产"还是"公共所有"、"国有（私有）"及其使用都较为机械、简化，并未充分观照自然资源的整体性、关联性、公共性、多用途性、开发利用的非经济性等特性，难有显著实践价值。以水资源为例，生态环境用水为公共使用，工业用水为经济使用，但绝对的非此即彼的使用方式较为少见。生态经济学也指出，水具有存量—流量资源以及基金—服务资源的双重性，依其用途不同，它既可是竞争性的，也可是非竞争性的；在存量—流量场合，它是竞争性的，在基金—服务场合，它是非竞争性的。①这种新分类显然不同以往仅以人或资源为中心，以利用方式或价值为单向标准的分类。它是以人与自然互动和谐为理念，以"自然资源多元价值与人的多样需求"之间的双向对级所形塑的功能主义规范类型。因其取材全、逻辑强、对级层次完善而应已包含所有可能；第三，资源权利的配置，从法律上看，就是资源权利的出让和交易，没有财产权价值就不可能有真正的市场和交易。由此看来，在上述自然资源使用方式（类型）中，唯有自然资源特许使用权能够进行出让和使用权配置；第四，在我国，自然资源为国家所有，这些自然资源不可处分、不可转让，因此在国有自然资源中能配置的权利只有自然资源使用权，此即以自然资源使用权为中心的自然资源权利配置机制。因此，在国有自然资源权利中，除了应由国家保留的生态环境自然资源使用权外，应遵循所有权和使用权分离原则将自然资源使用权分离出去，之后国家行使的实质上是一种资源管理权或称剩余所有权；第五，为防止自然资源国家所有权被滥用，需要建立国家所有权的有效规范和约束机制，为此的规制体系至少应包括：公共利益至上原则，所有权与使用权分离原则，公平分配、平等保护原则，资源配置权利法定与法律保留原则，权利与义务一致原则，公众参与原则，等等；第六，为克服目前自然资源"国家统一所有、国务院集中代表"模式既不合国务院无法亲自代表国家配置自然资源的国情，也不合人大才是国家权力代表的宪法依据，故倒不如应和"谁控制谁代表、谁代表谁利用、谁利用谁收益"的实情并加以改造为央地政府（省级）分级所有，全国人大和地方（省级）分别代表的模式，这样既合国情、又合宪法；②第七，政府与市场在国有自然资源权利配置的作用上，对生态性强的自然资源，原则上以政府管制为主；对公共性强的自然资源，政府主导，市场适度作用；对经济性强的自然资源，原则上市场化方式为主导，政府限于维护公平竞争的市场秩序；第八，自然资源权利冲突的解决及其基本原则。自然资源的价值多元和用途多元使自

---

① ［美］赫尔曼·E.戴利、乔舒亚·法利：《生态经济学——原理和应用》，金志农等译，中国人民大学出版社2013年版，第38页。

② 王克稳：《自然资源国家所有权的法律创设》，《苏州大学学报》2012年第2期。

然资源权利之间的冲突无法避免。有学者将此称为资源权的堆叠，并主张对这种堆叠，基本解决方案是："自然性资源权优于人为性资源权，在自然性资源权中，动物性（生存保障性资源使用）优于社会性资源权（公共性使用），在动物性资源权、社会性资源权和人为性资源权（经济性资源使用）各自发生堆叠时，基本规则是先占。"[①] 受此启发，我们认为，为解决自然资源权利冲突，应坚持以下基本原则：不同公共利益的资源使用权利冲突时，公共性更高者优先；公共利益的使用与个体利益的使用冲突时，公益使用优先；个体利益的使用冲突时，原则上为生存使用者优先；当不同经济性资源使用权利冲突时，原则上经济效益高者优先，无法区分效益时，权利取得在先者优先。

四 自然资源使用形态分类新观念的价值与规范实证

（一）自然资源使用形态分类新观念的价值

自然资源使用形态分类新观念将自然资源使用区分为生存性使用、生态性使用、公共性使用、经济性使用四类，无疑具有一定的创新性。首先，从类型学上看，此种分类的标准兼顾了自然资源的整体、关联性和多用性，所以在视角上具有开放性。尽量保障类型的素材来源真实而全面。另外，在分类方法上富有逻辑性和层次性。这与其类型标准的选择不无关联。选以自然资源的多元价值为参照本身已经暗含层次性，在每类自然资源上，当不同价值在与人的多元需求进行配给时，或是基于效率、或是基于公平等价值，这就会存在一定秩序性——体现为一种合理序列，这种"合理序列"一方面暗喻层次性，另一方面暗喻逻辑性，逻辑又意味着一种对级性。由此看来，这种分类是在以往观念基础上的发展，它在视角和方法上更为开阔、灵活。其次，任何类型的提炼不只是服务于理论发展，更是为了解决实际问题，为提炼问题解决基本模式。新的分类观念不过多纠缠于理论，而是面向自然资源权利法律机制模式的寻找和塑造这一更为实际的问题。将物权放置于财产权这一更为宏大范畴内去思考问题解决方案，只要某类自然资源使用权符合"可交易性"这一财产权核心特征，那么它就是物权。其标准之简单、方法之简洁不

[①] 金海统：《资源权论》，法律出版社2009年版，第129—132页。

仅直接找到了问题突破口，而且还回避了大陆法传统物权理论在自然资源权利这种新权利上解释乏力、缺乏操作性等难题。最后，自然资源使用形态及其分类新观念，在对人与自然和谐相处生态哲学观的贯彻，对自然资源权利配置中的政府与市场角色，以及权利行使中的公众参与等重要问题都给予了更充分考虑和更直观回应。

（二）自然资源使用形态分类新观念的实证分析

生存性使用、生态性使用、公共性使用、经济性使用这四种自然资源使用形态是否在现行法规定的水权、渔业权、矿业权、海域使用权等方面均存在和发挥作用？下面，以水资源、渔业资源、矿产资源为例进行实证分析。

1. 水资源

在水资源上，静态地讲，生存性使用、生态性使用、公共性使用和经济性使用是存在的。至于个体按照自身需求不同，选择不同使用形态并不能否定水资源上不同使用形态的存在。水资源是水权的客体，在水权内部构造上，基于不同目的的水资源使用形态也呈多样化：首先，为了基本生存而使用水资源，如饮水、洗衣服、小规模灌溉等，这是最先遇到的一种使用形态。这种使用形态，有些学者将之称为满足人作为动物之基本需求的"动物性水权"；[①]其次，水作为自然生态环境的一个组成部分，它对自身也有生态维护的价值（这种价值既是对自然生态环境自身的，同时也是对人的），如维持河川的正常水量，保证滩涂正常的蓄水量等对保障生态环境健康的意义是不容置疑的，人类也必然需要一个健康的生存环境；再次，水也可以满足人类的公共性使用需要。比如，在河流、天然湖泊中游泳、划船或欣赏愉悦精神等，这些都涉及对水资源的另一种使用形态。在这种使用形态中，每位个体都可以自由、平等、免费使用水资源，这就是一种对水资源的公共性使用；最后，对水资源的经济性使用。这种使用的目的是直接获取经济利益。有学者将之称为人为性水权，是为满足人"人为需求"——发展而对水资源合理使用的权利，它在西方也被称作"可交易性"水权——通常具有财产性、可交

[①] 金海统：《资源权论》，法律出版社2009年版，第155页。

易性，取得的许可性等特征。① 义乌—东阳水交易案就是这种水资源使用形态的典型。

在水资源使用的这四个形态中，生存性使用是最优先的，其次是生态性使用，再次是公共性使用，最后才是经济性使用。这样一种排序是整体上兼顾公正和效率，在个别上公正优先的考虑。同时，这种排序也是在整体上兼顾公共利益和个体利益，在个别上公共利益优先的考虑，即便是在追求经济利益的经济性使用场合，该类使用也被附加了"合理利用"的公益目的限制。

2. 渔业资源

何谓"渔业权"？我国渔业法并未明确，以致学者们对此定义多不一致。一种较有代表性的观点认为，"渔业权也称滩涂、水面资源使用权，是法人、公民、其他组织依法定程序取得在国有或集体所有滩涂、水面从事养殖，或在内水、近海从事捕捞，从而获益的权利"②。但是，若从此定义看来，渔业权的客体却是水资源，这也是我国学界的普遍认知。然而，这种认识是不够准确的。确切地讲，一定的水域、水资源不过是渔业权的手段客体。而它的真正客体，也即目的客体却应是渔业资源。对渔业资源的使用包括养殖、捕捞鱼类，以供生存需要，或者养殖捕捞鱼类，以供生态环境需要，或者以供娱乐等公共需要，或获取经济利益。由此看来，在渔业资源的使用上，生存性使用、生态性使用、公共性使用和经济性使用形态都是存在的，而且这四类渔业资源使用形态的特征与逻辑序列与水资源的使用相同。不过，值得注意的是，在我国渔业法中，对渔业资源的经济性使用权的转让性受到限制，甚至是禁止的。这大概是渔业法立法的一个败笔。因为在理论上，政府赋予个体从事渔业资源经济性使用的权利无疑具有财产权性质，是财产就应可让与，尽管政府在授予此项权利时需要审查资格，而且进行渔业资源使用确实也需要有一定的资金和技术，但至少该权利在资金和技术条件具备者之间发生转移应不成问题，然而从对渔业法的严格解释来看，代表此种权利的养殖证、捕捞证却被禁止让与。

---

① 金海统：《资源权论》，法律出版社2009年版，第156页。
② 屈茂辉：《用益物权论》，湖南人民出版社1999年版，第275页。

即便从形式上理解，此处只是证件让与的限制，但一则这种理解是滑稽荒诞的，二则从渔业法的整体理解上此处禁止的实质应是渔业权的转让，而非其他。在英美法系国家，这种对渔业资源的经济性使用权经常表现为"个体可转让配额"制度①，它在不少国家都被视为一种准财产权。

3. 矿产资源

在我国学界，主流观点认为矿业权的客体是特定区域内的地下部分和赋藏其中的矿产资源。其实，这种观点并不准确。理由也是因为这种理解混淆了目的客体和手段客体。矿业权的真正客体应是矿产资源。在矿产资源的使用问题上，也存在生存性使用、生态性使用、公共性使用和经济性使用四种形态和层次。首先，为满足人的基本生存而对矿产资源的合理使用并不鲜见。如为驱寒而少量采挖煤炭，为自家修建住房而适量采挖沙石，都是此类使用。此类使用不需要政府许可，每个人都可自由、公平地非排他使用，而且这种使用权具有身份性、不能进入交易市场。其次，作为自然生态环境的一个构成部分，矿产资源本身也具有生态价值，所以国家在赋予具有开采资格的主体采矿权的同时，也课以他们修复责任，其主要目的是尽可能保证生态环境健康。一座蕴藏丰富矿产的山脉、或一片土地，一旦进行资源开采后，可能导致原始景观价值减损或消失。而且由于矿产资源一般属于可耗竭、非再生性资源，为保护生态环境而使用此类资源的最好办法是不开采，或节约。再次，由于矿产资源经常与它的手段或辅助载体如特定区域或矿区土地融为一体，所以对矿产资源的开采使用必然意味着改变环境，影响人们诸如欣赏、娱乐、旅游等公共性使用价值。最后，经济性使用是矿产资源最典型、最重要的使用形态。这是因为矿产资源的经济性价值在近现代以来是最大、最直观的，人们将这些矿产资源采挖出来变成资源产品出售，或者将这些矿产资源转化成其他商品，从而获取了巨大的经济利益，甚至可以说，矿产资源是近代以来人类社会发展的动力源，矿产资源开采使用也称为社会发展的引擎。经济性使用矿产资源的权利具有财产性，本质上

---

① [澳] R. Connor：《个体可转让配额是财产权吗——定义、学科和分析语段》，刘新山译，载农业部渔业局编《国外渔业权制度研究资料》（一），2003年，第136页。

是可让与、可交易的，但我国现行立法对此问题却持一种谨慎、保守的立场，①甚至是含糊不清的。②

同理，本书认为在几乎所有自然资源的使用上都存在生存性使用、生态性使用、公共性使用和经济性使用这样几种形态和层次。不过，在一些自然资源上这种特征更为明显（如水资源、矿产资源等），而在一些自然资源上则较为模糊一些，比如海域资源近似一种自然性空间资源，但又易与水资源利用问题混同一体。另外，在这四类使用形态中，生存用、生态用和公共用具有身份性、专属性和非财产性，主体只得自由、平等、非排他使用而不可让与，因此更像是一种自由权。唯经济性使用具有财产权性质，可让与、可交易，此类国有自然资源使用权在我国一般又被称为国有自然资源特许使用权，对它可以物权化。由此也就塑造了针对四种使用（权）形态的两类不同的实现与保障模式。对此，如图1—1 所示③：

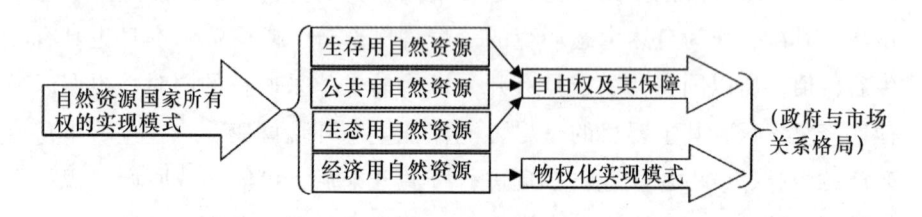

图1—1　国有自然资源使用权类型及其实现模式

本课题研究所重点关注的正是经济用国有自然资源使用权，从其法律机制建构的目的性指示上讲，对国有自然资源特许使用权的研究之核

---

① 我国矿产资源法规定，这种让与必须经过主管行政机关的严格审查批准。

② 如2012 年1 月6 日由财政部、国家税务总局发布的关于转让自然资源使用权营业税政策的通知（财税〔2012〕6 号）第一条明确指出："转让自然资源使用权，是指权利人转让勘探、开采、使用自然资源权利的行为。自然资源使用权，是指海域使用权、探矿权、采矿权、取水权和其他自然资源使用权（不含土地使用权）。"若将这两句结合来看，海域使用权、探矿权、采矿权、取水权和其他除土地外的自然资源使用权都可以转让。但事实上，这与渔业法、矿产法、海域使用管理法等规范中的相关规定存在出入，若说此通知是对这些资源使用权转让限制的松绑，那么以一个通知去修改比他级别更高的行政法律的合法性何在？

③ 该图及其详细论证解释，亦可参见张牧遥《论自然资源国家所有权物权化实现的技术谱线》，《大连理工大学学报》（社会科学版）2017 年第1 期。

心指向该种权利的法律机制。对此，从相关学术研究的模式和路径上看，则进一步指向了国有自然资源特许使用权的物权化，以及相关问题。在这些问题中，按照逻辑，该种权利的性质又首当其冲。

第二章

国有自然资源特许使用权的性质

如今，国有自然资源特许使用权被普遍认为是一种特殊的财产权。那么，在我国的法律传统和法律体系下，对国有自然资源特许使用权进行物权化的立法、理论与实践企图就不难理解了。我们并不反对国有自然资源特许使用权的物权化，不过纯粹民法物权化的观念是否合理、科学值得反思。在物权化之共识下，借鉴物权理论来从公法视角思考相关问题就成一种新的思路与方法。这种方法的有效性在行政法学史上业已被证明，行政行为概念及其理论即为代表。那么，按照物权理论，国有自然资源特许使用权及其性质就与自然资源国家所有权的性质密切相关，所以，从自然资源国家所有权的性质分析迁延至国有自然资源特许使用权的性质分析就成为一种必然的逻辑。

第一节 自然资源国家所有权及其性质

一 何谓自然资源国家所有权

我国《宪法》第9条规定："矿藏、水流、森林、山岭、草原、荒地、滩涂等自然资源，都属于国家所有，即全民所有；由法律规定属于集体所有的森林和山岭、草原、荒地、滩涂除外。"一般认为，该条即确立了我国的自然资源国家所有权。而且学界多数学者也认为，宪法上的

"国家所有"就是一种所有权,这几乎已成为共识。① 当然,究竟何谓自然资源国家所有权并非如此直白、简单。从学术和实践的整体情况来看,对何谓自然资源国家所有权问题,主要围绕以下几个问题展开:一是国有自然资源的范围及类型;二是"国有"和"全民所有"的关系;三是自然资源国家所有权的实施模式。

(一) 国有自然资源的范围

1. 自然资源权利的发展趋势及一些问题的简要说明

在世界范围内,自然资源权利及其机制存在以下两大趋势:其一是,自然资源归国家所有已渐成一种世界趋势,世界上不少国家都规定了自然资源的国家所有。我国《宪法》《民法通则》《物权法》更是规定,除法律规定属于集体所有之外,自然资源归国家所有;其二是,土地资源与其他非土地资源逐渐分离。由于土地负载、包纳,或者生成其他自然资源,所以传统上自然资源权利机制一直与土地资源密切相连,但现在越来越多的国家已逐渐将那些具有独立价值的自然资源从土地资源中独立出来,以致我国学者在研究自然资源权利法律制度时通常倾向于将土地排除在外。这里的缘由除了土地外自然资源的独立价值愈加强烈外,土地资源关涉问题及其问题面向更为普遍、广阔,其法律机制相较更为复杂,以及其相应机制较为成熟等等也是重要原因。所以土地外的自然资源更需给予关注。故此,本书研究侧重于土地外自然资源。

2. 国有自然资源范围的立法模式之简析

在有关自然资源范围上,比较法视域内存在三大立法模式:其一是以具体列举的方式规定国有自然资源;其二是以抽象方式规定自然资源国家所有;其三是抽象加列举方式。具体列举方式,通常是将自然资源依客体不同进行具体、明确之列举,这种模式的优点是比较直观,其缺点也恰因太过直接而失之简单,缺乏包容性、弹性。抽象模式的优点在于其具有较强包容性,在遇有新的资源类型时,可以借由这种模式的抽

---

① 参见王涌《自然资源国家所有权三层结构说》,《法学研究》2013 年第 4 期;崔建远《自然资源国家所有权的定位及完善》,《法学研究》2013 年第 4 期;程雪阳《中国宪法上"国家所有"的规范含义》,《法学研究》2015 年第 4 期;叶榅平《自然资源国家所有权的双重结构》,《法学研究》2016 年第 3 期,等等。

象概括能力而将之纳入现有体系之中,从而不仅维护了其体系的稳定性,也为实践指明了方向。但抽象模式的缺点也是比较致命的——动辄需要以解释的方法理解自然资源的范围,这势必为某些个人或利益团体提供"自由活动"的空间。相较而言,抽象加归纳的模式则似是一个更优的方案,不仅有抽象概括,也有具体列举,使解释规则能在具体列举的约束中获得适度自由。

从我国《宪法》第9条的规定来看,我国显然应为第一种立法模式。这种列举式立法模式的最大弊病就是不够周延,对此可作两个方面分析:第一,对该条所列举资源之外的自然性资源应否纳入此条?第二,尽管这里存在一个关键字"等"字,但此字究为"等内等",还是"等外等"语焉不详。将此二者结合起来理解,该条似乎在具体列举上同时附加了一个开放理解的可能,但由于我们无法确认到底是在所列举之几种资源内产生了开放理解的可能,还是在这几种资源外形成可得开放解释的机会,所以该条看似清晰,实则模糊。加上人类具有追求物质、财富的本能,这种模糊的规定或会促成一种更加宽泛的解释。由是,就不难理解一些学者的主张:依据我国《宪法》第9条:"除集体所有的自然资源外,一切自然资源,包括宪法未列明的其他自然资源,均应归国家所有,包括人类已发现的和未发现的自然资源。"[①] 如此,那些主张扩充自然资源类型,并对所有类型的自然资源积极加以利用的观念也就自然而然了。但是,为了科学地完善或者建构自然资源权利法律机制,在国有自然资源范围上应有一些识别标准,以使模糊问题清晰化。

3. 关于国有自然资源范围的识别标准

在奉行私有制的社会,人们更倾向于尽可能多地认识和发现新的自然资源类型并据为己有;在奉行公有制的社会,则尽可能多地将自然资源以国家发展与全民福利之名予以垄断。当然,由于过往社会的历史经验尽管也对丰富自然资源类型与范围秉持积极态度,但基于生态环境之虑,出于对人类负责的生存照顾需要,将自然资源规定为国家所有成为一种趋势。但是,正如有学者坦言,世间一切自然资源是否均应归国家所有呢?对此,大致存在两种有些对立的理解:一种意见持肯定态度;

---

① 崔建远:《自然资源物权法律制度研究》,法律出版社2012年版,第27页。

而另一种意见,以部分自然资源不适宜进行所有权配给为由而建议不应纳入国家所有范畴。如梁慧星教授就曾指出,地表水和野生动物就不宜设定为国家所有。① 还有学者主张应将陨石、乌木等视为无主物而适用先占原则。② 无疑,这些论争将国人在自然资源上"积极国家主义"与"谨慎国家主义"的矛盾对立展现无余。可以说,近年来频繁发生的乌木案、陨石案、狗头金案,以及某地政府将大气资源纳入国家所有所引发的立法与理论争执等,实际均与国有自然资源的范围及其识别标准问题相关联。

那么,识别国有自然资源范围的标准都有哪些呢?有学者归纳认为,目前,界定国有自然资源范围的标准大致有战略意义标准、共有物标准、是否符合民法物权理论标准等;但这些标准均不合理,所以仍应对《宪法》第9条的"等"字理解为绝对列举未尽,即应将之理解为一个绝对开放的范畴,凡现在与未来发现的一切自然资源均可纳入国有范围内,以利于自然资源管理与使用、维护宪法权威、维护法制稳定和实现社会公正。③ 这种观点具有一定合理性。不过,对此问题的解决似乎不必过度纠缠于"等"字理解,不宜仅立足于法律解释。理由在于,这个问题是一个基础性、重要性问题,必须力求精准,法律解释虽维护了法律体系的稳定,但有失效率。在环境危机如此严重的今天,"坐等解释"远不如明确规则来得直接、快捷。所以,还是建议未来自然资源相关法律修订时,除应保留"等"字立法技术作为列举未尽理解外,还应增加抽象条款以使国有自然资源范围判断存有一个即便抽象,但仍可以推理的依据。至于这种抽象依据究应如何归纳,本书认为需要考虑经济稳定、资源安全、效率和公平等价值需要。从世界范围来看,之所以要将自然资源设定为国家所有,一般出于以下几个理由:第一,出于经济稳定、资源安全等考虑。如稀土资源在如今世界经济、科技发展中的影响越来越大,

---

① 梁慧星:《对物权法草案的不同意见及建议》,《河南省政法管理干部学院学报》2006年第1期。
② 参见李丽《民法专家激辩天价乌木归国家还是归发现者》,《中国青年报》2012年7月7日;周辉斌《"天价乌木案"凸显〈物权法〉适用之惑》,《时代法学》2013年第2期。
③ 参见欧阳君君《论国有自然资源的范围——以宪法第9条的解释为中心》,《中国地质大学学报》(社会科学版)2014年第3期。

以致我国逐年提升稀土价格,并限制了产量和出口配额。将类似自然资源设定为国家所有的确有利于国家的政治、经济,甚至社会稳定和安全;第二,自然资源对人具有多元利用价值,无论生存还是生产都离不开自然资源,盖因自然资源不仅是生存的手段,也是不少产业的生产资料因素。所以,自然资源的利用是人类根本无法回避的问题,关键是出于环境保护考虑而需要"合理利用",但是否将自然资源创设为国家所有就能够彻底解决"效率"与"公平"、"私益"与"公益"的矛盾问题?答案至少是不确定的。既然这样,至少存在一部分自然资源应归公共所有,甚至无主。至于第三个理由,保证自然资源公平配给是否必然意味着必须将所有自然资源无例外地创设为国家所有?要得出一个肯定答案显然不容易。在直观思维中,人们似乎习惯于潜意识地认为,国家代表公共利益、公平正义,国家历来的职能也在于维护公共利益和普遍公平正义。所以,在一定意义上,有些学者认为宪法规定的自然资源国家所有权实为一种资源管理权的观点确有合理性,但从资源权的实现上讲,自然资源国家所有权的物权性也具有可理解性。其实无论着眼于"管理",还是着眼于"占有利用",如果存在一种好的机制能够将自然资源利用中的效率与公平、私益与公益平衡问题解决掉,就是当下最优的机制。

（二）"国有"与"全民所有"的关系

我国《宪法》第9条第1款规定,矿藏、水流、森林、山岭、草原、荒地、滩涂等自然资源归国家所有,即全民所有。《民法通则》第81条第2款规定,国家所有的矿藏,可依法由全民所有制单位和集体所有制单位开采,也可由公民个人采挖。《矿产资源法》进一步规定,矿产资源属于国家所有,由国务院代表国家行使国家所有权。《物权法》第45条也明确规定,"国家所有",即"全民所有"。之所以如此,原因大概有两个:其一,国家所有就是全民所有,因为国家是人民让渡自己的部分权利而组成的一个组织体,国家权力来源于人民权利,成立国家的目的是为结束那种自然的战争状态;其二,在意识上,认为国家所有体现了财产所有制,确切地讲国家所有对应着全民所有制、代表着公有制。所以,国家所有就是全民所有,国家接受人民的委托管理自然资源,为人们谋福利。但也有人认为,"按照民法理论的内在逻辑,'全民所有'只是一个经济或社会意义上的概念,不能成为特定个体权利上的法律概念。"① 无论是国家所有还是全民所有,都是比较抽象的概念,都不是表征特定个体权利的法律概念,将国家所有直接等同于全民所有更像是一种想象。将"全体人民"与"国家"这两个概念进行简单置换至少失之严谨;"国家"一词无论是在国内法还是在国际法上都不能与"人民"概念相互替代。② 即便如此,还是有学者坚定地认为:全民所有并非概念本身不确定,而是过于抽象,需要民法确认一个法律主体,这个主体就是国家,因为只有国家才是整个社会的正式代表,因此从全民所有到国家所有是一个从抽象到具体的法律主体表达,这是服务于从法律上保障全民所有权的权利实现之目的;并且无法否认的是,1982年宪法实施30多年来,国家已是一个不可或缺的法律术语,全民所有在法律意义上与国家所有并无实质之别。③ "将自然资源创设为国家所有的目的在于,宣示这些资源的全民所有性质。尽管立法上的表述不尽相同,但凡设定为国家所有的资源都是那些立法者认为应归属于全体人民共同所有的资源,应为全体社会成员的共同财富。"④ 在现代意义上,"国家"不等于国王,也不等于政府,而是特定主权领域之内的人民,至少也应是符合宪法和法律规定要件之公民,所以"国家所有"即为全体人民所有。⑤ 不过,从财产权的历史发展来看,财产权存在私人所有、国家所有和公共所有这样几种形态,将国家所有直接等同于全民所有,即公共所有,显然不合适。传统时期以来,国家就具有双重身份,它可以法人(国库)这一私法身份去进行活动,活动的效果受私法规范。也就是说,这种情况下,国家以其所有之物去从事的活动具有私法效力,这与公共所有表征公法或社会法的特征无疑存在出入。所以,对于"国有"和"全民"所有之关系,在自然资源这种公共财产领域,应依不同财产目标或功能不同进

---

① 马俊驹:《国际上所有权的基本理论和立法结构探讨》,《中国法学》2011年第4期。
② 孙宪忠:《"统一唯一国家所有权"理论的悖谬及改革切入点分析》,《法律科学》2013年第3期。
③ 施志源:《生态文明背景下的自然资源国家所有权研究》,法律出版社2015年版,第98页。
④ 王克稳:《论自然资源国家所有权的法律创设》,《苏州大学学报》(法学版)2013年第4期。
⑤ 张千帆:《城市土地"国家所有"的困惑与消解》,《中国法学》2012年第3期。

行区分认识。

上述关于"国家所有"和"全民所有"的关系及其逻辑之争其实更多地属于技术问题。对此问题有所缓解的方案总体上有两种,一是大陆法系的公法人理论,一是英美法系的公共信托理论,至于哪种更优,可能人言人殊。在民法框架下,公法人理论似乎不仅维护了理论传承与稳定价值,也能一定程度地消解自然资源权利配置上的主体困惑。但是,正如前文所言,现代社会的自然资源危机已经不由我们继续"任性"于"私益"与"经济目标",自然资源的公益使命甚至要求我们必须"刻意"关注"公益"与"生态目标"。那么寄望于延续民法物权及其理论框架,只需对其进行适度松绑的所谓"社会化"救赎恐怕无法完成兼顾私益与公益的大任。毕竟自然资源并非一般"物",它是一类极其特殊的财产。它的特殊性、特殊价值及其所负担的特殊使命召唤一种直接来自于外的力量促使它"浴火重生"。就此而言,公共信托理论并不重视理论上的一城一地之失,反倒直击问题要害。

(三)自然资源国家所有权的实现模式

这种"国家所有"究为何意?有人认为,国家所有是一个政治、经济概念,它指明了国家对某些财产的政治归属,或说管辖,所以它具有主权意义。同时,由于"我国的国家所有权在性质上是对全民所有制的反映","我国的国家财产与西方国家的国家财产存在重大差异,因为它是全民所有制的法律表现,最终服务于全体人民的根本利益。所以,《物权法》规定国家所有即全民所有已经表明了我国国家所有权的性质"[①]。还有人认为,国家所有就是指国家所有权,自然资源归国家所有就是指国家对自然资源享有所有权。可以说,这些关于"国家所有"的不同理解增加了问题的复杂性。或许正是出于这种复杂、混乱之虑,有学者提到,所有权是一个多学科、多维度、多领域的综合性概念,不能将之直接等同于物权意义上的所有权。[②] 这无疑进一步加剧了混乱,其表现就是,针对自然资源国家所有权的性质,学界基于不同角度、不同技术形成了诸多观点,一时之间可谓百花齐放!自然资源国家所有权之"国家

[①] 王利明:《物权法研究》(上卷),中国人民大学出版社2012年版,第507页。
[②] 参见金海统:《自然资源使用权:一个反思性的检讨》,《法律科学》2009年第2期。

所有制说""主权说""私法权利说""公共权利说""特别私法权利说""公权说"等学说观点纷纷登场。可以说,自20世纪80年代起至今,国家所有(权)问题大概仅在民法世界获得片刻"安宁",然近年来关于土地等资源国家所有问题的讨论,再次将民法世界为数不多的知识约定淡化了。但无论如何争论,一个不容否认的客观事实是,作为一种重要的资源,自然资源总要被利用,也总需要被保护。那么,如何以自然资源国家所有权来统领并实现自然资源的利用和保护之双重目标,这是自然资源法律制度必须面对的一个重要问题,它本质上指向自然资源国家所有权的实现及其模式。

从作为"物"之利用关系这一层面来看,无论现有的物权理论存在怎样的欠缺,似乎都无法摆脱"物权"制度之范畴。尽管这种"物权"是否必然指向民法物权,仍然存在争论,但这确实说明了这样一个再简单不过的道理:因应自然资源的有限和有用性,关于自然资源国家所有权之实现模式的法律制度不外乎三种选择:一是公物利用制度(然在法国,公物利用具有公法物权的基本属性);二是民法物权制度,德国是代表;三是以英美国家为首的公共信托制度。尽管在英美国家不存在物权理论,但它们以财产权理论对国家所有之物来进行解释,并通过公共信托这种技术建构起了诸如自然资源利用问题的解决机制。我国虽与上述做法各有不同,但就目前的主流意见来看,学者们认为我国与德国最为接近[①],因此宜将自然资源国家所有看成一种国家对自然资源的非主权意义上的物权,并尽量在民法物权理论的框架内解决其实现问题。对物权化,本书不持异议,但民法物权论方法未必能够比较理想地解决问题。

二 自然资源国家所有权的权属性质

自然资源国家所有权的权属性质是自然资源国家所有权的一个核心

[①] 周林彬教授指出,我国物权立法重大陆法系,轻英美法系,学界更是将大陆法系国家物权立法及其释论作为主要路径。他批评道,"那种以罗马法、德国法概念作为标准来构筑我国物权法体系和评价我国物权法理论的唯一法学标准的主张和做法,以及据此主张将他人从英美法或经济学视角研究、认识并提出解决我国物权立法问题的新思路和新观点视为'旁门左道'或'基础概念不清'"大受追捧,但却值得认真反思。参见周林彬《物权法新论——一种法律经济分析的观点》,北京大学出版社2002年版,第8—9页。

议题，所以，将它单独列出讨论尤有必要。从相关研究来看，能将自然资源利用和保护之双重目标兼容并构的制度方案的确无法逃避自然资源国家所有权的权属性质。对它的权属性质，综合而言，相关研究主要聚焦于两个方面：一是是否物权性质的所有权之争；二是究为私法所有权还是公法所有权之争。

（一）各种观点之争

1. 关于民法物权说

在我国，大多数民法学者认为，自然资源国家所有乃是民法上的所有权，是一种物权。① 但由于自然资源国家所有权又具有特殊性，学界在"私法物权说"的基础上，又发展出了"特别私权说"②"形式私权说"③"特别法上物权说""准物权说"等观点，其中以"特别法物权说"和"准物权说"影响最大。

我国台湾地区学者郑玉波、王泽鉴、谢在全，以及大陆的王利明等人是"特别法物权说"的代表者。④ 此种学说以规定自然资源的规范及其与民法之关系为标准，将物权区分为规定于民法的物权、商法上的物权和特别法上的物权。由于民法通常被视为一般法，而民法之外的那些同样规定了民法物权的法律则可被视为民法之特别法，所以，诸如渔业权、水权、林业权、狩猎权等乃规定于民法之外的自然资源管理法上的自然资源权利就可被视为特别法上的物权。⑤

准物权说者则认为，水权、渔业权、矿业权等均非纯粹的民法上之

---

① 相关代表文献可参见黄锡生、蒲俊丞《我国自然资源物权制度的总体构想》，《江西社会科学》2008年第1期；程雪阳《中国宪法上国家所有的规范含义》，《法学研究》2015年第4期；程淑娟《确信与限制——国家所有权主体的法哲学思考》，《河北法学》2009年第5期；程淑娟《论我国国家所有权的性质——以所有权观念的二元化区分为视角》，《法律科学》2009年第1期，等等。

② 罗世荣、何磊：《论国家所有权的特别私权性——兼谈〈物权法〉对国有资产的立法保护完善》，《社会科学战线》2006年第5期。

③ 张力：《国家所有权的异化及其矫正——所有权平等保护的前提性思考》，《河北法学》2010年第1期。

④ 参见郑玉波《民法物权》，三民书局1992年版，第41页；王泽鉴《民法物权》（第1卷），三民书局1992年版，第41页；谢在全《民法物权论》（上册），中国政法大学出版社1999年版，第52页；王利明《物权研究》，中国政法大学出版社2002年版，第610—613页。

⑤ 姚瑞光：《民法物权论》，大中国图书公司1995年版，第19页。

物权，而是与民法物权具有一定相同或相似性质、特征的权利，对它们可以准用民法不动产物权之规定，也即是说，它们不过是被视作物权的权利。① 这种学说源于日本，当时日本学者在讨论渔业权时，以民法物权为参照提出"准物权"这一概念，用以解释那些与民法物权具有部分共享特征，或具有相似性的新生权利，并被其渔业法所采纳。后来，准物权概念与理论传入我国，并被一些民法学者采纳、发扬，其代表学者为崔建远教授。②"准物权说"和"特别法物权说"是学者们试图维护民法物权及其理论的一种努力。

的确，由于传统民法物权要求"物"的有体、特定，而且传统物权设定遵从意思自由、自治，所以，用传统民法物权理论解释自然资源国家所有权会存在令人困惑的地方。为解决此类困惑，民法学者多选择解释学路径，主张应重新解释民法文本中的"物"，主张自然资源不是法律术语，其范围仍需精细界定，在法律层面上应遵循民法上的"物"之特征，从而将气候资源排除，再奉行不与民争利的价值原则排除虫草、乌木等。③ 在完成从"自然资源"到民法上的"物"的解释转型后，有学者借鉴日本渔业法上的创造，将渔业权、矿业权等定位为"准物权"，此即自然资源国家所有权的"准物权说"。"准物权说"的基本观点是，诸如水权、渔业权、矿业权等，它们具有民法物权的基本特征，但又不能完全适用民法物权规则，它们与民法物权的关系之如准侵权行为与侵权行为一样。④ 但是，准物权概念及其理论的解释与说服力也值得怀疑。如有学者指出，"准物权与物权的概念不存在任何包含关系"，"准物权"本身也是个含义、性质、范围、规制方法等不甚确定的概念，自然资源物权的设定及其依据等方面都具有一定特殊性，它具有公私兼顾的性质。⑤ 这种质疑说明，将自然资源所有权独断、完全地纳入民法物权范畴的解

---

① 施启扬：《民法总则》，三民书局1984年版，第29页。
② 崔建远教授对准物权理论以及我国的立法实证进行了系统研究。参见其著作《论争中的渔业权》，北京大学出版社2006年版；《自然资源物权法律制度研究》，法律出版社2012年版；《准物权研究》，法律出版社2012年版。
③ 谢鸿飞：《通过解释民法文本回应自然资源所有权的特殊性》，《法学研究》2013年第4期。
④ 参见崔建远《准物权研究》，法律出版社2012年版。
⑤ 谭柏平：《自然资源物权质疑》，《首都师范大学学报》（社会科学版）2009年第3期。

释力也不十分充足。作为学界的一种多数派观念的民法物权说，实际上反倒体现了民法传统观念对自然资源权利的束缚。这从学者对自然资源国家所有权结构的讨论中就可见一斑。但是，在各式论争之中，所谓民法（私法）上的所有权与宪法（公法）上的所有权究竟"谁执牛耳"，至今争论不休，在主流性意见中，民法所有权说占据上风。为了在民法所有权体系中整合二者，除了提出"特别法物权说"之外，不乏学者极尽解释之能，企图将宪法上的所有权和民法所有权贯通。如有学者认为，在解释论的研究范式下，应将我国自然资源国家所有权理解成一个法规范系统；它包含基础性、确权性、授权性及管制性四个规范单元，并分由宪法、物权法和特别法文本载明，而引致条款则把各单元通过转介串联成一个整体；并且应注意的是，所有权并不专属于某个部门法，自然资源国家所有权具有蕴含了宪法所有权与民法所有权的双阶构造，单纯私权说或公权说都不合适；基于此，自然资源使用的法律机制应借鉴公物—私物二元区分，将自然资源类型化为"非对物采掘类"与"对物采掘类"并分别进行规范配置。① 若说这种规范体系是一种纵向构造的话，那么"三重构造说"则是一种坚持自然资源国家所有权私权性质说基础上的横向构造。学者认为，宪法上所规定的自然资源国家所有权并非专属公法之所有权概念，它包含三层结构：第一层为私法权能——即为物权法上之所有权；第二层为公法权能——主要指向国家的自然资源立法、管理和收益分配权；第三层为宪法义务。由于国家是为全民利益而行使私法与公法权能，所以，应引入并以公共信托理论来将这三层次结构贯穿起来，并借助民法解释理论发挥准宪法功能。② 这两种观点表面上存在区别，但实质上都回归到了宪法和民法关系上，而且最后几乎都回归到民法上去。正如民法学者指出的，"尽管我们承认自然资源所有权在宪法上有其一席之地，为宪法上的自然资源所有权，但仍可落实在民法上，转化为民法上的所有权"③。可以说，这种理解是绝大多数学者的一种一贯性思路。为了寻求民法思维影响下国有自然资源规范体系的结构，学者

---

① 税兵：《自然资源国家所有权双阶构造说》，《法学研究》2013年第4期。
② 王涌：《自然资源国家所有权三层构造说》，《法学研究》2013年第4期。
③ 崔建远主编：《自然资源物权法律制度研究》，法律出版社2012年版，第3页。

颇费周折，但所提炼出来的理论观念如何进行实证检验，能否解决实际问题，不得而知。

2. 关于主权说

有学者认为，自然资源国家所有权之私法物权说颇值质疑，针对不同类型自然资源而言，存在其上的国家所有权本质也不相同，在那些诸如矿产、土地、森林等以静态方式（储存性自然资源）存在的自然资源上的国家所有权，其本质是主权；而在那些诸如水资源、野生动物等流动性（非储存性自然资源）自然资源上存在的国家所有权，其本质是弱化了的主权，是准主权，所以自然资源国家所有权在本质上是一种主权性权利。① 也有学者在认同自然资源国家所有权的主权说本质基础上，主要从历史的角度、价值角度以及与民法物权比较的视角认为，自然资源国家所有权是国家于整体意义上对自然资源的立法权、公法管理权而非物权，更非民法物权。② 虽说主权说也不乏支持者，其在揭示全球性自然资源危机方面也有意义，但该说对自然资源权利法律机制构建的现实价值仍然值得怀疑。

3. 关于协同型权利说与公共权利说

有学者认为，国有自然资源及其法律机制的复杂性其实源于它公私交错的复杂性，从学界关于国有自然资源的权属论争来看，纯粹私法说和纯粹公法说都难得圆满，③ 故而公私性质兼有说也大有市场。学者指出，由于自然资源国家所有权具有公私兼有的复杂性，故而需要寻找一个上位概念范畴来对之进行解释和统制，另一方面也说明，传统公法与私法泾渭分明的镜像已被打破。它本质上是公法与私法共同协作的一种新型权利，"它横跨公法和私法，弱化传统权利理论，它的最大特征是公权与私权的协同，权利主体、客体和内容的协同"。④ 该论者进一步认为，

---

① 参见金海统《资源权论》，法律出版社2009年版，第204页。
② 参见陈仪《自然资源国家所有权的公权性质研究》，博士学位论文，苏州大学，2015年。
③ 可参见谭柏平《自然资源物权质疑》，《首都师范大学学报》（社会科学版）2009年第3期；税兵《自然资源国家所有权双阶构造说》，《法学研究》2013年第4期；王涌《自然资源国家所有权三层构造说》，《法学研究》2013年第4期，等等。
④ 金海统：《资源权论》，法律出版社2009年版，第136页。

资源权可以被类型化为旨在保障人的生存的自然性资源权和旨在激励法律人追求幸福的人为性权利。前者是宪法上生存权在自然资源法领域的投射，是宪法生存权的具体化，因此它具有公法性的一面，但不意味着它不含任何私权成分——当自然性资源权利发生堆叠时，应以先占规则来处理平等主体之间的关系，发生的是物权法上的效果，在权利内容上也体现为对某一自然资源的占有、使用、收益甚至处分，与所有权和他物权不同者在于权利和产品不能交易，在权利保护上也适用民法救济手段，所以它又具有私法物权的性质，不过这种私权内容的存在以服务于公权性内容为使命和目的；在人为性资源权上，它具有可交易性、财产性、物权性（效力和内容），救济的民事性，所以它是明显的私权，但因它是对人之宪法上发展权的投射和具体化，所以它同时又具有公权色彩——作为人为权利客体的自然资源具有公共物品的特征，权利取得要经许可，在它与自然性资源权利发生堆叠时，自然性资源权利具有优越性，这说明它具有相对性而又不同于传统的具有绝对性的私权，不过公权成分较之私权为少，公权成分的存在是为保障人为性自然资源权利的实现，是为私权目的而存在和服务的。① 除公权与私权的协同外，资源权还在主体上存在协同——主体与客体的协同（人与自然和谐）、当代人与后代人的协同（代际和谐）；也存在客体上的协同——人在行使资源权利时无法直接作用于作为资源权客体的特定自然资源，而必须借助作为手段客体而存在的特定自然资源才能实现目的，也即是说，自然资源权利的客体具有手段客体和目的客体的双重性，正是二者之间的协作才使自然资源权利得以实现。② 主体和客体的协作必然决定了资源权内容的协同。综合可见，"自然资源权性质上是一种传统权利体系无法接纳的新型权利——协同性权利"③。

大概正是看到国有自然资源权利的这种"协同"性特征，有学者在对所有权的历史、功能、目的、价值进行探讨之后指出，自然资源国家

---

① 金海统：《资源权论》，法律出版社 2009 年版，第 135—142 页。
② 同上书，第 142—146 页。
③ 同上书，第 146 页。

所有权的本质乃是公共所有权。① 自然资源国家所有权是一种公共所有权，是全民所有在法律上的体现。而在理论上，公共所有、公共自治、公共部门常被法律类型学学者认为属于社会法、第三部门法的范畴。原因在于，第一它具有公法与私法的交融性；第二，它具有社会本位性。换句话说，它是交融了公法与私法，而具有求同和分工的连带性的权利体系。② 不同的连带关系需以不同法律规范来调整，如"民法是以'个体主体意思自治'为核心的法律规范，调整'分工的连带关系'；公法是以'强制性维护各类主体的正当性意思自治'的法律规范，维护各类社会连带关系；而社会法则是以'个体和社会的意思共治'调整'求同的连带关系'"。③ 所以，学者认为，环境法属于社会法，是社会法和公法的共治。

4. 关于公法物权说

由于民法传统物权理论、"特别法物权说"以及所谓"准物权说"这种经过修正的民法物权理论对自然资源国家所有权并不能进行圆满解释，一些公法学者和环境法学者则反其道而行，提出公法权利或公法物权说。学者认为，"国家所有权不完全具备商品经济条件下财产所有权所固有的排他性、依存性和扩张性，因此，从法律上讲国家所有权不是或至少不完全是一种民事权利，其性质更接近于行政权力"④。从规范体系上看，

---

① 参见王军《国家所有权的法律神话》，博士论文，中国政法大学，2003年，第13—23页；程淑娟《论我国国家所有权的性质——以所有权观念的二元化区分为视角》，《法律科学》2009年第1期，等。

② 在狄骥那里，以社会为本位的法律发展具有和体现了较深的社会连带性，这种社会连带关系包括两种：一是求同的连带关系，基于人们的共同需要，只能以共同生活方能满足此种需求；二是分工的连带关系，即不同的人也有不同的能力和需求，必须通过彼此交换方能满足这些需要。换言之，前者指人们为了共同利益而结成共同协作关系，后者指人们为满足各自不同利益而形成的相互合作关系。参见［法］狄骥《宪法论》，钱克新译，商务印书馆1962年版，第63页。

③ 王蓉：《环境法总论——社会法与公法共治》，法律出版社2010年版，第13页。但该书作者认为社会法的思想基础应是社会求同连带关系而非统筹关系的观点，笔者持保留态度，因为不同类型的自然资源权利有不同的价值，比如那些为保障生存而使用自然资源的权利说它具有求同性不会有异议，但对那些激励发展、追求幸福的人为性资源权利，如经济用自然资源使用权，它显然体现的是分工的连带关系，因为个体取得这些权利的目的除自己使用外，通常通过交易而获得更大的利益，服务于分散的更多的个体需求。

④ 陈旭琴：《论国家所有权的法律性质》，《浙江大学学报》（人文社会科学版）2001年第2期。

宪法（第9条关于自然资源国家所有的规定）具有最高性，它是所有其他规范的统帅，所以如何理解宪法规定的自然资源国家所有和民法通则、物权法及其他特别法关于自然资源国家所有的关系就成为一个非常重要的问题。学者们从以下两个方面进行了努力：其一，在性质上，学者认为"自然资源国家所有权在主体、客体、内容、行使、救济与责任等方面都与传统物权存在本质差异，其并非处理平等主体间财产关系、以确立特定主体对特定物的'直接支配'为内容的民法物权，而是划分国家与个人界限，为'全民'意义上的抽象国家以立法和行政手段'间接干预'资源利用提供合法依据的宪法公权。资源国家所有权与资源物权并非同一层面的事物，二者并不排斥，而是互补并存。国家所有权只是形成资源利用秩序的前提，资源物权才是建立秩序的关键，其需要明确的法律规定，而这无法从宪法权性质的国家所有权中推出；没有清楚区分公权与私权、公物与私产是导致国有资源与民众产生'疏离'、偏离公益本质的根源，这一状况应当改变"[①]；其二，在结构上，"从宪法与民法之别、权利与权力之别以及宪法第9条的完整表述来看，资源国家所有权无疑具有公权性。作为国家对于公共资源的一种'公权性支配'，资源国家所有权实质上是对资源利用的'积极干预'权，其主要内容是保障自然资源的合理利用，通过立法、行政和司法加以行使，并为这三种权力施加规范与限制。在实践层面上，资源国家所有权唯有衍生出以资源实际利用者为主体、以对资源物之合理利用为内容的私权性'资源利用权'，才能真正产生资源利用秩序。在日常生活中，于民法层面使用的'国家所有权'之本质乃是'公共法人所有权'，但它并不是一个严谨的法律概念，他的成立需要一系列条件支撑，它的范围较窄，它与'宪法国家所有权'的区别是划分'国有私物'与'国有公物'的前提。资源国家所有权源于主权但并非等同于主权，它为资源主权的积极行使权利创设权力载体和概念装置"[②]。但是让人失望的是，论者不仅未对这种"宪法上所有权""公权"做出清晰解说，甚又部分地回归了民法（物权）理论，这反招致了不少质疑：若说"从自然资源国家所有权"能衍

---

① 巩固：《自然资源国家所有权公权说》，《法学研究》2013年第4期。
② 巩固：《自然资源国家所有权公权说再论》，《法学研究》2015年第2期。

生出实际利用者的"资源物"所有权尚易理解,但如何从"宪法上的所有权"衍生出"用益物权"?① 政权国家与所有权国家如何区分?公私法所有权在主客体及内容上究何不同?公法所有权之特殊性为何?② 这些质疑说明:由于民法(物权)理论的"帝国主义"影响依然巨大,那些提出"公法物权(理论观念)"的学者是那样的谨小慎微,唯个别学者明确指出,诸如渔业权之类经过行政特许而取得的自然资源权利具有公法物权的基本属性,其理由在于,这种权利的设立具有公法性、其客体在处分等方面受到较严格限制、其责任承担等方面也都具有公法性,其所适用的调整规范也具有公法性。③ 本书认为,公法物权说具有较强的说服力,尽管目前我国学界对此关注不够,甚至不少学者,尤其是民法学者普遍否认这一概念和理论,并对其存在意义表示怀疑,但我们认为,奥托·迈耶当初创造行政法律行为时或也遭遇过类似的诘难,但如今行政行为及其理论却早已成为行政法的核心支撑。受此影响,近年来,亦有公法学者认为,在公法上,也应对应存在公法债权和公法物权。

(二)自然资源国家所有权的性质界定

在上述关于自然资源国家所有权的权属性质的观点争论中,本文认为,私法物权说、主权权利说和协同性权利说均存在不少问题:其一,私法物权说最明显的问题是,无法明确解释宪法所规定的国家所有权何以属于私法性质?传统民法及其物权理论对这种宪法规定的国家所有权的解释何以如此乏力?其二,至于主权权利说,其最可质疑之处在于,首先,作为一个指示国家领土完整和自治的对内最高权、统治权和对外独立权的国际法概念,甚至政治概念,其究竟是怎样与一种民法概念、法律概念在自然资源领域谋求一致的?其次,那些环境法学者为了曾经被批评为虚幻概念的"环境权"而持续不懈的努力的确值得尊敬,但为建构一种清晰、实在的环境权、资源权而不惜一切地进行概念拔高风险实在太大。就如主权论者指出的,"我们将自然资源国家所有权的本质界

---

① 彭诚信:《自然资源上的权利层次》,《法学研究》2013 年第 4 期。
② 单平基、彭诚信:《"国家所有权"研究的民法学争点》,《交大法学》2015 年第 1 期。
③ 王克稳:《行政许可中的特许权的物权属性与制度构建研究》,法律出版社 2015 年版。

定为主权并不是贬低这一权利的地位,相反,其地位得到很大的提高"。①但这种认识对一种合理、有效的自然资源权利法律机制的建构而言,恐难有实益。至于协同性权利说,它是主权权利说者提出的为了服务于主权权利说这一高位阶观念而构造的次级观念,这种观点的提出本身也只是为了服务于自身观点的证明,虽说其论证也很精彩,然而一方面,若整体说来,几乎所有法律事务都有或公或私的特征;另一方面,这种有些像"和事佬"似的观念也仅为服务自己观点的论证,而对现实问题的解决能力却仍值得思考。所以,就此而言,本书认为,自然资源国家所有权应为公权性质的物权,即公法物权。除以上总括性分析外,详细论证需要解决如下两个问题:第一,其公权性质的证明;第二,其物权属性的证明。

1. 自然资源国家所有权的公权性质

何谓公权?一般的理解是以公私法区分为标准,认为凡形成和存在于公法领域的权力(利)为公权,反之凡形成和存在于私法领域的则为私权。但其实,在不同语境、不同学者观念中对此解释又有不同。如有学者认为,"公权是由国家、社团、国际组织等构成的人类共同体为生产、分配和提供公共物品而对其成员进行组织、指挥、管理,并对共同体事务进行决策、立法和执行的权力"。② 也有学者认为"公权是存在于国家或公共团体和私人之间,而私权则是存在于私人相互间的权利"。③但权利并不专属于私人、私法,公权也并非仅限指"权力"。"行政法除了拘束行政权力的运行以达至行政目的外,也同时保障着人民权益,前者产生人民的公法义务,后者则形成人民的公法权利,即公权利。"④ 公权力与公权利常与公共利益产生勾连。"公权利当然即为属于公法之权利,而公法之所以不同于私人,乃涉及国家统治权之行使,而国家统治权行使之际,并非纯就私人利益着眼,而系同时必须纳入公共利益之考

---

① 金海统:《资源权论》,法律出版社 2009 年版,第 209 页。
② 姜明安主编:《行政法与行政诉讼法》,北京大学出版社、高等教育出版社 2007 年版,第 4 页。
③ [日]美浓布达吉:《公法与私法》,黄冯明译,中国政法大学出版社 2003 年版,第 158 页。
④ 陈新民:《行政法学总论》(修订 8 版),三民书局 2005 年版,第 123 页。

量。故探讨公权利时，即不得不注意公益之因素。而国家行政权之行使，更经常系基于公益之要求，虽然个人或许因此获益，但未必即可认定公权利之存在。易言之，由于牵涉公益，故于行政法律关系中认定公权利之存否，即有其一定之复杂性。"① 在德国法上，行政相对人的公权利也具有支配、请求和形成权能，以使权利人可以针对特定客体享有支配、处分和不受他人干涉的权利，或要求他人作为、不作为或容忍的权利，或者能以某种行为而形成、变更或消灭一定法律关系的权利。②

这些关于公权（利）的不同解说其实乃受公法与私法划分标准之影响而形成③，在以主体为标准的界定中，如果只有那些从事公共事务的主体的权力（利）才是公权，那么与之相对的私人的权利岂不相对而成了私权，或者说与之相对的私人权利究为何物仍然不明。若以法律关系为标准认为凡形成公法法律关系的当事人都具有公权力或公权利，那公权力和公权利又该如何区分？而且由于不少法律关系可能都会包含或公或私的两面性，如渔业权，一方面国家赋予公民的是一种利用特定水域从事渔业养殖的权利，无疑具有公法性，但同时它又是对抗他人（私人）的排他性权利，似又具有私权性。显然，以法律关系为标准界定公权与私权的观点也不甚合理。反倒是以权利设定规范为标准对公权与私权的定义及区分不仅直观，而且更为清晰准确——即将公权理解为人民经由公法设定、取得的权利，凡由公法设定并由公法手段取得的权利即为公法上的权利。④ 所以，本书亦采此说。依此说，我们会发现，自然资源国家所有权是为了公共目的而由宪法这一公法创设，并主要由资源法等公法性质的法律规范所具体规定和贯彻的一种公法权利。其实，无论是从创设规范性质，还是从内容、客体、行使方式、保护等方面看，自然资源国家所有权都明显有别于私法权利：从其内容来看，自然资源国家所有权的本质是一种自然资源管理权，是对国有自然资源这种特定财产或

---

① 法治斌：《行政法律关系与特别权力关系》，载翁岳生主编《行政法》（上册），中国法制出版社2009年版，第285页。

② ［德］汉斯·沃尔夫、奥托·巴霍夫·罗尔夫·施托贝尔：《行政法》，高家伟译，商务印书馆2002年版，第503—504页。

③ 公私法划分标准主要存在主体标准、法律关系标准、利益标准、意志标准、规范标准等。

④ 参见王本存《论行政法上的公法权利》，《现代法学》2015年第3期。

物进行占有、支配和管理的公法性权利，它的目的是建立国有自然资源权利秩序；从客体上看，由于其客体的不特定性，它多为法律上推定的所有权；在权利内容上，它本质上是一种自然资源管理权，其收益与处分权能受到禁止或限制，国家负有保护和管理自然资源的职责；从权利行使方式上看，它通常以禁止和许可等公法手段作为行使方式；从权利保护上来看，它多采公法性保护手段。所以说，自然资源国家所有权是一种完全不同于私法所有权的行政法或公法所有权。①

2. 自然资源国家所有权的物权性质

自然资源国家所有权是为公法所创设的公法权利。那么，它是否同时也具有物权属性呢？物权是指，对物的占有、使用、收益和处分的权利。传统上，物权是个民法概念，属于民法范畴。但物权并不专属于民法（私法），在理论上也存在行政法或公法物权概念，虽然它远未受到重视②。在学界，力倡公法物权的学者以德国的奥托·迈耶和日本的美浓布达吉为代表。奥托·迈耶指出，道路等公物是属于公行政主体并直接供公用目

---

① 王克稳：《行政许可中的特许权的物权属性与制度构建研究》，法律出版社2015年版，第193—204页。

② 耶利内克就强烈反对公法物权概念，他指出："那认为领土本身由国家直接支配，因而国家对之具有物权的主张是错误的。无论任何场合，国家不经人民转介，绝不能对领土加以支配，对某物之直接的法律上的支配，由于予以该物以物理的影响而表现，那就是物权。但对领土的支配是公法的，不是所有权，而是命令权，而命令只能施于人类。所有物之服从的命令权只有采用国家命令人予物影响的方式才有可能。予物影响的本身，或常与法律上无关系；又或依法的限制才能实现，在紧急的场合，国家亦可以正当地去分割他人的所有权，但在此场合所实行的行为，和私人同样行为无异。当土地征收时，国家将私权征收而移转于他人，但彼公法只是转移命令，而不是所有权的事实上的转移。故此，所谓本质上具有与私法上的所有权不同之性质的'公法上的所有权'事实上并不存在。即自行政法意义上看来，承认所谓公法上的物权制度亦是全无理由的。"转引自陈新民《公法学札记》，法律出版社2010年版。但有学者认为，"否认公法上存有物权范畴的观点，如果以私有制为前提条件，则确实有一定合理性。公法上确实不能依私法上物权的基本概念实现取得物权、变动或消灭物权等法律效果，须以法律强制规定的方式取得物权、变动或消灭物权以达到与私法相同的法效果。在私有制下，若以此来否认国家对领土的主权等同于私法上物权的概念，那无疑此是有道理的。然此种观点以公私法划分的完美形态作为基础，置公私法划分的社会功能于不顾，既无法全面解释公私法划分的实际形态，也无助于理解公法与私法划分的理论与实践意义。传统私法中，权利具有专属性和个人性，对于权利的社会性则基本未加考虑"。贺林波、李燕凌：《公共服务视野下的公法精神》，人民出版社2013年版，第94—95、98页。我国大多民法学者不承认这一概念，认为这一概念并不存在。参见王锴《德国法的经验对完善我国公共财产制度的启示》，《行政与法》2012年第2期。

的。因此，国家对公物的管理权是直接行使于物上的权利，是公法上的物权。它与所有权相比只有支配方式上的差别，但它在对物的支配和排他性权利上几乎与所有权没有什么区别。① 在赋予个人利用这些公物的场合，由于赋予个人使用权——"一种个人公权，即公法赋予个人的，为了自身的利益，能够向国家等主体要求一定的行为（作为、不作为、给付、容忍）的法的力量"。② "它是个人针对公权力的权利，所以这种使用权就成为一种公法上的权利。真正的公法上的权利是从授予个人参与权开始的。由受委任者掌管国家事务，是为国家的利益——即公共利益——而进行。这在更广泛程度而言又必须顾及个人。个人利益对国家事务的进行有其要求。为以权利的形式确保个人的上述利益，可以依据法律规定授予个人在国家活动中的参与权，以及对部分公共权力的控制力。这种权利的表现形式是各异的，部分更相当于请求权，部分则更相当于物权"。③ 美浓布达吉更是详尽论述了公法物权。他认为，"直接对物的支配，并不限于私法所有权，以国家公权的作用去直接对物行使支配权，亦不是和公法不相容的。当然，在财产私有制度存在着的限度内，物是构成私法上所有权的目的物。但是，如海、河川及其他公的流水等完全是存在于财产私有制度之外的；关于国家领有所有权的土地物件，当国家将其当作公物而供公共用或公用时，对那权利应视为具有公法性质；国家为着公共用或公用的需要，得对私人所有权加以限制。若那限制不是单对特定人的命令而紧贴于物的限制时，那就是国家对该物具有公法上的限制物权；即使不是为着公共用或公用而单为国家财产上的利益，国家亦可将义务者的财产取着公法上的金钱债权之担保，即国家在义务者的财产上具有担保物权。凡此实例，不胜枚举"。④ 美浓布达吉甚至将公法上的物权比照民法物权归纳为公法上的所有权、公法上的使用

---

① 转引自［日］美浓布达吉《公法与私法》，黄冯明译，中国政法大学出版社2003年版，第83页。

② ［韩］金东熙：《行政法 I》（第9版），赵峰译，中国政法大学出版社2008年版，第65页。

③ ［德］奥托·迈耶：《德国行政法》，刘飞译，商务印书馆2013年版，第114—117页。

④ ［日］美浓布达吉：《公法与私法》，黄冯明译，中国政法大学出版社2003年版，第78页。

权、公法上的限制物权（公共地役权）和公法上的担保物权。① 坚持公法物权说比较彻底的国家当属法国。在法国，20 世纪之后的主流观念鲜明地将公产界定为一项独立的行政产业并较为彻底地承认其公法物权属性。②即使在德国，学者也对德国法所一直坚持的"承认公物的私人所有权和公法上的支配权共存的公私法交互并构"的"修正的私所有权"提出了批评。如沃尔夫等人认为，"修正的私有财产权理论在法律制度、权利人、义务人、使用规范和法院管辖权方面都对公产的发展不利"。"为避免这种公私法双轨制的缺陷，应当建立独立的公共财产权制度。"③ 可以说，这些观念"符合所有具有公私法划分传统的国家和地区，我国也不例外"④。在我国，即便是一些民法学者，也认为存在行政法或公法上的所有权。如学者指出，宪法、行政法物权属于广义物权范畴。行政法中包含大量的关于物权的规范，如城市规划法或建筑法，环保法、自然资源法、文物保护法、公路法、铁路法、港口法、水面航道法等，实际上都对物权的拥有以及行使发挥着限制性规定。而且相比民法，行政法物权规范中"物"的范畴更为广泛。尤其是随着现代社会法律分工的日益复杂精细，物权法也因此一体化，《物权法》固然重要，但因物权行使常涉及公共利益，因此公共权力必然介入物权之中，有些物权如用益物权或准物权，就是按照行政方式所设立，其物权变动更需遵守公法规范。⑤ "国家所有权的行使在很大程度上是公法行为，它与物权法强调的私法行为有本质区别，因而物权法没有必要为国家所有权设立专门的、明确的物权规范。"⑥

---

① ［日］美浓布达吉：《公法与私法》，黄冯明译，中国政法大学出版社 2003 年版，第 75—86 页。

② 参见［法］莫里斯·奥里乌《行政法与公法精要》（下），龚觅等译，辽海/春风文艺出版社 1999 年版，第 828—881 页。最集中、明显的讨论是在第 846—847、876—879、880—881 页。一般认为，大部分自然资源应属于公物、公产，属于公共财产的范畴。法国公产法则明确了公产的行政法或者说公法所有权地位。

③ ［德］汉斯·J. 沃尔夫等：《行政法》，高家伟译，商务印书馆 2002 年版，第 476 页。

④ 王克稳：《行政许可中的特许权的物权属性与制度构建研究》，法律出版社 2015 年版，第 174 页。

⑤ 孙宪忠：《中国物权法总论》（第 2 版），法律出版社 2009 年版，第 182—184、188 页。

⑥ 周林彬：《物权法新论——一种法律经济分析的观点》，北京大学出版社 2002 年版，第 413 页。

之所以将自然资源国家所有权认属于公法物权，一个重要原因在于，民法物权理论不足以解释它，民法也无法为它提供合理、充足的保护。① 首先，民法物权是存在并以民事法规范为基础的关于物的占有、使用、收益和处分权。但在国有自然资源领域，由于自然资源权利需要同时担负有效利用和合理利用的私益和公益两个层面之要求，所以各国立法通常会对自然资源权利施加诸多公法限制。如所有权的专属性，国家管理职责的增加和强化等等，而这些在以私人自治为基础的民法物权上是不存在或者是相当弱化的。其次，民法物权要求"物"的特定和有形，而自然资源恰是难以特定的，甚至有些是无形的，如无线电频谱，空气等。这也就是说，传统民法物权理论对自然资源无法做出合理解释。最后，在保护上，自然资源国家所有权的保护主要是公法性方法，如对侵占、破坏公共财产的行政处罚或者更为严重的刑事责任，这些都是公法保护。而民法保护方法——侵权法及其赔偿责任却往往难以在此得到适用——损失填补原则无法适用，而且由国家所有的某些自然资源引发的损失，诸如东北虎伤人、洪水吞没家园等也未见适用民法物权而要求国家承担赔偿损失之规定。综上可见，自然资源国家所有权应具有公法物权的属性。自然资源国家所有权是一种"公法所有权，也叫公所有权，它是指由国家或公共团体，出于公共目的而对自然资源以非仅限于私的手段支配的公权性权利"②。它是公法所设定，受公法调整和保护的公法物权。将自然资源国家所有权定位为公法上的所有权，在"约束自然资源特许使用的范围、理顺国家、行政特许机关与被许可人及利益相关人之间的关系"等方面具有重大价值。③

在将自然资源国家所有权界定为公法物权的同时，还需对如下几个问题进行简要分析与说明：

第一，按照上述学者的解释，公法物权是比照民法物权发展而来的，不同于民法物权的对"公法上的物"的支配权。公法上的物即为公物，

---

① 参见欧阳君君《自然资源特许使用的理论建构与制度规范》，博士学位论文，苏州大学，2015年，第78—79页。

② 参见崔建远《公共物品与权利配置》，《法学杂志》2006年第1期。

③ 欧阳君君：《自然资源特许使用的理论建构与制度规范》，博士学位论文，苏州大学，2015年，第82—83页。

但公物是否与作为公法物权客体的物属于完全、同一范畴？有学者经过分析指出，公物未必都是公法物权的客体，公法物权的客体也未必都是公物，它们之间存在较大部分的重合，也存在一些差别；这是因为，"大陆法系公物法上，公物是以该物是否服务于公用目的为标准界定的，公物所有权归属却不是公物界定标准"。① 也就是说，公物不一定就属于公法物权的客体。如德国公物法上，公物所有权可以是国有，也可以是私人所有。在私人所有物上设置公物将形成一种"公共役权"+"剩余财产权"的二元结构②，此处的公共役权即指为了特定行政目的，而对他人所有财产设定负担的公法权力（利）。③ 当然，在不少学者的观念中，这里的公共役权可以理解为一种公法物权，但这里的私人所有权却不是公法上的所有权。不过，在国有自然资源上，这种公共役权和自然资源特许使用权应在整体上构成一种公法物权。这也说明，公法物权虽由公法设定，但其客体却不限于公物。公物是指能够持续、直接供公用之物，所以，那些使用即会消耗物本身的物就不能设定为公物，故此像矿物、石油、地下水、渔业资源等都不属于公物，但它们却可以成为公法物权之客体。④

第二，公法物权与公法财产权。在英美法法系国家，没有物权概念，存在于大陆法系法上的"物"被视为一类财产，并通过财产法来调整。由于其财产法及其体系的高度开放性，所以能够将很多诸如无形财产、无体物之类在大陆法物权范畴内难以容纳和解释的"物"纳入其财产法体系，这几乎不存在什么困难，在英美财产法看来，凡有法益者皆可受财产法保护。其实，早在罗马法时期，人们就已经认识到，物就是一种财产，不过，彼时物与财产并未分离。至 1804 年法国民法典，将财产定义为现在和将来对主体具有经济价值的权利义务之总体。⑤ 法国财产法与

---

① 王克稳：《行政许可中的特许权的物权属性与制度构建研究》，法律出版社 2015 年版，第 175 页。
② 参见肖泽晟《公物法研究》，法律出版社 2009 年版，第 22—59 页。
③ 同上书，第 116 页。
④ 王克稳：《行政许可中的特许权的物权属性与制度构建研究》，法律出版社 2015 年版，第 175—176 页。
⑤ [法] 雅克·盖斯坦、吉勒·古博：《法国民法总则》，陈鹏等译，法律出版社 2004 年版，第 150 页。

对人和财产的区分联系在一起，大体上借助罗马法设计而来。而且值得深思的是法国《民法典》只在极个别条文中使用了物权的概念，相反它更强调财产概念，设置了财产编而非物权编，所以可以说，法国民法典对财产法的规定并不完全等同于我们所说之物权法。① 这可能是因为相较物权，"财产"概念与范畴更宽，所以包容性、开放性与吸纳力较强。大陆法系的物权理论是一个较为封闭的系统，它与德国人追求精细理论的传统不无关联，但恰因它比较封闭，以致很多新的权利不易纳入其中，比如知识产权、经营权等，唯有以财产法解释这些权利时才不那么晦涩，所以将著作权、商标权、专利权等知识产权和从政府获得的权利统纳入财产权体系中去思考和构建就成为自然而然的选择。其实，随着两大法系针对人与物的关系的法律理论研究渐趋融合，财产经常被理解为物权的上级概念与范畴，这就在一定意义上弥合了二者的紧张，为我们理解自然资源使用权这种新型财产权的公法物权性提供了一定的支持。② 日本学者我妻荣指出："伴随着资本主义的高速发展，重视物的使用价值的呼声与日俱增，物权的法律构成之重心重新呈现出由'所有'向'使用'再转移的趋势。导致这种变化固有社会精神与物质发展之原因，但在物

---

① [法] 弗朗索瓦·泰雷、菲利普·森勒尔：《法国财产法》，罗结珍译，中国法制出版社2008年版，"译者的话"第1页。而我国有些民法学者却存在混用法国财产（法）与物权的嫌疑，在论证法国民法典财产编时直接冠以"法国物权法"。如尹田教授的著作《法国物权法》，法律出版社2009年版，即为证明。

② 我国有些论著将"物权"说成欧陆国家的特有概念，而将"财产权"说成英美法系的特有概念，并认为二者不相容，这从历史上看是不确切的，法国财产法恰巧可以看成融合二者的杰作。其实，在法国和德国法上，财产法这个分支均来源于古罗马法，作为古拉丁语，罗马法中的"res"既有物的含义，也有"财产"的含义，不过在法国民法中，它被发展为"财产权"，而在德国民法中则被发展为"物权"，单独或抽象的物在法律上是没有意义的，不过一旦物具有了可以对抗他人的法律意义时，该物就不再是一个自为的存在，而是作为财产的存在；在法国，物权仅是一种学理上的概念。参见郑成思、黄晖《法国民法典中的"财产权"概念与我国立法的选择》，载《私法》第4辑第1卷/总第7卷，第12、14页。在我国《物权法》制定之前，就究竟应制定财产法还是物权法，我国学界曾有过比较激烈的论争，相关之代表如梁慧星《是制定"物权法"还是制定"财产法"？——郑成思教授的建议引发的思考》，载《私法》第2辑第2卷/总第4卷，以及郑成思《是制定"物权法"还是制定"财产法"？——几点事实的澄清及我的总看法》（第1—2页）、《关于制定"财产法"而不是"物权法"的建议》（第3—6页）；郑成思、薛虹《再谈应当制定"财产法"而不是制定"物权法"》（第7—10页）；郑成思、黄晖《法国民法典中的"财产权"概念与我国立法的选择》（第11—15页），这几篇文章均载于《私法》第4辑第1卷。

权法律构成形成上对大陆法系与英美法系相关理论的援用以致理论理解与理论发展的交叉对立不无关联。"① 罗马法是以"个人主义"为其立法思想的，所以是以所有为中心，在财产权利的概念上特别强调所有权，承认个人对所有权的绝对性、排他性和永续性。同时罗马法的产权概念还以物权为中心，强调的是物的所有而不是物的利用；日耳曼法是以"团体主义"为立法原则，所有权具有相对性，并以物的利用关系作为中心，也即不强调物的归属和全面支配，而是强调物的实际占有和利用。②罗马法所有权的形成机制是以"自己"和"他人"这一分析格局为出发点的，这本身就已说明罗马法的个人主义立法特色，而日耳曼法由于传统上缺乏个人占有独立份额的不动产这一前提，所以只能基于团体共同占有、共同使用并形成一种"相对所有权"。③ "近来，随着社会经济关系的变迁，传统物权理论的特色正在动摇，罗马法系的物权概念也逐渐暴露出其缺陷，因此有必要予以修正。其结果是，学者投入到结合社会现实，重新仔细斟酌这种物权概念的努力之中。而且在形成新的法学理论之际，引人注目之处在于较多地直接或间接援用了日耳曼法系的理论。主要包括：物权关系主体的结合（试图承认共同使用者之间的结合关系与对使用客体的支配权之间所存在的紧密关系）、物权关系客体的结合（试图将物和促进物之使用的法律关系视为概括的一体）；将构成企业的众多物权利用关系与事实关系结合起来，构成作为财产的企业，试图将其视为一个物的客体。所有权社会性的强调、绝对所有权的和缓、金钱债权的优越。"④ 可见，现代物权法正在摆脱只重视私益的传统，而同时寻求公益保障，甚至公益在诸多场合越来越处于优越地位。但究该如何解释和实现私益和公益在自然资源权利机制中的兼顾平衡呢？针对这一具体操作层面问题，信托理论为我们找到了一个相较优良的方案。郑成

---

① ［日］我妻荣：《我妻荣民法讲义Ⅱ 新订物权法》，罗丽译，中国法制出版社2008年版，第2页。
② 史晋川主编：《法经济学》，北京大学出版社2007年版，第61页。
③ 梅夏英：《两大法系财产权理论和立法构造的历史考察及比较》，载易继明主编《私法》第1辑第1卷，北京大学出版社2001年版，第204页。
④ ［日］我妻荣：《我妻荣民法讲义Ⅱ 新订物权法》，罗丽译，中国法制出版社2008年版，第5—9页。

思教授指出:"在当代社会,缺少了信托制度,则动产、不动产、资金中的相当一部分,均难以得到有效利用。"① 在英美法系国家中,源于英国的信托理论为财产权的实现与保护提供了技术支持。英国法上的财产权益存在普通法上和衡平法上的财产权益两种,前者是普通法法院在长期司法实践中认可的财产权益,后者是衡平法法院司法运作的结果。"衡平法财产权益最早源于土地用益与土地信托,使得土地二元财产权益体系得以形成——一方面,受托人拥有普通法上地产权益,得以处分土地;另一方面,受益人的土地权益受衡平法院的保护,受益人基于用益与信托关系享有衡平法上的地产权益。"② 后来,随着土地之外的其他自然资源逐渐从土地中分离、独立,以及信托理论传入并在美国得到发展,信托理论也就成为英美法上解决自然资源权益实现和保护问题的一种理念与技术。③ 就此而言,如将财产权作为一个上位概念,并与其项下包括了物权和债权的此种结构相似,公法物权应与公法债权一并作为公法财产权的项下内容。显然,这里的财产是一种广义概念,而不是狭义上与物混称的概念。

第三,对《物权法》规定自然资源国家所有如何理解和适用?在物权法起草时,不少民法学者反对将自然资源国家所有写进物权法。如学者指出,在宪法已经规定了自然资源国家所有权的情况下,物权法就无须再行重复,物权法规定与否,国家都享有所有权,那么物权法的重复规定就毫无意义。④ 但在物权已经重复规定的情况下,我们该如何看待

---

① 郑成思:《关于制定"财产法"而不是"物权法"的建议》,载易继明主编《私法》第4辑第1卷/总第7卷,第5页。

② 刘兵红:《英国财产权体系之源与流》,法律出版社2014年版,第131—132页。

③ 当然,大陆法系要引进并适用公共信托理论可能还要在观念与理论上阔步前进。因为"大陆法系各国基于现实生活的需要,引进了有利于资源充分利用的信托制度,但无法给其以合理的理论解释。因为在信托中,所有权与使用权是彼此独立的,二者没有依附关系。这种制度设计适应充分利用资源的需要。而在大陆法系财产权体系中,所有权居于核心地位,归属至上,他物权被视为所有权的派生物。欲以归属利用不可分的财产结构解释归属利用可分的财产结构,其中扞格可想而知。在现实生活面前,归属至上的绝对所有权概念几无立足之地。也许,孟勤国教授的改良方案、梅夏英博士的'英美化'建议就是由此而发"。易健雄:《"物权—债权"二元结构之反思》,载张玉敏主编《私法的理论反思与制度重构》,中国检察出版社2006年版,第50页。

④ 尹田:《民法思维之展开》,北京大学出版社2008年版,第295页。

它？本书认为，首先，自然资源国家所有权是被我国宪法所创设的，物权法只不过将宪法的创设规定于物权法中，但这种重复规定并不能改变自然资源国家所有权的公法权利性质。正如学者指出，"创设"和"规定"是不同的，没有才要创设，上位法已经设定的权利，下位法才可以去规定。① 再者，犹如一些民法学者对宪法和特别法所规定的自然资源国家所有权的解释一样，既然公法可以规定私法性的关系，那么私法自然可以规定公法性的关系。这意味着，无论如何，物权法"规定"的自然资源国家所有权的公法属性是不能否认和改变的。也正是由于性质迥异，物权法才无法为自然资源国家所有权这种公法物权提供合理、充分的解释与保护。

至于公法物权与私法物权的区分：首先，公法物权是由公法创设的，以公法上的物的支配、管理为内容，以公法方法行使，并受公法保护的不同于私法物权的公法上权利。私法物权通常指对物的占有、使用、收益和处分的权利；其次，公法物权具有直接的公共目的导向性，将公共利益的实现与维护作为其根本目标，而私法物权则以私人利益的最大化为目标。虽然如今财产的社会义务已经受到人们的重视，但如何在私法物权理论下兼顾实现物这种财产的社会义务，始终是一个难题。那些试图通过权能扩展和民法解释去寻找私法物权框架下为公共利益而行"管理"和"限制"私益的内部方案均不甚合理、可行。所以，如何通过公法、公权对私法、私权形成制约，以使自然资源"合理利用"的公益追求能够兼顾私益保障，则可能是公法物权及其理论存在的最大理由；再次，在公法物权范畴内，其权能受到较多限制，甚至禁止，如自然资源专属国家，任何个人、组织不得处分，作为所有者的国家的"处分"也受到限制，这不仅体现在资源权利的配置上，也体现在资源权利的行使上；同时，资源收益权受到限制，因为收益不是（自然资源国家所有权）公法物权的目的，只有公共利益才是它关注的重点。最后，在保护规则和保护方法上，传统私法救济方法可能难以适用。如在民法上，物权遭受侵害时，可以要求返还原物、可以要求提供补偿或赔偿，但对自然资

---

① 王克稳：《行政许可中的特许权的物权属性与制度构建研究》，法律出版社2015年版，第210页。

源这种"物"而言，一旦某物权遭受侵害，多数私法方法将无法适用，即便进行补偿与赔偿也将是一件非常复杂的事情，因为对自然资源的损害常常关系生态健康，而这种生态的损害经常无法用金钱衡量，甚至无法去测定损害大小。从欧盟《环境责任白皮书》来看，事实上，在不少成员国家中，由于"私人损害"和"财产损害"的"缺席"，以致环境损害经常无法得到补偿或赔偿。[1] 所以，这自然就很难适用传统民法上的赔偿之保护方法。

第二节　国有自然资源特许使用权的性质

相较于使用权的概念争论，使用权的属性则是一个争议更大的问题。争议主要集中于两个方面的问题：其一，国有自然资源特许使用权是公法权利还是私法权利？其二，国有自然资源特许使用权是否财产权？之所以围绕这两个问题争论不休，是因为它们涉及国有自然资源权利机制的设计和调整规范的选择。

对国有自然资源特许使用权的公私性质和权属形态，学界大致形成了私法物权说、公法物权说两大对立观念。

一　关于国有自然资源特许使用权属性的学说之争

（一）国有自然资源特许使用权私法物权说

1. 国有自然资源特许使用权的私法权利属性

"权利是一种由法律取得并可独自贯彻法律所保护利益的意志力。"[2] 而私法的核心特征在于主体自由意思的主导性。[3] "私法以参与法律上往来的主体的平等地位和自主决定为基础，它主要调整作为平等的共同体成员的私人相互间关系。"[4] 当主体可以基于自己的自由意思而做出决定

---

[1] Edward H. P. Brans, *Liability for Damage to Public Natural Resources: Standing, Damage and Damage Assessment*, published by Kluwer Law International, 2001, p. 3.

[2] ［德］考夫曼：《法律哲学》，刘幸义等译，法律出版社2003年版，第158页。

[3] ［德］迪特尔·梅迪库斯：《德国民法总论》，邵建东译，法律出版社2001年版，第7页。

[4] 陈卫佐：《德国民法总论》，法律出版社2007年版，第10页。

的场合，那种平等主体以自由意思支配的行为通常会构成私法上的权利。"一个决定若无须说明理由即可产生效力，将是排斥他人干涉的最好方法，而这一好处在一个主体上受法律保护、固定而形成的东西就是私权。至此，私法到私权通过主观中的自由过渡，也恰是在此意义上，通常将私权的'实质'解释为'主观权利'。"①由此，也形成了区分私法（私权）与公法（公权）的三种代表性的标准理论：其一，利益说。认为私法是为调整私人行为、保护私人利益的规范系统。私权既是这种私人利益的载体，也是私法保护的基本手段。公法是为保护公共利益的法规范系统；其二，主体说。认为私法是平等主体之间关系的调整器，公法则是隶属主体之间关系的调整器。私法规范所调整之法律关系所形塑的权利义务可以适用于一切人；其三，法律关系说。认为私法是调整平等主体之间的法规范部门，其最典型的行为形式是合同，公法调整的是具有上下隶属的纵向型关系的法规范部门，其最典型的行为形式是决定、命令。

由于私法的起源和发展远比公法更为深远，以民法为代表的私法更是在很早之时就已将对财产、物的使用纳入其范畴，并形成了非常成熟的财产权或物权制度与理论体系。由于民法在起源与影响上如此深远，使现代不少私法学者对私法创造了一切法律，民法是一切法律之母的观念深信不疑，此即民法帝国主义观念的由来。在这样的一种传统引导下，将国有自然资源特许使用权纳入民法范畴进行思考、分析也就不足为怪了。

2. 国有自然资源特许使用权的物权属性

在私法及其权利的庞大体系之中，以对财产、物的使用为核心的权利被称为财产权或物权。它通常是对某财产或物的占有、使用和收益的排他性支配权利。尤其是在英美法系国家，由于其财产权体系是以"财产的使用"为基本目的，以"财产交易"为核心手段而建构起来，所以其财产权在一定意义上可理解为财产使用权的同义语。而大陆法系，尽管如今其物权及其理论重心也开始转向使用权，但因传统物权重视并以

---

① 张力：《论公用物国家所有权的"形式私权"属性——以私权的"实质"与"形式"之二元划分为线索》，《西南民族大学学报》（人文社会科学版）2006年第6期。

所有权为基础，故所有权与物权几乎为同意语。基于"物权"传统，且随着作为传统上所有权权能的"使用"日渐分离、独立于所有权而被称为"使用权"——这种源于所有权，并与所有权一样具有"对物的支配权"之共同属性的权利，被理论家以体系思维纳入物权范畴。"私法上的权利，首先，依其权力内容，可区分为绝对权，例如所有权，这是在某种事物上可以对抗任何人的权利，亦即得为权；相对权，这是在某事物上只能对抗特定义务人的权利，亦即当为权。此可再分类为：债权；会员权（如股东对于公司的权利）；形成权，这是对某事物的权利，亦即能为权。形成权可再分为直接形成权，亦即权利人可自行创设的权利（权利的设定、转移、终止、内容变更及负担）；间接形成权，亦即须透过法院创设的权利（例如离婚）依权利的客体可区分为人身权，一为对自我（人格权，例如姓名权），另一为对他人（例如，父母对小孩的权利）。财产权，可再划分如下：绝对财产权，亦即对有体物的权利，如物权，以及对无体物的权利，如无体财产权（如著作权、专利权）；相对财产权，如债权（如出卖人、买受人及承租人的权利）。"①

上述又恰好能够解释这样一种现象：在我国现行自然资源立法和有关自然资源权利的学术研究中，自然资源使用权的私权说源于立法与理论对它的物权定位；然后，以物权乃民法，即私法权利的逻辑倒推出自然资源使用权的私权性质。在立法上，以民法通则、物权法为主干，以水法、矿产资源法、森林法、草原法、渔业法、海域使用管理法等为枝干的自然资源使用全体系业已形成。在理论上，民法学者也以现行立法为解释对象，历来将自然资源使用权视为民法范畴，并以物权概称之。②直到 21 世纪初前后，受域外理论影响，一些民法学者发现用传统民法、物权法理论去解释自然资源使用权确实存在一些问题。这时，才形成了所谓的特别法物权、特许物权、准物权等概念。但绝大多数学者仍然认为这些概念仍以民法，即私法为基础。直到目前，仍可以说"自然资源

---

① ［德］考夫曼：《法律哲学》，刘幸义等译，法律出版社 2003 年版，第 159—160 页。
② 我国民法学界 20 世纪 80 年代至 21 世纪初的绝大多数民法学者持此观点。如周林彬《物权法新论》，北京大学出版社 2002 年版；杨立新等《物权法》，中国人民大学出版社 2004 年版。

使用权是我国民法和环境资源法在自然资源利用的权利建构上所采用的制度解决方案"①。不过，为了能继续以私法理论解释诸如自然资源之类公共物品，学者们颇费周折。如学者认为，无论从概念、历史还是价值上看，所有权都是最典型的私权。甚至以私权的形式与实质标准来看，由于公用物是为公共利益而存在的特殊之物，所以公用物所有权与传统物权存在一定差别，但它是对"所有权制度技术价值的借用，故其实为'形式私权'"②。若不狭隘地将公权界定为权力，则国家所有权也可理解为国家代表民众占有、处分和收益的财产支配权利，是一种私权；即是说，此时国家汇集了公法和私法的双重人格——在平权型法律关系之中，由于涉及公共利益，国家享有的是非纯粹私权，它毋宁说也是一种公权利，或者说是一种既非纯粹私权、亦非纯粹公权的"特别私权"。③

但是，从确立这些自然资源使用权的规范性质来看，大多为公法规范。而且毕竟《宪法》也确立了自然资源国家所有。然民法学者对此的解释是，公法规范可以规定本属私法的关系，私法规范也可规定本属公法的关系。然后以《民法通则》和《物权法》为自然资源权利一般法，而将《渔业法》《矿产资源法》《水法》《海域使用管理法》等称为自然资源权利特别法，并以此将诸如自然资源使用权这种英美财产法上所谓之"新财产权"④的权利称为特别法物权或准物权。比如，有学者固执地认为，海域使用权乃是民事主体依法获得的对国家所有的特定海域进行排他性占有、使用与收益的权利；尽管我国海域使用权是由《海域使用管理法》这一公法规范所规定，然 2007 年颁行的《物权法》也明确规定了海域使用权，所以《海域使用管理法》对海域使用权的规定是因自然资源的特殊性法律地位决定的，但这无法改变其私法权利性质——它是平等主体之间横向财产法律关系，即民法上的财产权。⑤ 在规范意义的所

---

① 金海统：《自然资源使用权：一个反思性的检讨》，《法律科学》2009 年第 2 期。
② 张力：《论公用物国家所有权的"形式私权"属性——以私权的"实质"与"形式"之二元划分为线索》，《西南民族大学学报》（人文社会科学版）2006 年第 6 期。
③ 罗世荣、何磊：《论国家所有权的特别私权性》，《社会科学战线》2006 年第 5 期。
④ 系由政府所直接创造的金钱价值，特许权、专营权等均属其中。参见查尔斯·A. 赖希《新财产权》，翟小波译，载易继明主编《私法》第 6 辑第 2 卷，华中科技大学出版社 2007 年版，第 195 页。
⑤ 杨潮声：《海域使用权的性质辨析》，《长春工业大学学报》2010 年第 4 期。

有权谱系中，只有私所有权和公共所有权①，我国的国家所有权本质上应为公共所有权，是一种民法所有权。② 甚至一些公法学者也认为："在法律地位、权能构造和权利外观上，国家所有权在宪法上和民法上并不存在差异。"③ 至于有些学者以所谓《宪法》（公法）上所有权来解释国有自然资源权利的观点，坚持民法物权说的学者则认为，那在我国目前语境下实无实际意义，也无实效，反倒会将严格的民法范畴的概念搞得过于复杂，导致理解混乱。④

可以说，（自然资源）国家所有权的民法物权说是我国目前学界的主流观念，而且被认为获得了现行法支持，也获得了国家"政治政策支持"⑤。在母权即为私权的观念下，作为子权的自然资源使用权自然被归为私（民）法物权也就在所难免了。

（二）公私混合说

公法与私法的划分在人类社会进入20世纪之后逐渐宽松化，"公法私法化"与"私法公法化"使公私法的界限变得模糊而难以区分。由此，也在公法与私法之外兴起了所谓的"第三法域"即"社会法"。"它强调限制强者，保护弱者，在传统的私法领域引入强制因素。如反垄断法、反不正当竞争法、反倾销法、反补贴法等经济法、环境法、消费者权益保护法等所谓社会法。"⑥ "社会权，一向被认为是公权与私权间的混合形态；因而，其一部分是公法上的权利，他部分则是私法上权利。最近，有越来越多的意见将社会权定位为，除了公权与私权之外的另一种独立

---

① 程淑娟：《确信与限制——国家所有权主体的法哲学思考》，《河北法学》2009年第5期。
② 程淑娟：《论我国国家所有权的性质——以所有权观念的二元化区分为视角》，《法律科学》2009年第1期。
③ 程雪阳：《中国宪法上国家所有的规范含义》，《法学研究》2015年第4期。
④ 薛军：《自然资源国家所有权的中国语境与制度传统》，《法学研究》2013年第4期。
⑤ 学者认为，习总书记在党的十八届三中全会《决定》中明确指出："国家对全民所有的自然资源资产行使所有权并进行管理和国家对国土范围内自然资源行使监管权是不同的，前者是所有人意义上的权力，后者是管理者意义上的权力。"可见，自然资源国家所有权是所有权人意义上的权利，即民法意义上的权利，而非公权力。参见施志源《论自然资源国家所有权的法律构造》，《理论月刊》2015年第2期。
⑥ 吴香香：《民法的演进——以德国近代私法理念与方法为线索》，世界知识出版社2012年版，第7页。

形式。"① 这种公私（法或权）交织的影响在财产法、物权法领域的体现就是财产社会义务的强化、财产的社会化。"实际和事实胜于民法给定定义和制度的是：这种财产的社会任务，民法虽将之遗弃在黑暗里，而判例借助权利滥用这一概念，将之重新发扬，它对这种所谓绝对而至尊的权利行使加上了一个条件，它根据权利行使的环境和目标，给它一个特定目的，而使它软化，社会化。"② 在自然资源领域，由于生态环境危机严重危及公共利益，因此自然资源权利所负有的社会义务比传统财产权更强。这就导致自然资源国家所有权在权属性质、调整规范结构等方面进一步复杂化，国有自然资源权利公私交融的观念也受到一些学者的关注和接受。自然资源权属性质私权说和公权说的对立论争似乎也在一定意义上体现出其公私交织的性格。

（三）公法物权说

1. 从反射利益说到公法权利

按照梅迪库斯的说法，在公法中占主导地位的常是那些受约束的决定。③在传统法学理论观念上，基于国家与社会的二元分离，公权曾被解释为公法权力，即国家基于某种权威而享有的力量，是专由国家享有的一种资格和能力，对其作用对象来讲，它具有一种天然的优势或强势地位，对其对象的行为、心理产生一种自上而下的威慑，影响着资源的分配、能力、行为等诸多方面。④ 但一方面，随着公共行政从狭隘的国家行政向包容非国家行政的转向发展，权力不再被视为区别私主体与公主体的标志和手段。大量的社会组织，甚至个人开始参与公共行政。另一方面，公法和私法的区分，以及公权与私权的区分不再那样僵化和绝对。那种被视为传统公法标志和公法范畴的国家和人民之支配、命令关系发生了改变：人民也可以享有公法上的权利——它并非由公法反射影响形

---

① 参见［德］考夫曼《法律哲学》，刘幸义等译，法律出版社2003年版，第160页。
② ［法］路易·若斯兰：《权利相对论》，王伯琦译，中国法制出版社2006年版，第23页。
③ ［德］迪特尔·梅迪库斯：《德国民法总论》，邵建东译，法律出版社2001年版，第7页。
④ 正如迈耶指出，在警察国家的立场上，臣民是没有公权力的。参见［德］奥托·迈耶《德国行政法》，商务印书馆2013年版，第115页。

成的所谓"反射利益"①，而是人民的公法上权利。迈耶指出："当公权力集中于特定个别利益赋予国家这种利益时，才由公权力发展出国家权力的外部形态，如征税要求、对警察命令的关于建设某建筑物的要求、对某地产的使用权、在某河流旁的公有财产等。如借用民法思维和表达方式……这些权力与其所形成的民事法律的关联再明显不过，以至于那个国家的'公法上的权力'在一定条件下可被赋予与私权利相等同的地位，或可能直接转化为私权利"；"君主、王侯和人民等被授权表达公权力意志的主体通过授权拥有了对全部公共权力的控制权，其他人则部分地拥有对公权力的控制力……只要这种控制力为臣民利益而赋予了臣民，那么这里也就出现了属于公权力的相对于国家的权力，这就是主体在公法上的权利"。②"公权利当然即为属于公法之权利，而公法之所以不同于私人，乃涉及国家统治权之行使，而国家统治权行使之际，并非纯就私人利益着眼，而系同时必须纳入公共利益之考量。③ 这是学界对公法权利概念进行松绑的一种主流性方法，即认为若与公共利益有关则为公法上权利，若否，则只是一种公法上的"反射利益"而非公法权利。④ 这权利如自由权，是可以在个案中放弃的，另一些关于物的支配而形成的公法上的权利，甚至具有物权的性质。"真正的公法上的权利是从授予个人参与权开始的；更类似于物权的是对公权力的参与。"⑤ 按照这种解释，以及各国关于自然资源的立法与实践，关于国有自然资源的使用，除那部分供公众作为公物自由、平等使用外，还有一大部分自然资源的使用通常需要国家许可授权。这部分经行政许可取得的自然资源使用权因其为公法规范创设、具有排他性、处分上受到一定公益目的限制，以及民法

---

① 按照传统行政法理论，如果某部法律的初衷并不以保障特定私人利益为目的，而是为维护与实现公共利益，那么由该法律实施为私人所形成的利益就不能表征权利，它不过是一种反射利益，对此利益受到的妨害，个体公民也无法请求法律给予救济。

② ［德］奥托·迈耶：《德国行政法》，刘飞译，商务印书馆2013年版，第114、115页。

③ 法治斌：《行政法律关系与特别权力关系》，载翁岳生主编《行政法》（上册），中国法制出版社2009年版，第285页。

④ 但迈耶却对此提出了批评："之前常用公法权利指称有关公共利益的权利的表述是完全无关痛痒的。只有人们对公权力的概念作进一步的分析，才可能涉及个人针对公权力的权利的思想。"参见［德］奥托·迈耶《德国行政法》，刘飞译，商务印书馆2013年版，第115页。

⑤ ［德］奥托·迈耶：《德国行政法》，刘飞译，商务印书馆2013年版，第116、118页。

物权理论解释、保护乏力等，而显然具有公法权利、公法物权的属性。如管欧先生就以海域使用权为例指出，凡公法上创设之权利即为公权，海域使用权系由海域主管行政机关以相关管理法做成之行政处分，故海域使用权即为公权利。① 由此进行逻辑延伸，诸如海域之类系由公法创设的自然资源使用权无疑应为公权利。

2. 从公法权利到公法物权

不过，可能是由于将国有自然资源特许使用权称为公法物权存在理解上的复杂性，所以在我国鲜有学者直接提出国有自然资源特许使用权为公法物权的主张，相关论述多比较谨慎、委婉，甚至模糊。而且少许关于国有自然资源特许使用权的公法物权主张经常是夹杂、散落在自然资源所有权的讨论之中。学者指出，在历史的视角，现在的国家所有权是在经历了人文主义、工业革命和启蒙运动后，以道德最高性为标准塑造的与私所有权不同的公共权力；它本质上不是基于私人意思自治和契约自由，而是基于国家强制与政治程序。② 所以，它"不是或至少不完全是一种民事权利，其性质接近于行政权利"③。的确，由于自然资源国家所有权与传统民法物权在主客体、内容、行使、救济与责任等诸多方面均存在本质差异，故它不是私法性质的物权，而是"为'全民'意义上的抽象国家以立法和行政手段'间接干预'资源利用提供合法依据的宪法公权"④。只有"清楚区分宪法层面的国家所有权与民法层面的国家所有权，或者说'资源'国家所有权与'资源物'国家所有权，才能真正建立自然资源利用秩序"⑤。而那种基于公益需要而对自然资源使用权附加公法限制（管理要求）的方法，使国有自然资源特许使用权的结构发生了明显异于民法物权的变化，也因此种权利结构的变化而引致权利性质的变迁。在法国财产法上，那种为了公共利益而对某项权利附加公法限制而形成的是一种役权，一种公益役权。役权是为某一不动产的利益

---

① 管欧：《中国行政法总论》，三民书局1988年版，第455—467页。
② 王军：《国企改革与国家所有权神话》，《中外法学》2005年第3期。
③ 陈旭琴：《论国家所有权的法律性质》，《浙江大学学报》（人文社会科学版）2001年第3期。
④ 巩固：《自然资源国家所有权公权说》，《法学研究》2013年第4期。
⑤ 巩固：《自然资源国家所有权公权说再论》，《法学研究》2015年第2期。

而对另一部动产所加的负担；出于历史原因，有时会在役权前面加上"土地"或"物"从而形成地役权与物役权，但增加这些形容词不会增加任何新的含义。① 役权按照不同标准可以进行不同的分类认识：以设立方式或起因不同，可将役权分为"自然役权"和"法定役权"或者依据所有权人的意志（意思）或法官的决定（判决）可分别成立"意定役权"和"法定役权"；以设立目的不同，可以分为"私益性役权"和"公益性役权"，公益性役权只能来源于法律的规定；依役权的行使方式，可分为持续役权和非持续役权，表见役权与非表见役权，积极役权与消极役权。② 在诸如水、矿等资源领域，为了整体利益的考虑，如交通运输、能源、保护国家的共同财产等方面的原因，公共行政部门完全有依据进行各种限制和干预，而且这些限制与干预越来越多；这就如同为使属于公产的财产能得到更好使用而对私人所有权的利用进行限制一样，使用权成为类似供役地一样的存在，而这种存在其上的公益负担即为一种公益性役权，其主要类型如路政役权、城市规划性质的役权、为实施公共工程临时占用土地的役权、因存在矿泉水源矿泉工程或机构而引起的役权、为送水电而设置的役权等；③ 就公益役权的特点与性质而言，公益役权中并没有真正的要役地，它已经脱离了《民法典》的役权概念，其标的也比较特殊，所以，公益役权更像一种"物权负担""物权义务"，但我们自不必拒绝将之称为役权，因为此种情况不过是行政法规则特殊性的一个典型例子，正因此，我们有时也将这种役权称为"行政役权"。④ 这种行政役权显然属于公法物权。应该说，目前我国学界从公共权力—近似行政权力—宪法公权的一系列观念演变，大致可以视作公法物权说在我国的一种缓慢、谨慎成长。至今，在我国旗帜鲜明地主张公法物权，并试图将之系统化的学者并不多见，王克稳教授应是一位代表者。王克稳教授在其著作中指出：从创设、内容、行使方式等方面看，自然资源国家所有权是一种公法上的或行政法上的所有权，简称公所有权；由于我

---

① ［法］弗朗索瓦·泰雷、菲利普·森勒尔：《法国财产法》，罗结珍译，中国法制出版社2008年版，第1007页。

② 同上书，第1021—1022页。

③ 同上书，第414—426页。

④ 同上书，第426—428页。

国现行法对自然资源设定了许可使用制度，通过比较分析，会发现自然资源特许使用不同于私法用益物权，它是公法上的自然资源使用权。①比较地看来，公法物权说还属于少数派，并且其在我国的兴起也只是近年来的事情。但为何在大多数民法学者看来，能够且已经为民法所解释与解决的（自然资源）国家所有权问题在公法学者和一些民法学者看来依旧问题多多，矛盾重重呢？② 这至少说明，自然资源国家所有权及其使用权等一系列问题仍然值得讨论，也说明目前学界的相关主流观念仍需检讨。

二　国有自然资源特许使用权公法物权属性的进一步厘定

（一）宏观比较视角的论证

首先，正面论证。第一，正如有些学者指出的那样，无论是从创设、内容，还是从行使上看，自然资源国家所有权都具有公法物权的性质。因为它是由宪法规范创设，并由一系列自然资源行政管理法规范落实起来的。与此同理，在内容与行使上，自然资源使用权要么是必须由国家予以积极保障，以供民众自由、平等使用，要么需要由国家许可赋予。前者属于大陆法系国家公物法制的范畴，后者在法国等国被明确定位为行政法物权。从宪法和民法的区别、权力与权利的区别以及宪法第9条的表述来理解，自然资源国家所有权的公权性确定无疑；它是一种"公法性支配权"，是一种国家对自然资源的干预权。③ 甚至从国家在自然资源国家所有权制度及其实现中的角色、任务来看，它是国家的公法权利，但因它的公益目的性使此种权利不得弃改，从而使它本质上成为一种国家责任。④ 第二，自迈耶以来，公法物权概念也得到了一定程度的承认和发展。日本学者美浓布达吉在其《公法与私法》一书中更是系统论说了

---

① 王克稳：《行政许可中的特许物权属性与制度建构》，法律出版社2015年版，第200、210页。

② 2013年在中国法学界的权威期刊《法学研究》上专门组稿讨论；2014年在苏州大学召开了全国性的自然资源国家所有权及其行使机制研讨会；2015年《法学研究》又刊发了一批相关文章。

③ 巩固：《自然资源国家所有权公权说》，《法学研究》2013年第4期；巩固：《自然资源国家所有权公权说再论》，《法学研究》2015年第2期。

④ 王旭：《论自然资源国家所有权的宪法规制功能》，《中国法学》2013年第6期。

这种公法物权，有关自然资源公法物权的论述是其中的一个重要部分。①他认为"国家支配海及河川，并不是为着国家之经济的利益，所以不能视为私法上的权利，那无疑属于公法的。若把物之包括的排他的支配称为所有权，则国家对海及河川所具有的支配权亦可称为公法上的所有权……那支配权的作用是以公法的行为——例如公有水面填筑之特许、渔业特许、船舶通航之禁止或许可等表现，仅据此即可充分证明其为公法上的权利"②。矿业权也是如此。采矿许可及禁止行为也是公法行为，所以，矿业法上的"国有"不应理解为私所有权，而应为公法上的支配权。之所以公法物权观念未获应有认可，皆因其是从传统上专属私法的物权概念发达而来的结果。③而且公法物权在体系上也比较饱满和系统化。大概正是因为这些原因，有学者以水权为例进一步指出，水资源特许使用权有别于私法权利，而具有明确的公法属性，是公法上的公物特许使用权，所以，也只能从公法视角并运用公法原理去理解和建构水资源特许使用权机制。④

其次，反面论证。第一，自从规定自然资源国家所有权后，就有学者批评其主体空虚，形同虚幻。⑤ 物权法的僭越式立法也造成立法错位，甚至违宪。更有学者批评其"制度运行目标落空、制度实施逻辑错位、制度拓展引致质疑和制度后果功能异化"⑥。因与自然资源国家所有权之间十分密切的"亲缘关系"，自然资源使用权也沾染了不少类似的毛病

---

① 尽管有日本学者认为美浓布达吉的理论或已过时，并指出中国学者对"美浓布"理论的大量引用只是为证明自己的观点，而非是说美浓布理论契合了中国问题。参见[日]但见亮《中国公法与私法的关系——以"美浓布理论"为线索》，凌维慈译，《交大法学》2013年第1期。但其实，美浓布达吉的一些理论在解释诸如自然资源权利及其机制建构等现实问题、现实需要上仍然有一定价值，而非如日本学者将中国行政法研究描述得几近不堪入目，毕竟中国和日本的体制、机制等真实情况区别很大。

② [日]美浓布达吉：《公法与私法》，黄冯明译，中国政法大学出版社2002年版，第79页。

③ 同上书，第83页。

④ 参见柳立业《水资源特许使用权研究》，博士学位论文，苏州大学，2013年。

⑤ 参见肖乾仁《国家所有权的虚幻性》，载费安玲主编《私法的理念与制度》，中国政法大学出版社2005年版，第264页。

⑥ 刘超：《自然资源国家所有权的制度省思与权能重构》，《中国地质大学学报》（社会科学版）2014年第2期。

"也存在着建构逻辑矛盾、权利性质背离、制度理念虚无、名称内涵模糊、民事救济缺失、立法体系错位等理论局限和实践困境"①。为了解决这些问题，一时间"公法法人所有权论"②"权能扩增论"③"民法内部'限制'解释论"等理论纷纷登场。然而这些理论并不能彻底解决问题："公法法人论"在将自然资源国家所有权主体完全塑造为私主体后，却对因此所产生的国家的两种身份下如何为了公共利益去限制不同身份下的权利及其行使没有给出答案；"权能扩增论"将所有权本身即已蕴含的"保障标的物可用性"强拉出来与占有、使用等并列为独立权能的做法，不仅比较牵强，而且会造成传统物权理论的紧张，或者即使承认这种权能，那又如何使这种权能能够寄托和完成为公益目的的"合理使用"使命却仍然不得而知；"民法内部限制解释论"则试图通过解释民法规范，以从民法规范内部寻找为了公益目的而对所有权进行限制的功能，但这是一个复杂的解释难题和任务，它的基本前提或假设是民法规范具有完备性，然而这些前提或假设却是那么脆弱。第二，在将自然资源国家所有权、自然资源使用权等纳入传统民法物权理论进行微观套用的时候，会明显发现如下问题：自然资源的整体性与物权理论要求客体的特定性之间无法合拍；有些自然资源不能设定所有权、不具财产性，也无法与物权的财产属性合拍；自然资源权利由公法设定与物权的私法保障之间也无法合拍；特别法物权、特许物权、准物权等之谓也总让人感觉"藏头露尾"，等等。凡此，都从反面说明，用民法物权理论去解释、涵括和架构自然资源权利及其机制的做法注定步履艰难。

最后，至于公私混合说，理论上，我们很难否认自然资源权利公私法交织的特征，但在面向实际问题的解决上，从自然资源国家所有权到使用权的权属机制设计，无论是公私法交织说，还是直接提出所谓"第三法域""社会法"都无法为我们提供太多实践性、技术性支持。或许这也正是即使持公私兼有说的学者，在最终的模式与路径选择上还必须回

---

① 金海统：《自然资源使用权：一个反思性的检讨》，《法律科学》2009 年第 2 期。
② 孙宪忠：《"统一唯一国家所有权"理论的悖谬及改革切入点分析》，《法律科学》2013 年第 3 期。
③ 刘超：《自然资源国家所有权的制度省思与权能重构》，《中国地质大学学报》（社会科学版）2014 年第 2 期。

到私法或公法的一个主要理由。

（二）微观权利结构分析视角的论证

1. 权利结构理论

有些学者认为，权利的结构，包括微观结构和宏观结构；微观结构包括"权利的核心"和"权利的外围"，宏观结构则是由一般权利、具体权利和补救性权利所构成的权利体系。① 这可以看成对权利进行的横向视角的解读。不过，在纵向视角上，任何权利都是由主体、客体和内容所组成的一种结构系统，主体、客体、内容以及由它们所组成的结构就成为权利的重要参数。这些参数的共同作用塑造了权利，并共同决定权利的性质。② 质言之，由于权利结构是由主体、客体和内容等权利要素按照特定的目标需要和价值传递所形构而成，结构是为事物存在的形式。所以，权利的结构便成为影响与评价权利性质的重要指标，结构的变化多数情况下会导致权利性质的变迁。

虽说权利主体、客体、内容等变化与权利结构变化之间没有必然联系，但有时主体、客体或内容的量变却可能导致结构的序变，这就是权利的质变过程。③这说明权利结构的独立性、稳定性也是相对的。"量变—质变"哲学原理表明，权利结构是可能改变的，权利结构的变化进而则可能引发权利性质的改变。"既有权利理论的稳定性、既有权利体系的稳固性，本身最多只是对既有权利理论和权利体系特征的一个描述，而不是证明权利体系和权利理论'固若金汤'、不可轻易获得增补和变动的理论依据。"④ 权利结构发生变化的途径有三种：权利的合成、分解及单纯结构变化；权利结构之变化或可引起权利质变，权利质变则可进一步影响权利的功能：如权利与权力结合形成权力化权利时就会产生类似权力的属性与功能；权利的分解可能形成新的财产权，甚或建立新型财产权利交易市场，或者产生弱化效果并由此形成权力制衡，等等。⑤ 由于特定权利结构对应于特定之利益格局，权利结构的变迁也就意味着利益格局

---

① 参见林志敏《论法律权利结构》，《吉林大学社会科学学报》1990年第4期。
② 参见陈醇《权利的结构：以商法为例》，《法学研究》2010年第4期。
③ 同上。
④ 张曦：《"权利泛化"与权利辩护》，《华东政法大学学报》2016年第3期。
⑤ 陈醇：《权利的结构：以商法为例》，《法学研究》2010年第4期。

变化。① 这些理论认识启示人们：可以通过权利结构的设计而实现权利制度的预期功能。②

2. 权利结构变迁视角下特许使用权之公法物权说

权利结构意味着一定的游戏规则。权利结构分析并不局限于名义上的生产要素，所有制和市场竞争，使用权、交换权和收益权等也应在其中；产权意味着关联资源的人与人之关系，以及控制、分配利益的机制安排，资源占有、使用、收益和处分的行动路线在此机制之中经过协调之后，合理化为人与人之间的一种权利及其交易模式。③这种模式本质上也是一种利益共享机制，不同权利的合作与交流将利益流动客观化为一种法律的权利秩序系统。

受权利结构及其变化理论的启发，我们认为国有自然资源特许使用权的公法物权性质乃源于权利和权力的合成——这导致了自然资源特许使用权这种公法物权的产生。在传统民法物权的视角，自然资源特许使用权为财产权、物权，但这种物权比普通物权更为特殊——它当然也要遵从财产权的社会义务原则，不过它比民法物权所承载的社会义务更为浓厚，为了在实现资源效率价值的同时，节约、保护资源环境，以实现更为宏大的公共利益价值，需要较之普通民法物权更为强烈的国家干预——从取得到行使、转让的各阶段，从使用对象、使用目的、使用方式与工具、使用范围与时间，等诸多方面附加了公法限制。"权利限制本应以相互冲突的权利作为内容上的变更，并以维持权利本位不消灭为前提，自然也就不存在因权利限制而引发权属变动问题；但量变与质变并非泾渭分明，尤其为达到消灭权利冲突的目的，特定情形下，权利限制亦会导致权属变动。"④ 正是由于几乎是完全来自外部的权力直接施加了较强的限制或影响于此种物权之上，使自然资源特许使用权经由公权

---

① 参见王自力《公用事业改革的权利结构变动：比较与选择》，《当代财经》2006 年第 9 期。

② 参见陈醇《权利的结构：以商法为例》，《法学研究》2010 年第 4 期。

③ 参见王自力《公用事业改革的权利结构变动：比较与选择》，《当代财经》2006 年第 9 期。

④ 张平华：《财产权限制的意义》，载房绍坤、谢哲胜主编《中国财产法理论与实务》，北京大学出版社 2008 年版，第 18 页。

（保护、管理权）和私权（使用、物权）的共同叠加而合成了一种新的权利类型——公法性物权。这种跨越了权利与权力界线，似置权利与权力内涵于不顾而形成的公法物权自然难逃非议。但是，由于权利的历史与渊源决定了权力的权利性，以及行政公共性渐趋取代政治性、执行性而成为行政之本质，随着给付行政的展开与授益行政的增多，行政权力权利化倾向日益显现。① 至于权利，虽然传统观念认为它乃立足于私人间的关系，国家干预（权力）这种异质因素的介入可能威胁甚至破坏整个私权体系，然而现代很多由国家赋予的财产权旁落于传统私权体系之外的现实至少说明，国家直接赋予之权利具有极强公共性。② 正是由于这种"公共性"的导入，使得诸如自然资源特许使用权之类的现代新型财产权从结构到性质都发生了变化而不适宜再将之纳入私法物权体系。这些财产上所附加的公法上的义务不是民法权利可以比拟的。正如孙宪忠教授指出的，德国民法视林权为附属物权，这非指它乃附属于地权，而是指林权乃附属于自然资源保护法上的权利。③ 虽说我们不能由此断然认为这种权利应为公法物权，但将自然资源环境相关之公法规范视作民法特别法，并由此将国有自然资源使用权冠以"特别法物权""附属物权"之谓，强行并入民法物权范畴，其间扞格可想而知。而"在现代社会，对自然资源物权制度的研究，不可能抛开环境资源法关于环境资源的特别规制，而虚构一种单纯的民事权利"④。这样看来，不同性质之法律规范的阻隔，自然资源特许使用权融合效率与公平、私益与公益保护的使命，民法物权理论的解释力不足等等，这一切都似在指示：自然资源特许使用权并非私权，也并非民法物权，而实在是一种新的权利类型，是一种公法物权。它是经由权利与权力整合而成的公法物权，它具有落实宪法、促进民主的巨大价值：其一，整体而论，这种自然资源使用权来源于宪法上的国家所有权，以及宪法上的公民权利，而这些权利融合了公权力和公权利之属性，为了实施宪法或实现这些宪法上的权力（利），传统观

---

① 参见柳砚涛、刘宏渭《行政权力权利化研究》，《法学论坛》2005年第3期。
② 参见梅夏英《财产法构造的基础分析》，人民法院出版社2002年版，第135页。
③ 参见孙宪忠《德国当代物权法》，法律出版社1997年版，第37页。
④ 桑东莉：《可持续发展与中国自然资源物权制度之变革》，博士学位论文，武汉大学，2005年，第54页。

念认为，由此形成了宪法的授权与分权，在宪法的统帅下，普通法肩负起了权力和权利的对接以及权利和权利传递，其间必然存在权力与权利的变动，并由此引致了权利的质变；其二，阶段而论，这种自然资源特许使用权在取得与行使的具体阶段上，也形成了一种权力与权利彼此监督、制约的格局，体现了权力（利）的内化民主。由此看来，将国有自然资源特许使用权的权属性质定位为公法物权是具有合理"期待"可能的。而且"既然权利是一种'符号'，是在社会共同体公共生活中才能得到理解的符号，那么，即便新的权利款项会使'既有权力体系和权利理论'受到'质疑和挑战'，我们也不能因此而宣布新增权利的不合法"①。美浓布达吉就指出，诸如渔业权、矿业权之类自然资源使用权系公法上的物权，但它们也是一种"私权与公权的混合权利，某单一权利亦非专属公法或私法一方不可，这并非权利的必然性质"②。在自然资源领域，诸如水权之类的自然资源特许使用权在结构上首先存在一种公法役权，这是为保障自然资源领域的公共利益而存在的一种权利，其次才存在一种物权意义上的使用权，这是为保障自然资源领域的私人的或经济的利益而存在的一种权利，只有形成这样的一种结构才能兼顾公益和私益。

综上，我们认为，合理的国有自然资源特许使用权法律机制要在效率与公平、私益与公益，或发展与环境资源保护之间实现平衡、和谐，非有革新的视角、革新的理论不可，民法物权化模式恐怕难当大任，那么，国有自然资源特许使用权之公法物权属性及其相应机制建构便有了可能、可行之余地。可以说，国有自然资源特许使用权之公法物权属性的分析与证成既体现了此种权利在设定规范性质，以及权利取得、行使、保护等一系列方面存在有别于民法物权的特殊性，也说明其权利之法律机制建构在权利的取得、行使、规范适用，以及保护等一系列方面需要注意观照这种特殊性而确立相较特殊的规则。

---

① 张曦：《"权利泛化"与权利辩护》，《华东政法大学学报》2016年第3期。
② ［日］美浓布达吉：《公法与私法》，黄冯明译，中国政法大学出版社2003年版，第158页。

第三章

国有自然资源特许使用权的取得

从我国现行法上来看，国有自然资源特许使用权最为直观的一个特征是源于国家的授权，即通过行政许可这一公法方式而取得。这成为国有自然资源特许使用权这种财产权与传统财产权之间最明显的一个区别。而此类财产权的取得之所以需以行政特许方式取得，乃是因为其上更多地牵涉公共利益。换言之，由于其权利的经济性、竞争性明显，它已非每位主体可于抽象平等资格上所能均得的权利，尤其是，随着财富分化、社会分工、利益分割所造成的主体之实质分化，主体资格平等已仅得停留于一种抽象的理想状态，此故，需要国家干预以保证资源配置既能符合效率又能符合公平；尤其是近代以来的自然资源与环境危机指示我们，必须对人类使用自然资源进行适度干预，以符合整个人类社会存在和发展之公共利益需要。这些都引发了国家干预自然资源权利配置的需要——国家经以公权力或者在保留干预的基础上引入市场方式来进行这种权利的配置，此即国有自然资源使用权的取得。表现在国有自然资源领域，就是使用权主体经行政许可而取得国有自然资源使用权的过程与状态。

第一节 国有自然资源特许使用权取得的基础

"使用权本身就可以构成一种物权。使用权是运用权力（利）使用物的形式。在积极方式上，使用物的权利是指利用物的权利，以便满足自己的意愿，或者为了对物进行经济上的开发。在物的使用上我们还要考虑'滥用权利'问题理论以及因私人利益或公共利益而对行使权利进行必要的限制。"① 这些限制在某些权利的取得上就已开始，而此种权利的取得、限制及其正当性等问题则通常首先涉及权利取得的基础问题。国有自然资源特许使用权的取得是源于自然资源国家所有权还是源于公物管理权或警察权，这实际上正是国有资源特许使用权取得的基础问题。有学者将之称为自然资源特许使用的权源。② 由于讨论的对象和视角、方法上存在差别，本书此处则将之称为国有自然资源使用权取得的基础。

一 何以成为基础

在汉语中，基础一词有根本、基石、本源、主要、大体等多个意思。基础可以决定事物的性质和框架。所以说，国有自然资源特许使用权的基础是什么？这既会反向影响到它的权利属性，也会直接影响到其权利机制。在国有自然资源权利体系中，主要存在两种类型的权利，其一是物权，包括所有权与使用权；另一个是管理权或警察权。这两类权利在自然资源权利体系中相互作用并贯穿始终，在所有权中要考虑它们的关系，在使用权中也要考虑它们的关系。在物权视角，基于所有权与使用权的"母子"关联，所有权就成为使用权的逻辑基础；在管理权视角，基于国家对公共物品、公共事务的管理关联，管理权与警察权则成为使用权的技术基础。所有权基础使它成为物权，而管理权或警察权基础则基于公益目的需要而对这种物权进行技术修正，二者的叠加和相互作用促成了其公法物权之权利性质，也影响其权利法律机制的建构。正是由于对国有自然资源特许使用权的基础究竟是自然资源国家所有权还是自然资源国家管理权纠葛不清，以致学界与实务界对国有自然资源特许使用权从取得到行使和保护等诸多方向的问题无法达成一致意见，结果是矛盾冲突迭出。

"特许是直接为相对人设定权利能力、行为能力、特定权利或者总括

---

① [法] 弗朗索瓦·泰雷、菲利普·森勒尔：《法国财产法》，罗结珍译，中国法制出版社2008年版，第187页。
② 参见欧阳君君《自然资源特许使用的理论建构与制度规范》第二章，博士学位论文，苏州大学，2015年。

新法律关系的行为,又称设权行为。"特许一般具有数量限制,通过市场化的招标、拍卖等方式择优配给,特许权可以转让与继承。所以,学界较为普遍地认为,特许权具有财产权的性质,它是经由国家对公民(组织)申请经过审查、批准后赋予的某种权利。① 同时,它也是政府规制的主要方式之一。② 20世纪60年代以来,西方经济学者认为市场并非尽善尽美,政府的适度干预仍很必要,由此产生了政府干预的规制经济学,它的核心议题就是政府依据法律、法规对经济、社会生活进行干预,其手段包括许可证、税收、收费等;所以说,行政许可又是一种行政机关规制经济、社会活动的事前调控机制。③ 根据我国《行政许可法》第12条规定,自然资源特许使用权的取得乃是国家合理配置自然资源的一种过程与结果形式,它赋予了特定主体使用自然资源的权利。从这种权利的生成上来看:作为一种财产权,国有自然资源特许使用权的取得不是凭空而来的,在抛开法理学关于主体及其资格的抽象而言,它也不是每个社会主体与生俱有的,实际上它确实也不是每位社会主体都可均得的权利。它首先来自国家赋予,从而使它成为一种直接源于国家赋权行为而获得的利用自然资源的权利;同时,作为一种财产权,它不仅与自然资源这种国家资产及其利用相关联,也与国家对这种资产的管理权力以及管理活动密切相关。也就是说,作为一项财产,国有自然资源特许使用权的基础必然是另一种或另一项财产权,但由于它又是经由国家所赋予的权利,是国家从事某种公共管理活动的结果,所以它的直接基础又必然与国家管理权相关。从这种权利的内涵上来看,国有自然资源特许使用权不仅意在保护私的利益,实现资源的效益价值,还意在发现资源与环境保护的合理机制,实现资源利用公平和社会公共利益。正是由于国有自然资源特许使用权在生成和内涵上具有如此两面性,才使自然资源国家所有权以一种公法物权的属性及其机制呈现出太多复杂性,这种复杂性迁延到国有自然资源使用权领域后,又因应自然资源利用立法的

---

① 张兴祥:《中国行政许可法的理论与实务》,北京大学出版社2003年版,第80页。
② 参见刘恒主编《行政许可与政府管制》,北京大学出版社2007年版;廖扬丽《政府的自我革命:中国行政审批制度改革研究》,法律出版社2006年版,等等。
③ 参见张兴祥《中国行政许可法的理论与实务》,北京大学出版社2003年版,第12页。

现实情景，演化成国有自然资源特许使用的基础问题，以致一时间，自然资源国家所有权究竟是私法物权意义上的所有权，还是公法意义上的资源管理权，抑或二者兼而有之，甚至主权；以及国有自然资源特许使用权究竟是一种物权、准物权、特别法物权、公法管理权，还是公法物权，众说纷纭。所以，争论的焦点最终还是要对国有自然资源特许使用权的价值目标、功能以及基本机制进行追根溯源，以寻求这种特许使用权的基础究竟为何。

二 究竟以何为基础

学界与实务界对国有自然资源特许使用权的基础究竟是什么没有太多专门的分析、研究，一些学者在表述特许权的概念、性质、功能的时候会无意识地涉及部分，另一些学者则在分析公物管理与公物法制的时候会涉及一些。

由于自然资源在国家经济、社会发展中价值非凡，现代国家越来越倾向于将自然资源规定为国家所有。根据我国《宪法》第 9 条，水、矿藏、海域等自然资源属于国家所有。《物权法》则不仅规定了自然资源国家所有（第 46 条），更是对一系列自然资源的使用问题进行了较为系统的规定，各自然资源相关行政管理法也对自然资源国家所有和自然资源利用中的管理问题做了较为系统的规定，从而在根本法和部门法上系统确立了自然资源国家所有权和自然资源特许使用权。但由于这些立法自身的不足，实践中的一些问题无法依托现行法律机制得到较好解决，所以，关于国有自然资源特许使用权的类型、性质、取得、行使与保护等一系列理论也逐渐繁兴起来。在相关讨论中，国有自然资源特许使用权的基础问题也经常隐于其中。

（一）国有自然资源特许使用权的所有权基础说

在我国学界，学者们对国有自然资源特许使用权的基础问题的直接关注较少，[1] 所以只能从学者们讨论行政许可或者自然资源国家所有权的相关论述中间接抽象出来。

---

[1] 代表性学者如欧阳君君，参见其《自然资源特许使用的理论建构与制度规范》第二章，博士学位论文，苏州大学，2015 年。

有学者在分析特许与一般许可的区别时就明确指出:"行政特许的本质是分配稀缺资源,出让国家所有的财产权,而普通许可的本质是解除法律禁止,恢复当事人的行为自由。"① 也就是说,国有自然资源特许使用权的基础是自然资源国家所有权。自然资源特许经营是自然资源国家所有权与经营权相分离的结果,它为自然资源市场化配置奠定了基础。② 所有权的产生恰是因为资源的稀缺性和配置的低效率,在市场机制和行业自律无法实现资源的有效配置时,行政许可手段才有必要,此时所有权成为许可这种行政权的基础。③ 由此看来,气候之类自然资源是不适宜被设定为国家所有的。但是,不能因为自然资源国家所有权存在性质不明、主体缺失等问题就否定国家所有的价值,从国家所有权的目的、保护气候资源生态价值等方面看,气候资源归国家所有仍有正当与合理性,国家所有是气候资源开发利用的基础;不过,"自然资源是对物权的新发展,不能以传统物权来界定它"。④ 为了说明这种源于国家所有,并经行政许可而取得的国有自然资源特许权的法律机制建构理论与过程,学者们借助物权理论及其变革,将它或称为国有自然资源特许使用权,或称为特别法物权、准物权等。有学者认为,特许物权是以国家所有权为基础由相关行政机关以所有人身份将特定自然资源,以及公共资源的占有、使用经营、处分权授予公民、法人和其他组织;它具有完全权能,包括了所有权、用益物权、担保物权等。⑤ 还有学者认为诸如渔业权、取水权、矿业权、狩猎权等自然资源使用权属于准物权,它虽与典型物权不同,但仍属于物权范畴,可以准用物权规范,这种权利的基础是其母权,即所有权,而被行政权或特许"催生"、"准生"与确认。⑥ 如渔业权的母权就是特定水域国家所有权。⑦ 狩猎权就以土地/水资源和野生动物资

---

① 王克稳:《论行政特许及其与普通许可的区别》,《南京社会科学》2011 年第 9 期。
② 参见闫海、吴琼《自然资源特许经营权法律属性之辨》,《资源与产业》2011 年第 6 期。
③ 参见王灿发、冯嘉《从国家权力的边界看"气候资源国家所有权"》,《中国政法大学学报》2014 年第 1 期。
④ 参见王树义、冯汝《气候资源国家所有权问题探析》,《学习与实践》2014 年第 11 期。
⑤ 参见任海青、张鹏《行政特许物权制度研究》,《南京社会科学》2016 年第 2 期。
⑥ 参见崔建远《准物权研究》,法律出版社 2012 年版,第 24、118 页。
⑦ 崔建远:《关于渔业权的探讨》,《吉林大学学报》2003 年第 5 期。

源所有权为基础。① 也就是说，那些属于国家所有的野生动物特许使用权的母权正是国家所有权。由于这些国有自然资源特许使用权主要被规定于自然资源相关法律之中，而这些法律规范又可视为民法（物权法）之特别法，故它又经常被称为特别法物权，不过，其基础仍然是自然资源国家所有权。这种国有自然资源特许使用权与自然资源国家所有权之间存在"子—母"逻辑关系，故二者客体上也具有一致性。按照物权理论，作为所有权，其客体必须具有稀缺性、能够特定化。不少学者认为自然资源具有太多特殊性，恐怕难以物权化。但有学者则指出，完全可以通过对物权的进一步解释来回应自然资源国家所有权的这些特殊性。②

（二）国有自然资源特许使用权的管理权基础说

将自然资源国家所有权视为国有自然资源特许使用权的基础，是物权理论的逻辑必然，是在知识或理论视角认知的结果。但是，国有自然资源特许使用权也是经由国家行政机关许可而产生的，这可以视为国有自然资源特许使用权的现实视角。所以，许可则是基于自然资源管理需要的现实必然，是在现实视角认知的结果。在本质上，行政许可是国家的一种规制手段，一种公共管理方式。

学者认为"自然资源特许经营许可申请人的受益权是在基于行政管理、公共利益的考虑以及社会秩序维护或财政上的理由而暂且设定'一般禁止'的情况下获得的某种权利和资格"③。而这种许可权是一种国家行政管理权。由此看来，国有自然资源特许使用权又与管理权密不可分。以海域使用权为例。学者认为，由于海洋自罗马法以来就属于公物，所以海域使用权的法理基础，并非建立于海域国家所有权及其"权能转移"基础上，而只能建立于海洋资源保护与合理利用的公共利益基础上。④ 其

---

① 参见戴孟勇《狩猎权的法律构造——从准物权的视角出发》，《清华法学》2010 年第 6 期。

② 谢鸿飞：《通过解释民法文本回应自然资源国家所有权的特殊性》，《法学研究》2013 年第 4 期。

③ 常永明：《自然资源特许经营许可申请人受益权初论》，《河海大学学报》（哲学社会科学版）2006 年第 2 期。

④ 参见张翔《海洋的"公物"性属与海域用益物权的制度构建》，《法律科学》2012 年第 6 期。

实,在甚为复杂的国家治理中,作为一种国家治理权,行政许可本身也是复杂多样的。许可还可以分为警察许可与规制许可,前者是指为了维护社会秩序,基于相对人的申请,在特定情况下解除法律所设的一般性禁止,使其能够合法地从事特定行为或者活动的行政行为,它的目的一般是维护公共安全、公共秩序;规制许可则是由规制法规定了一般性禁止的情况下,基于特定人的申请,解除一般禁止的行为,它的目的是为了提高国民生活质量,行政机关一般更多考虑的是市场的结构而非申请人个人的自身条件。① 规制许可场合往往赋予行政机关较大自由裁量余地,而警察许可则属于羁束行为(非为自由裁量而为法规裁量)。② 目前我国还存在大量的警察许可,从警察许可涉及的领域、种类以及警察许可相关法律规范来看,警察许可主要在危险、安全、秩序控制领域,涉及道路交通管理类警察许可、户政类警察许可、消防类警察许可、出入境类警察许可、治安类警察许可、边检类警察许可等,其相关规范也主要是管理法规范。也许正是因为没有充分注意警察许可和规制许可的区别,以致"现行公安行政审批制度越来越难以适应新的形势发展,严重制约和阻碍了经济的发展,把国家和市场的角色和功能混于一起,管了不该管的事,或是该管的事没管好,从而造成'越位'、'缺位',妨碍了市场经济机制的有效发挥"③。

但是,行政警察一般意义上是指,行政机关为了保证公共秩序而对个人自由所加的限制;这种限制需要有法律的明确授权。行政机关一方面有权执行警察法的规定,如依据警察法拒绝批准私人的某种聚会,另一方面,有权在其管辖地域内,在不违反法律规定的范围内制定补充的警察规则,限制个人自由,这两方面活动构成警察活动。④ 行政警察的一般目的是保证公共秩序,包括公共安宁、公共安全和公共卫生。就警察活动和公务活动的联系与区别来看,二者都以满足公共利益为目的,警察活动在本质上虽起到一种镇压作用,但维持公共秩序从政治与法律观

---

① 参见张兴祥《中国行政许可法的理论与实务》,北京大学出版社 2003 年版,第 66 页。
② 杨建顺:《日本行政法通论》,中国法制出版社 2000 年版,第 426—435 页。
③ 余凌云主编:《警察许可与行政许可法》,中国人民公安大学出版社 2003 年版,第 194 页。
④ 王名扬:《法国行政法》,北京大学出版社 2007 年版,第 364 页。

点而言也是一种公共利益，公务活动则是为维持公共秩序之外的其他公共利益而从事的活动，警察活动也是一种公务活动，称为警察公务；警察权力可以分门别类，如农业部具有渔业警察权力，交通部具有铁路安全警察权力，森林、渔业、狩猎、河川等各领域都存在警察权力。① "警察权，原则上只有根据法律或者条例才能行使，且被限定于维持公共安全与秩序目的之内，警察权的行使必须依照目的，限制在必要的最小限度之内（比例原则）。实现警察权目的之手段有四种类型：第一种为警察下命令，其包括明晰采取行为、不作为、给付、忍受等形态；第二种是警察许可，即在特定情况下解除一般性禁止的行为；第三种是警察强制，包括强制执行与排除紧急状态之即时强制；第四种是警察罚。"② 由上述看来，行政许可作为一种公务活动，一种国家管理活动，其本质上是一种国家公务/公物管理权，前者着眼于其内容，后者着眼于其组织。但是这种管理并非仅限于或说仅是一种警察权。或者只能说，警察权只是这种管理权的项下内容之一而非全部。规制许可与警察许可的区分其实就已经表明，在国家治理活动中，一部分属于纯粹的管理，而一部分属于行政警察活动。也即是说，警察行政权与治安管理权之间的确存在一定重合，③ 我们在此所讨论的也恰好是二者重合部分，虽然二者经常紧密地纠缠在一起，但区分并发现它们的重合部分在此却是非常必要的。这主要是因为，我国自然资源权利机制在传统上就只重视资源的资产化管理，甚至由于没有认真区分纯粹管理权（活动）和警察权（活动），以致习惯将自然资源视为一种资产，并出于单纯经济利益而为警察管理，自然资源自身的管理却被长期忽视了，而对自然资源以符合生态价值和公共利益的方式进行的行政管理却可能只是一种纯粹的管理权活动过程。

以公物或公产管理为例。公物成立、利用、废止之整个过程无不涉及公物管理机关的行政管理权。这种管理权既是行政机关于公物设立后为维持其存续，并以完善之状态、正常之功能供公众持续使用而从事管

---

① 参见王名扬《法国行政法》，北京大学出版社2007年版，第365、368页。
② ［日］南博方：《行政法》，杨建顺译，中国人民大学出版社2009年版，第27—28页。
③ 黄学贤等：《警察行政权概念的厘定》，《东方法学》2009年第4期。

理的权利,又是为了达成公物设立所欲求之目的而对公物利用活动进行秩序化之权利。它常表现为一种公法上的支配权,而这种公法上的支配权即为公物管理权;同时,为排除公物利用所生的危害,公物管理者还得行使公物警察权。基于国家之警察权,国家得从事必要规制,项目包括土地之开发、矿石之开采、税金之收取等,以维持公共秩序之目的。①由此看来,公产管理权是一个权利束。它是指行政机关为了使公产实现公共使用的目的而采取的一切行为的权力,例如公共使用目的的设定、废除和变更,公产的维持、改善和保护,以及公产使用管理等。②公物管理权主要包括公物的养护、公物"家主权"和公物治安权。公物养护是指公物组织应从物的形态上保障公物存在,以使其处于可得公用的持续状态。公物"家主权"则指公物组织为维护公物正常使用,而对不合资格者得为拒绝之权能;公物治安权则指对合资格的公物使用者的非合目的或非合理方法的使用得为干预的权能。③公物治安权非同于一般治安警察权,而是一种公产保护警察权,它为保障公物完整,并合目的、方法的使用,故与公物须臾不离,因此具有财产权的性质。④公物管理权是一种公所有权,公物组织的管理权在细微视角上不过是公物行政法物权的一个具体权能。⑤所以,在更为务实的日本法上,通说认为公物管理权系实现公物目的的概括性权能。⑥它本质上既有物权属性,也有行政管理权属性。可见,在公物、公产上存在两种清晰的权力形态,即公物、公产管理权和公物、公产警察权。不过,由于在国家行政早期,行政管理权与警察权合为一体,加之现代公共行政中警察行政仍然占据很大一部分,所以行政管理实践和理论上经常将行政管理权混为警察权也就在所难免,但我们认为二者仍然有别,也需要有别。行政管理活动的目的,在于满

---

① 翁岳生主编:《行政法》(上册),中国法制出版社2002年版,第49页。
② 王名扬:《法国行政法》,北京大学出版社2007年版,第249页。
③ 林胜鹞:《行政法总论》,三民书局1999年版,第276—277页。
④ [英] F. H. 劳森:《财产法》,施天涛等译,中国大百科全书出版社1998年版,第229页。
⑤ [法] 莫里斯·奥里乌:《行政法与公法精要》(下),龚觅等译,辽海/春风文艺出版社1999年版,第833、845—847页。
⑥ [日] 大桥洋一:《行政法学的结构性变革》,吕艳滨译,中国人民大学出版社2008年版,第219页。

足共同利益的需要，为达此目的，它有两个传统的基本方式：社会治安和公用事业；共同利益首先要求，个人的自由主动行为不得妨害任何社会生活的秩序和条件，这只能由国家制定的必不可少的纪律约束个人行为，与此相应，需要进行治安管理；"至于公共事业，政府当局应直接负责经办，或在其监督下，将满足某种共同利益需要的任务委托给他人，同时保证给予每个受此委托的集体或个人相应的补助和优惠"①。上述区分是严格的。"警察，给个人的活动规定范围和限度；公用事业则是由公法人负责使个人获得私人能力无法提供的需求。这是两种主要而又不同的行政管理活动：在治安方面，行政管理的主要活动是，作出普遍性的或个别的规定；在公共事业方面，则是进行经营管理。"② 这种区别虽也有限度，但这种区分，在国有自然资源使用权领域的意义是，特许使用权的基础与包含了纯粹的自然资源管理和自然资源警察权在内的整体管理权相关。也就是说，是"管理权"而非"警察权"构成了自然资源国家所有权的权源。

（三）本书观点：一种结合的新观念

由上文分析可见，国有自然资源特许使用权的基础其实既非单纯的国家所有权，也非单纯的国家行政管理权，而是二者的结合。

1. 结合：二者一起构成国有自然资源特许使用权的基础

国有自然资源特许使用权的结构呈现为资源使用权＋行政役权之二元结构，这就使这种特许使用权在整体意义上被塑造成了一种公法性物权。在这样一种结构视角上，国有自然资源特许使用权的基础就必然包含了物权动因、目标、意义和管理权动因、目标、意义两个层面。所以，国有自然资源特许使用权的基础就应是自然资源国家所有权和自然资源国家管理权共同塑造的。

第一，国有自然资源特许使用权的结构。自然资源国家所有权本质上是一种行政法或公法上所有权。"行政所有权与一般所有权存在较大差别，同样，如果它介入了私人的商业活动，它就不再属于行政生活的范

---

① [法] 让·里韦罗、让·瓦利纳：《法国行政法》，鲁仁译，商务印书馆2008年版，第417页。

② 同上书，第418页。

畴了，无论是特许权，还是归并等等，都是为了在其上建立一种行政物权。但正如我们所讨论的那样，这并不是说它不是所有权，因为所有权的形式是多种多样的。"① 这种行政法所有权、行政法物权的特殊之处就在于，它是对传统所有权一定程度的修正，其占有、收益、处分的权能受到一定的限制。② 也就是说，这种国有自然资源所有权和特许使用权既有传统物权的身影，又有公法管理权的身影。换言之，就自然资源的使用而言，可以以物权来解释和涵摄它——它是一种物权性使用权，但它同时又受到了来自公法的诸多限制——在它之上又产生了新的物权形态，即行政役权。法国大多数学者主张行政主体对公产具有所有权，当然也会产生公产的相邻关系，但它与民法相邻关系并不一样。而且实际上，公产相邻关系适用民法规定也极为少见，公产的相邻关系主要由行政法规定。传统观念上的役权源于地役权，但后来则发生了一些演变、进化：由于在诸如水、矿等资源领域，为了整体利益的考虑，如交通运输、能源、保护国家的共同财产等方面的原因，公共行政部门完全有依据进行各种限制和干预，而且这些限制与干预越来越多；这就如同为使属于公产的财产能得到更好使用而对私人所有权的利用进行限制一样，使用权成为类似供役地一样的存在，而这种存在其上的公益负担即为一种公益性役权，其主要类型如路政役权、城市规划性质的役权、为实施公共工程临时占用土地的役权、因存在矿泉水源矿泉工程或机构而引起的役权、为送水电而设置的役权等；③ 为了公产利益，对毗连不动产规定了一些特别义务，这种行政机关的权利通常被称为行政役权，它因而被适用于更为广泛的意义上，包括公产利益以外，为了公共利益对私人不动产（权利）规定的义务，所以整体上，行政役权可分为为了公产利益的行政役权和为了公共利益的行政役权两大类。④ 就公益役权的特点与性质而言，公益役权中并没有真正的要役地，它已经脱离了《民法典》的役权概念，

---

① ［法］莫里斯·奥里乌：《行政法与公法精要》（下），龚觅等译，辽海/春风文艺出版社 1999 年版，第 847 页。

② 同上。

③ ［法］弗朗索瓦·泰雷、菲利普·森勒尔：《法国财产法》，罗结珍译，中国法制出版社 2008 年版，第 426 页。

④ 参见王名扬《法国行政法》，北京大学出版社 2007 年版，第 258—259 页。

其标的也比较特殊，所以，公益役权更像一种"物权负担""物权义务"，但我们自不必拒绝将之称为役权，因为此种情况不过是行政法规则特殊性的一个典型例子，正因此，我们有时也将这种役权称为"行政役权"。①这样看来，国有自然资源特许使用权应该是一种"使用权"＋"行政役权"的二元结构。而且这种结构将国有自然资源特许使用权的物权动因、目标、意义与管理权动因、目标、意义结合在了一起。

第二，国有自然资源特许使用权的物权动因、目标、意义。首先，在动因上，自然资源作为一种财富和资源，需要在使用中实现它的经济价值，这样才能创造财富，推动社会发展；其次，在目标上，为使用自然资源能够创造更多财富，需要进行产权配置，需要赋予主体使用权并建立完善的法律权利机制以保障它；最后，在意义上，自然资源产权、权利配置促成了一种物权性自然资源使用权的产生，并进而得以物权化方式实现自然资源权利的目的，这正是国有自然资源特许使用权（物权）的意义所在。

第三，国有自然资源特许使用权的管理权动因、目标、意义。首先，在动因上，既要配置自然资源使用权，也要看到自然资源这种准公共物品的特殊性，其生产、供给、维护上的外部性明显，所以，为了维护公共利益，需要国家适度介入干预；其次，在目标上，既要维护私益，也要维护诸如生态之类的公共利益，以实现自然资源使用权中私益与公益的平衡；最后，在意义上，私益与公益的平衡需要以及平衡方式决定了自然资源使用权的权利性质，塑造了其实现方式上的特殊性，国家干预成为一种别无选择的方式，这正是它的管理权（行政役权）的意义所在。

由此看来，国有自然资源特许使用权的基础是自然资源国家所有权与自然资源国家管理权的结合体。

2. 创新：整体而非割裂意义的认知

上述分析说明，国有自然资源特许使用权的基础是自然资源国家所有权和自然资源国家管理权的结合体，但这应是整体意义，而非割裂意

---

① ［法］弗朗索瓦·泰雷、菲利普·森勒尔：《法国财产法》，罗结珍译，中国法制出版社2008年版，第426—428页。

义上的理解。国有自然资源特许使用权呈现为"使用权＋管理权"的二元结构，使用权是一种物权，而这种管理权在本质上是一种行政役权，是一种修正了的物权，只不过它是一种公法物权。"特殊性使用是预防性的使用许可赋予的一种物权。"① 然而，纵观我国目前学界的主流性观念，虽然也以二元结构为出发点，主张应对国有自然资源进行国有私物和国有公物、国家私产和公共财产的二元区分，并认为对前者可以纳入民法物权范畴进行机制说明与建构，对后者应纳入公法的公物、公产范畴予以机制说明和建构，这样公私则重回界线清明。但这无疑是一种割裂意义上的观念。且不论这种区分是否科学、合理，单就其可操作性而言，也值得怀疑。尚无任何经验可以证明，面对大量公共财产，先验地分割出独立的公法上和私法上权能，再将这些权能分别交由相互独立的国有资产行政管理主体和私法上的国家所有权人行使更能实现公共财产利用中的效率与公平。② 反倒是整体论的知识理解与机制建构可能更为科学、合理。为此，我们更应坚持从整体而非割裂视角去认知国有自然资源特许使用权。那么，既然国有自然资源特许使用权是一种如上分析的二元结构，我们认为它在整体上是一种公法物权，这是整体，而非割裂意义上的观念。

正如学者指出："审批权与所有权虽分属公法与私法，但二者之间联系极其紧密，国家所有权无以避免地与国家政权统为一体，所有权成为政权结构的组成部分，政权则是国家所有权实现的要素。"③ 那么，在国有自然资源特许使用权中，作为行政权的许可权如何与财产权意义上的所有权、使用权发生关联呢？这可以从管理权与财产权的勾连上来观察，具体是从警察权对财产的征用、征收以及类似征收上可以得见。警察权与财产征用、征收的关联非常容易理解，征用权是为了公共利益而保留

---

① ［德］汉斯·J. 沃尔夫等：《行政法》（第二卷），高家伟译，商务印书馆2002年版，第516页。
② 张力：《国家所有权遁入私法：路径与实质》，《法学研究》2016年第4期。
③ 王灿发、冯嘉：《从国家权力的边界看"气候资源国家所有权"》，《中国政法大学学报》2014年第1期。

于政府的财产权概念。① 但对警察权与类似财产征用、征收之间的关联，则颇值寻味。财产负有义务是现代财产权基本观念之一，但在一些公共财产权利场合，这种财产所负的社会义务通过更多、更为直接的公法限制形式而产生了财产权的"裂变"或者"异化"。诸如水、矿、林木、野生动植物、鱼等水生动物资源，它们属于公共财产的范畴，这些财产除了维持人类基本生存之外，还有促进人类发展、保护人类生存环境等多样化功能，其价值复合了私益和公共利益；当国家赋予主体使用这些自然资源的同时，因为公益需要也需对这种使用权设置一定的公法限制，从而使得在这种使用权之外，还产生了一个新的权利类型——行政役权。而这种行政役权在本质上构成了对主体自然资源使用权的类似征收之效果，它是国家介入、干预自然资源使用的效果，也即是自然资源管理权的效果。这种效果的整体作用是，自然资源特许使用权被整体"异化"为一种公法物权。20世纪以来，警察权管制对财产权的影响之大毋庸赘言，在美国财产权的警察权管制史上，警察权在财产征收、征用上的目的不是控制、限制财产权，而是维持和平与良好秩序，这恰是警察权管制财产征用、征收上的正当理由，它的智慧源泉就在于精确的私法与普遍的代议制政府理论的联姻。② 一定意义上，警察权管制丰富、扩展、改变了财产权基本理念……没有绝对的财产权，警察权的目的是像保护私人财产一样也保护公共利益……个人利益与社会利益的平衡成为美国财产法理念的核心，甚至这种平衡也从一种强调个人权利向更占优势的社会利益转变。③ 除此抽象论证之外，之所以将国有自然资源特许使用权界定为一种公法物权，并将它的基础在整体而非割裂的视角上界定为自然资源国家所有权和自然资源国家管理权的结合体，更为现实的理由：一是在现代社会，为了公共利益而为自然资源管理是当下的主要矛盾，使用权则是次要矛盾；二是使用权和行政役权均为物权，而且就方法而言，

---

① 王铁雄：《财产权利平衡论——美国财产法理论之变迁路径》，中国法制出版社2007年版，第396页。

② [美]理查德·A.艾珀斯坦：《征收——私人财产和征用权》，李昊等译，中国人民大学出版社2011年版。

③ 参见王铁雄《财产权利平衡论——美国财产法理论之变迁路径》，中国法制出版社2007年版，第404—422页。

以国家的适当干预影响国有自然资源权利法律机制是兼顾实现自然资源权利领域私益与公益、经济价值与生态价值、当代与后代等几种核心要求更为有效的方法,关键是我们如何把握并将"适当"之度体现于相应的机制之中。显然,这是一种不同于割裂论的整体论视角,是一种创新性观念。

第二节 国有自然资源特许使用权取得中的政府和市场

国有自然资源特许使用权取得基础的界定直观地体现了国有自然资源取得中政府与市场的角色设定与功能配给。在我们尚未找到比国家干预更优的方式之前,政府在国有自然资源特许使用权中的地位仍然不可撼动,关键问题是市场机制能以何种方式,能够多大程度地参与到与政府干预的合作之中。世界上不少国家的自然资源使用权均采行政配置方式,我国也不例外。在我国,国有自然资源特许使用权的配置采行政许可,其直接法律依据为《行政许可法》第12条,其理论基础主要为公共利益理论和市场失灵论,其条件和程序较为严格,其实施方式目前主要为招标、拍卖等。这些理论、条件、程序和方式将国有自然资源特许使用权取得中的政府与市场角色、功能较好贯穿和体现出来。当然,由于各种原因,在国有自然资源特许使用权取得中,政府和市场的角色与功能及其相关机制仍有值得完善之处。

一 国有自然资源特许使用权配置的理论基础
(一)公共利益理论
"特别使用之许可多涉及公益考虑。"[1] 何为公共利益?答案可谓人言人殊。

公共利益一般与私人利益相对,"它是指直接有助于一般利益,但它

---

[1] 陈新民:《行政法学总论》,三民书局1997年版,第338页。

并非一般利益，在它指涉国家共同体时，则倾向于朝一般利益而发展"①。公益具有不确定性，即在主体、内容、数量等方面都具有不确定性。公益有三个层次：一是国家利益，此乃公共利益的核心，如国有资产；二是不特定多数人的利益，这是公共利益的常态化存在形式，如不特定多数消费者、环境污染受害者的利益、垄断经营受损者的利益；三是须特殊保护界别的利益，这是公共利益的特殊存在形式，是社会均衡、可持续发展须予以特别保护之利益，如老年人、儿童、妇女、残疾人的利益，社会全体成员的利益就是国家利益；社会公共利益可分为不特定多数人的利益与须特殊保护界别的利益。② 公益也不是静态、既定的数目，而是随着程序的推进逐渐发展；公益也并非必然优先，但在干预行政之构成要件特别强调某项公益，或为达成该项公共利益即可采取干预措施情形下，也须衡量，究竟在何种程度上，公益具有优先性。③ 行政法平衡论的主要内容就是平衡公益—私益，公益—私益结构是公领域与私领域公法平衡论思维体系的起点，由这一结构引申出若干有意义的子平衡结构，如行政法中的行政—法律结构，以及官僚—法律规制结构等，这种关系上的张力结构为解释公法规制提供了一种实践智慧。④ 由此，也可以看出，公共利益是行政许可产生原因的一般理论解释之一，公共利益理论——行政许可的广泛适用来自它是唯一能够把强力控制（许可条件）和灵活适用（许可条件的达至）结合起来，政府机关可以根据公共利益需要和具体情况决定是否给予许可。⑤ 在国有自然资源特许使用权的配置上，公共利益是经由私益—公益兼顾平衡之后的优先目标。

（二）市场失灵理论

市场失灵为政府干预提供了可能，所谓市场失灵主要指：消极的外

---

① ［德］Eberhard Schmidt-Aβmann：《行政法总论作为秩序理念：行政法体系建构的基础与任务》，林明锵译，元照出版有限公司2009年版，第166页。
② 参见韩波《公益诉讼制度的力量组合》，《当代法学》2013年第1期。
③ ［德］Eberhard Schmidt-Aβmann：《行政法总论作为秩序理念：行政法体系建构的基础与任务》，林明锵译，元照出版有限公司2009年版，第167页。
④ 王志：《公法平衡论的思维体系》，载姜明安主编《行政法论丛》（第14卷），法律出版社2011年版，第508—511页。
⑤ 参见张兴祥《中国行政许可法的理论与实务》，北京大学出版社2003年版，第24—26页。

部性,如污染生产成本无法将因污染对消费者造成的环境损失作为成本并予以内化。积极外部性,如公共产品的消费具有普惠性,所以私人没有生产这种公共物品的动机和意愿,只能由政府生产供给;不充分的信息,如药品,消费者无法获得充分信息也就无法做出理性选择;保护主义,如对毒品,即使个人愿意消费,政府也必须予以管制,此乃保护公民人身权的需要。① 也就是说,市场机制替代政府管制的前提必然要求市场机制是完备、有效的,这取决于以下条件:"一是,市场参与者的理性行为(效用最大化);二是,完全信息(不存在信息不对称);三是,市场的完全流动(即没有交易费用的自由竞争);四是,固定偏好和技术;五是,物品和服务价格反映全部成本(不存在外部性)。"② 但是现实表明,这些条件通常是难以得到满足的。市场存在一些明显的缺陷进而引致市场失灵,这一般集中于两种类型:"第一,与提供商品或服务的企业存在现实的或潜在的合同关系的人,能够获得的产品质量信息总是不充分的,这导致的结果是,不受规制的市场很难满足他们的偏好;第二,即使信息不对称问题并不存在,市场交易的溢出效应(外部性)将对交易之外的第三人产生不利影响。"③ 尽管对许多市场失灵的情况,至少在理论上是可以借助市场与私法工具予以纠正,但私法并不总能提供一种有效的解决方案。于是,当出现市场失灵和私法失灵之时,政府就具有了规制干预的公益正当性。政府管制的合理性恰恰是为应对市场失灵而提出解决问题的方案,如限制垄断,为弥补外部性而采行税费征收、行政许可、禁止性命令,积极提供公共产品,通过对广告、产品质量的管制以降低市场信息不对称程度,以及通过宏观调控和政府管制尽力保证分配公平等等。④

国有自然资源特许使用权正是暗含了公共利益与私人利益的平衡,

---

① 参见张兴祥《中国行政许可法的理论与实务》,北京大学出版社2003年版,第26—30页。

② 廖扬丽:《政府的自我革命:中国行政审批制度改革研究》,法律出版社2006年版,第45页。

③ [英]安东尼·奥格斯:《规制:法律形式与经济学理论》,骆梅英译,中国人民大学出版社2008年版,第5页。

④ 参见廖扬丽《政府的自我革命:中国行政审批制度改革研究》,法律出版社2006年版,第47—48页。

但公益具有一定优先考虑的机制安排,在这样的一种机制体系中,市场机制的自我调节和政府规制干预一直处于相互较力,但又相互支持的状态。这从行政许可的基本理念、原则和实施等方面均能体现出来。

二 国有自然资源特许使用权取得中政府与市场的分立与合作
(一) 政府与市场的分立与合作

20世纪70和80年代左右,随着公共行政的范畴和方式的不断变迁,私人能够经由政府许可而获得许多利用公共资源的权利,而且私人利益在公共资源上的存在如此多样,以致政府为了某些公共利益考虑不得不对这些私人利益进行干预,从而引发了政府许可、政府变更或收回许可与私人利益排挤政府干预,以及如何平衡政府干预和私人利益保护等诸多难题。[①] 可以说,后来的政府规制革命实际上正是对这些现实问题的一种回应,其主要内容就是政府规制的柔化以及相应的替代机制的思考与选择。

政府规制干预的合理性也并非绝对,"规制并不一定比市场和私法更有效,或者说因规制而引发的其他经济部门的交易成本的增加或错误分配可能超过了规制的效益收益。换言之,在'市场失灵'与'私法失灵'之外,同样也存在'规制失灵'"[②]。也就是说,政府管制干预也会存在缺陷。政府管制的缺陷主要表现为:其一,政府超过合理范围对经济与社会领域大量干预,以致管制过度;其二,由于管制范围的非合理扩张,管制目的的非正当性等,导致政府管制成本过高,不符合效率要求;其三,由于政府部门也会考虑自身利益,在一些非正当利益诱导下,反倒会产生规制俘获,寻租现象普遍。[③] 这些缺陷,一方面说明政府规制干预的效用发挥受制因素比较多,另一方面也说明,政府规制干预不过是资源配置的必要条件而非充分条件。也即是说,在资源的有效配置上,市

---

① Jan G. Laitos, Richard A. Westfall, *Government interference with private interests in Public Resources*, Harv. Envtl. L. Rev. 1, 1987.

② [英] 安东尼·奥格斯:《规制:法律形式与经济学理论》,骆梅英译,中国人民大学出版社2008年版,第30页。

③ 参见廖扬丽《政府的自我革命:中国行政审批制度改革研究》,法律出版社2006年版,第47—48页。

场与政府的共同参与、相互配合才是最佳方案。国有自然资源特许使用权配置场合更应如此，我国《行政许可法》在许可的原则、条件、程序和实施等诸多方面已经较为清晰地将国有自然资源特许使用权取得中的政府与市场分立与合作展现出来。

（二）政府与市场的分立—合作在行政许可法上的表现

虽说国有自然资源使用权的特许配置与一般许可存在差别，但是在政府规制干预的手段方面，它们也存在目的、价值、方式等方面的某种程度的一致性，一些共通性的规律同样也适用于国有自然资源特许权配置。而行政许可在设立原则、条件、程序和实施方式等方面均体现出了政府与市场的分立与合作，甚至合作成为主导方向。

1. 范围的有限性。行政许可的事项范围本身就是有限的，行政特许事项范围则具有更为严格的限制。从《行政许可法》第 12 条第 2 项来看，行政特许主要限于"有限自然资源开发利用、公共资源配置以及直接关系公共利益的特定行业的市场准入等，需要赋予特定权利的事项"。这首先便体现了行政特许的公共利益标准，并以公共利益限定了特许的范围。具体到国有自然资源特许使用上，则又涉及国有自然资源的范围问题。虽说《宪法》第 9 条的原则性规定足以引发人们对国有自然资源的范围之争，但在其范围界定标准上，无论是经济安全、社会发展还是资源安全、环境利益，都在本质上与公共利益发生勾连。所以，实际上，公共利益也就成为国有自然资源特许使用权配置上的最高标准，并以此标准限定了其范围。正是这种范围的有限性划清了国有自然资源使用权配置上的政府与市场之不同角色与功能。《行政许可法》第 11 条规定："设定行政许可，应当遵循经济和社会发展规律，有利于发挥公民、法人或者其他组织的积极性、主动性，维护公共利益和社会秩序，促进经济、社会和生态环境协调发展。"紧接着，第 13 条规定，若公民、法人或者其他组织能够自主决定，或者市场竞争机制能够有效调节；或者行业组织或者中介机构能够自律管理，或者行政机关采用事后监督等其他行政管理方式能够解决的事项，就不必采取行政许可配置。这些规定所体现的理念恰是行政许可范围的有限性，以保持市场、私法或者私的领域与国家、公法或者公共领域之间存有适度张力。由此也将政府塑造成了有限政府、服务政府、追求效率的政府。

2. 特许的条件。尽管《行政许可法》第 4 条明确规定，"行政许可的设定和实施，应当依照法定的权限、范围、条件和程序"，但是行政许可法却并未规定统一的条件。这其中的原因主要是许可事项太过复杂，以致绝无可能制定一个统一的条件。行政机关实施许可之时通常不过是在审查以"抽象法规范"形式存在的许可条件与申请人各异的"具体事实"之间的谋合，其媒介即为许可裁量标准；由此看来，行政许可（特许）的条件只能因事、因时甚至因地而异。最多，可以抽象地认为，行政许可或者特许的形式条件即为相关抽象的法律规范，实质条件则是公益与私益的平衡。① 即便能做如此思考，也应看到，抽象法律规范不仅抽象，而且其内容常并不确定，就是寻遍自然资源相关行政管理单行法也无法获得各项自然资源特许使用权的条件为何。况且公益与私益概念以及二者的平衡通常也属于抽象的范畴，在特许场合行政机关还经常享有自由裁量的余地，这一切都将国有自然资源特许的条件推向了近乎"空虚"的境况之中。但是，特许需要遵循严格的法律依据、条件、标准、程序，并观照公益与私益的平衡等，至少本身就已说明了在诸如国有自然资源使用等特许事项上公私有别、兼顾平衡的理念，从而将政府与市场的角色与功能做出一定的划分与安排。

3. 特许的程序。特许与一般许可的一个区别在于，特许的条件、程序更为严格。由此，我们固然无法确定诸如国有自然资源使用之类的特许那更为严格的条件和程序为何，《行政许可法》也并未有所规定，但这并不妨碍我们将《行政许可法》第 29—33 条规定的行政许可的申请与受理程序、第 34—41 条规定的行政许可的审查与决定程序、第 42—45 条规定的行政许可的期限、第 46—48 条规定的行政许可的听证程序等，视为行政特许程序的最低标准。程序的意义在于控制许可，但一个良好的程序建构不仅能在形式上产生控权印象，还能在实质上激励政府提高效率，激励市场参与，激励政府与市场合作。这种激励观念借助现代行政程序改变了整个行政法单向控制、约束权力的传统印象，也通过将私的理念和方法引入公共治理，形成了公私合作的公共行政新形象。这与《行政许可法》的便民原则、效率原则和服务原则精深契合。

---

① 参见王太高《行政许可条件研究》，《行政法学研究》2007 年第 2 期。

4. 特许的实施方式。根据《行政许可法》第53条规定："实施本法第十二条第二项所列事项的行政许可的，行政机关应当通过招标、拍卖等公平竞争的方式作出决定。但是，法律、行政法规另有规定的，依照其规定；行政机关通过招标、拍卖等方式作出行政许可决定的具体程序，依照有关法律、行政法规的规定；行政机关按照招标、拍卖程序确定中标人、买受人后，应当作出准予行政许可的决定，并依法向中标人、买受人颁发行政许可证件；行政机关违反本条规定，不采用招标、拍卖方式，或者违反招标、拍卖程序，损害申请人合法权益的，申请人可以依法申请行政复议或者提起行政诉讼。"这一条明确要求诸如国有自然资源使用之类特许的实施应该引入市场竞争机制，是对市场角色与功能的最明显、直观的体现，也可以说是政府规制干预与市场机制合作的典范。

可以说，《行政许可法》对行政许可和行政特许从原则、范围、条件，到程序、方式的相关规定无不体现出政府与市场的关系及其影响。正如学者指出，《行政许可法》具有不少创举，如在政府与市场之间，市场优先、在公益与私益关系上要权衡多种利益，等等。[①] 这也说明行政许可及其发展趋势必会产生公法的软化和私法的硬化，必然是政府与市场之间的博弈—合作过程。以后的机制完善也必然围绕这种趋势而展开。

第三节　国有自然资源特许使用权取得机制的完善

自《行政许可法》颁行以来，对于行政许可的相关研究发生了两大转型：其一是，从"创新、创举"的"歌功颂德"转向"缺陷、不足"的"批评与完善"；其二是，从最初的全面、宏大检视转向对细枝末节问题的思考。所以，在行政许可的原则、设定、条件、程序、方式、监督方面的细微研究虽仍有研究余地，但着墨已经相对较为充足。而且受本书文旨和精力所限，此处无意于继续对所有相关问题进行细枝末节的研究，而仍以国有自然资源特许使用权取得中的政府与市场合作为主线进行一些思考。

---

① 参见杨解君《〈行政许可法〉的创举与局限》，《法学》2003年第10期。

一 政府与市场合作：特许使用权取得机制完善的方向

从前文关于国有自然资源特许使用权的基础，以及特许使用权取得中的政府与市场关系等问题的分析中，可以发现国有自然资源特许使用权取得机制完善的方向，指向了政府与市场的合作。"由于市场与政府各自能够有效作用的领域受到很多因素制约，在不同时期、不同国家，行政许可在配置资源方面能够有效发挥作用的领域也不一样；相对而言，市场机制在资源配置中未起基础性作用的国家，行政许可能够在资源配置方面发挥更大的作用。"[①] 在我国，市场尚未真正成长成熟起来，这是经济学界较为一致的观念。所以，尽管在资源配置领域，市场机制一贯被宣称为最佳方式，但国家的规制干预仍然是一基础性存在。那么，政府规制干预就不可避免，当然，同时还应巧妙地引入市场机制，以形成政府与市场在资源配置中的整合力量。这可能又会涉及两大问题：一是如何理解市场机制的引入，以及如何引入；二是行政法自身也应适当地发展进化。

（一）如何理解行政许可中的市场机制及其引入

传统观念认为政府和市场是两个对立事物，政府代表公共利益并以公法形式生产、维护公共利益，市场代表个体利益并以私法形式生产和维护个体利益。但自国家进入福利时代以来，服务行政、给付行政不仅极大拓宽了行政活动范围，也改变了传统行政的观念和方式，公私渐趋融合，政府与市场不再泾渭分明。20世纪80年代以来的新公共管理运动则进一步加剧了这种融合，民营化的浪潮将行政的传统本色进一步削弱，市场机制在公共行政中的比重以及作用则愈加强化。但是，政府在公共治理中的作用仍有价值，许可本身已经说明了政府的基础地位。那么，关键的问题是，应该怎样理解市场机制在行政许可乃至公共行政中的引入？对此，经济学，尤其规制经济学理论为我们带来不少启发。在规制经济学看来，广义上的规制包括了经济规制和社会规制两大形式。经济性规制的目的是为自然垄断提供一种替代性机制，它的基本形式又包括三种：一是公有制——试图通过政治指令和责任机制来满足公共利益目

---

① 张兴祥：《中国行政许可法的理论与实务》，北京大学出版社2003年版，第26页。

标，二是对私有化公司施加价格或质量的外部控制，三是政府通过招投标来确定具有垄断经营权的公司；社会性规制，即如安全与健康、环境保护、消费者保护等领域的规制，公共利益是其正当性理由，它一般集中于信息不对称和外部性两类市场失灵情境，它大体上也包括三种基本形式：一是信息规制，即强制要求提供方披露商品或服务质量信息细节；二是"私的"规制，即设定仅能由从中受益的个人才能执行的义务；三是经济工具，即非以强迫，而以财政激励来引导合意行为。许可式的事前批准是这一系谱中的最强端，也就是说在规制系谱中，决策者可以根据国家干预的程度编织成一个规制系谱：以信息规制、私的规制和经济工具为该系谱的最弱端，许可则是最强端、是社会规制的另一（极）端，而"指令与控制"则是居中者。① 由此看来，规制经济学的目的是研究规制的必要与合理性，并尽力寻找规制的最佳替代方案。它把规制，甚至整个政治（行政）活动以经济学的范式进行解读，从而改变传统政治或行政的生态环境，也改变了对政治或公共行政的理解，影响着行政（法）的发展方向，使工业化社会的两大对立关系，即市场体系和社群体系互补、融合起来。"市场体系中，私人、私经济组织可以自由追求各自经济目标，只受到一些基本限制，支撑这种安排的法律体系的主要工具是私法；社群体系，指涉的是国家寻求指导或鼓励那些如果没有国家干预就不会发生的经济活动，其目标是纠正市场失灵以满足公共利益，支撑这种安排的法律体系的主要工具是公法，如经济行政法、经济公法。"② 市场体系可以理解为市场机制范畴的概念，社群体系则被诉诸"规制"概念及其范畴。20世纪80年代左右，放松管制的规制改革浪潮中的一个核心理念就是引入市场竞争机制，政府和市场的互补合作由此愈演愈烈。

（二）行政法自身的进化发展

规制改革不仅催生了政府和市场在公共治理中的合作，也以此为行

---

① 参见［英］安东尼·奥格斯《规制：法律形式与经济学理论》，骆梅英译，中国人民大学出版社2008年版，第4—6页。

② ［英］安东尼·奥格斯：《规制：法律形式与经济学理论》，骆梅英译，中国人民大学出版社2008年版，第2页。

政法自身指明了发展进化的方向。如何形成一部以政府和市场合作共治的行政法成为一个新的课题。我们在此暂将之前的行政法称之为传统行政法,将需要向后发展进化而形成的行政法暂称为新行政法。

1. 传统行政法的特征与缺陷

在我国学界,学者们惯将世界范围内行政法的历史类型建构分为两种参照类型,即管理型行政法和控权型行政法,前者以德、法、日等大陆法系传统国家为代表,后者以英、美等普通法系传统国家为代表。虽说如今两大法系的融合和行政法自身的发展已使现代行政法改变了曾经的样貌,但作为行政法向后发展进化的一种历史参照,它们仍然具有一定价值。

管理型行政法乃指曾经存在于德国、日本、沙俄和苏联以及我国20世纪80年代中期以前的,受"绝对警察体制"、特别权力关系论、公定力理论深刻影响的带有强烈行政自我抑制手段性质而未充分达到保护国民权利目的的行政法及其秩序;其在规范构成上不甚重视行政程序和行政救济,而比较重视行政组织法和行政行为法;在秩序上偏重行政外部秩序,靠压制、计划、命令、审批、制裁等来建构外部秩序;在调整方法上,存在制约的单向性、全面性、强制性、法律控制性弱等几个特征。① 在我国,曾有学者将管理型行政法的特征总结如下:(1)行政法被定位为国家进行全方位管理的工具;(2)行政法的核心是行政组织、行政管理活动规则,对人民权利保护则比较疏忽;(3)国家享有涵盖经济与社会领域的广泛的管理权,却缺乏对这种管理权的制约机制;(4)为便宜行事,法律并不严格羁束行政权的拥有与行使。② 英美传统行政法是以控制权力为目标的,其行政法体系基本是由委任立法、司法审查和行政程序三部分构成。学者在系统考察了英美传统控权行政法后将其特征总结如下:(1)其宗旨与作用是为最大限度地保障个人自由与权利;(2)其最重要的内容就是独立的司法权对行政行为予以司法审查,以最大可能地限制和控制行政权;(3)为严格控制自由裁量权,行政权力的范围

---

① 参见王大敏《行政法制约激励机制研究》,中国人民公安大学出版社2010年版,第52—58页。

② 参见沈岿《平衡论:一种行政法的认知模式》,北京大学出版社1999年版,第111—112页。

受到严格限制;(4)奉行严格的法律规则主义,无法律就无行政。①通过比较两类行政法机制,会发现,它们都处于失衡状态,主要表现为:第一,制约机制的失衡,二者虽都有制约机制,但分别属于两个相反方向上单向、片面的制约机制;第二,缺乏激励机制,二者均只有单一的制约机制,而疏于建构激励机制以激励行政关系主体双方,从而造成制约与激励的失衡。②控权型行政法机制重视对行政权的制约而希求系统能够自发地生产、发展,这与市场的自发、自律形成某种程度的吻合。但是,这种机制无法激励政府积极地应对市场无法解决的诸如贫富分化、失业、资源环境恶化、垄断加剧等社会问题。管理型行政法机制则"片面强调对企业和公民的制约,忽视激励企业和公民,从资源配置角度讲,管理型行政法是一个通过权威而非市场的资源配置机制"③。换言之,在比较的视角上,英美法系控权型行政法是奉行市场机制路线的行政法机制,而大陆法系管理型行政法是奉行国家干预路线的行政法机制。随着经济、社会的大步发展,市场经济的到来为现代行政法机制的变迁提出了新的要求,即市场经济要求正确处理政府与市场的关系,强调成本效益分析,要求约束和激励机制并用,民主政治的大发展以及公共行政的改革,要求"正视市场经济与民主政治的要求,积极回应公共行政改革实践需要,正确诠释政府与市场、政府与社会的关系,通过现代行政法制约机制与激励机制的协调运作,实现行政法治、市场支柱、社会自治之间的良性互动"。④ 在我国,中共十八大提出全面深化改革,实际在某种意义上指示对政府和市场的重新定位,其内容即是行政规制改革。⑤ 由于规制领域行政法与传统行政法在研究范式、方法、路径等方面存在不少差别,所以,规制行政法也常被学者称为"新行政法"。⑥ 这种规制行政法对传统

---

① 参见沈岿《平衡论:一种行政法的认知模式》,北京大学出版社1999年版,第68—76页。
② 参见王大敏《行政法制约激励机制研究》,中国人民公安大学出版社2010年版,第59—60页。
③ 王大敏:《行政法制约激励机制研究》,中国人民公安大学出版社2010年版,第61页。
④ 同上书,第63—77页。
⑤ 刘水林、吴锐:《论"规制行政法"的范式革命》,《法律科学》2016年第3期。
⑥ 其代表作如朱迪·弗里曼《合作治理与新行政法》,毕洪海、陈标冲译,商务印书馆2010年版,等。

行政法的范式革命集中表现于价值目标、规范内容和实现范式等几个方面:"在价值目标上,从私益保护为主转向重视公益保护;在规范内容上,从防止行政权滥用为主转向重视激励、约束行政权的合理运用;在实现方式上,从事后司法救济为主转向对事前协商合作式的预防治理的重视。"① 这一切都喻示着一种从传统向现代的巨大转型,也喻示着一种激励型行政法的产生。

2. 激励型行政法的轮廓

激励是管理学上的一个常用概念,在抽象的视角上,它是将人类社会交往以经济学方法规整成交易过程去进行内在省查和外在机制建构的活动。在每类交易活动及其机制建构中,成本—收益衡量的市场化方法要求,一种富有成效的交易活动应该理性地追求和安排自身利益,而为了实现效益最大化,也就需要激励交易主体独立、自主、创新,以节减成本。为了实现这种节减成本、提高效率的目的,激励机制要求从主体、组织、内容到活动方式等方面,将激励精神融入其中,将激励机制贯穿其内。当传统规制行政将这些激励精神与激励机制融于其中,形成一种政府与市场合作共治的良好局面时,传统规制行政法的结构就发生了变化,进而形成了激励型行政法的基本轮廓。

在激励精神方面,激励型行政法强调,以自由、平等、参与、共享等理念去激励分别以政府和市场为代表的国家和社会合作共治。

在激励的动因方面,是为改变传统行政的僵硬,促进市场经济更为充分地发展。"近三十年来,许多经济学家认为管制的目的在于创造一种人为的市场力量,而不是约束自然垄断,因此,解除管制的呼声也越来越高;为了恢复美国昔日的经济发展活力、消除过度管制对经济发展的阻碍,美国从20世纪70年代开始对政府管制进行改革;美国政府管制改革的目标主要是:确保公共利益目的,放松经济性管制,引入激励性管制促进市场竞争,加强社会性管制。"② 这种管制改革对许多国家产生了影响,我国也不例外。而且这种改革的影响相当深远,它不仅影响了市

---

① 参见刘水林、吴锐《论"规制行政法"的范式革命》,《法律科学》2016年第3期。
② 廖扬丽:《政府的自我革命:中国行政审批制度改革研究》,法律出版社2006年版,第75页。

场经济的发展，也促使一系列相关法律制度发生变革，行政法也深受其影响而相应地发生了一系列演变发展。

在激励机制方面，根据相关研究的侧重不同，可将管理激励分为内容型、过程型、行为改造型和综合型四类。内容激励型是从行为过程或激励过程的起点，即人的需要出发，试图解释是什么因素引起、维持、指引行为去实现目标的；过程激励理论是从满足的需要到需要的满足之过程来探讨、分析人的行为是如何产生并导向目标并持续下去的；行为改造理论侧重于对人的行为结果进行分析，关心行为结果对激励水平的影响；综合型激励理论是将其他几类理论进行综合，以期对人的行为得出更全面的解释，给人以更有效的激励。①对行政主体的激励主要有：权力激励（纵向分权＋横向分权）、竞争激励（政区竞争＋公共部门之间的竞争＋公私竞争）、财政激励；对相对人的激励主要有：权利激励、参与激励、激励性行为模式（行政指导、行政合同等）。②这些激励机制渗透进行政法领域，从而引发了行政法从主体、组织到行为内容和行为方式的巨大变化。

二 完善国有自然资源特许使用权取得机制的基本策略

（一）从激励型规制到激励型行政法

"二战"以来行政权力的软化已成为公共行政的一个令人瞩目的现象，协商行政、民主行政是其最重要的一些亮点。这反映在行政许可之中就是对个人自治、市场机制、自律机制、事后机制的观照、倡导与引入。同时，由于国家事前干预在合理配置资源、提高公信、预防风险等方面仍然具有不可替代性，所以，诸如行政许可之类的国家规制仍需存在并成为某些事项方面不可动摇的基础。不过，放松规制，民主、参与行政的趋势已经要求国家规制做出一定退让、妥协和调整。"放松规制并非意味着外在控制的直接解除，而是向着更少干预的理念与形式转变。"③

---

① 参见王大敏《行政法制约激励机制研究》，中国人民公安大学出版社 2010 年版，第 179—183 页。

② 同上书，第 185—199、228—255 页。

③ ［英］安东尼·奥格斯：《规制：法律形式与经济学理论》，骆梅英译，中国人民大学出版社 2008 年版，第 11 页。

它激励规制机制重视和开展公私合作，倡导政府和市场合作共治。在这样的一种背景下，规制呈现为一种整体柔和化的态势：社会性规制（规制谱系中的最弱端）在诸如环境、金融服务等领域蓬勃发展；经济规制则明显放松，政府越来越青睐于以政府政策的形式在相关领域引入市场竞争或制造更多竞争可能，以此缓和规制。所以，整个规制充满激励精神，规制的传统范围不断被限缩、参与主体不断多元化、实施方式不断市场化、实施过程不断程序化等，这些无不体现了激励型规制的影响。"放松经济性管制，不论哪种形式，都是以向受管制产业引入竞争机制为目的；其主要通过竞争，提供多种新的服务，降低收费水平，使收费体系多样化，并促进技术革新等。强化社会管制的目的是确保国民健康和安全、环境保护等。为此，普遍推崇市场主体参与、适度引入竞争、程序公开的激励性管制；从管制措施来看，选择和使用激励性措施代替命令与控制性措施，尽可能在产权界定、规则标准、信息披露、征税、补贴、许可交易、违规罚款和刑事起诉等管制措施上采用可选择的激励性措施，增加管制灵活性，增强经济活力。"[①] 显然，放松经济性规制和增强社会性规制为政府规制塑造出了一种激励型规制新形象。不仅如此，激励型规制通过强化规制系谱的弱端而弱化了其强端，这就使行政许可的结构也受到很大冲击和影响，要求行政许可引入市场机制，鼓励多元主体、多元方式参与其中——这也导致了行政法从传统型走向激励型。而且由于即便国家规制的事项范围一让再让，但在一些特殊领域，规制已无法再让而成为一种必然、必要的基础存在，所以激励型行政法所关注、倡导的恰是程序，即通过程序将激励精神、激励要求、激励方式贯穿始终。在公民共和理论看来，公共选择理论、新多元主义理论以及公共利益理论对管制的解释都或多或少地存在问题，在公民共和的微观图景之中，"行政决定至少潜在地体现了国家对相互冲突的管制价值——例如高速公路安全与行驶者的便利之间——如何得以平衡的判断。依照这

---

① 廖扬丽：《政府的自我革命：中国行政审批制度改革研究》，法律出版社2006年版，第77页。

种观点，管制为集体商议管制的手段和结果提供了机会"①。这样，规制就被顺带纳入行政过程予以理解，对规制的治理也可因此而被理解为一种行政程序的治理。而在这种治理之中，激励机制受到重视，并被大量引入。行政许可规制的激励性格在许可目标的保持、许可事项范围的收缩、实施程序的规范化、实施方式的市场化等诸多方面均有体现，也就是说，行政许可的诸多方面也应受激励指导进行相应完善。进而言之，在公共治理的方案选择上，"更远一点的目标则是使我们能在以下几种方案中作出更好的选择：对公认不完美的市场放任自由；用非市场机制取代市场机制；以及涉及一种市场机制和非市场机制的组合——这将被证明比前两者中的任何一个的不完美要更少一些"②。适应于规制变革的行政法需要考虑和引入完善的激励机制，并由此将其自身体现为一种激励型行政法及其机制形式。

（二）国有自然资源特许中的激励机制引入与完善

激励作为政府管制的一种替代机制，它并未抛弃控制机制，而是从更深层次去激发主体以更有效率的方式去完成交易。或者说，激励机制的伦理哲学乃立足于人性善，控制机制则立足于人性恶。政府规制的伦理哲学基础也同样是"人性恶"。公共治理的政府与市场合作共治，显然是看到人性善恶兼具的两面性可能，而希图更多地激励主体理性、自主、积极地创造条件提升交易效率。行政许可作为政府规制的传统手段，要在其中引入市场化激励机制，实际上就是寻找和建构政府规制的替代机制。有学者对行政许可进行总结分析后指出，结合域外经验来看，行政许可的替代机制大体可概括为如下三大方面：其一是反垄断法的大量运用。反垄断是一种事后机制，它既可以保障市场竞争，又防范垄断导致竞争妨害；其二是归责原则的改变，在过错原则之外，发展出危险责任原则，以此实现从许可控制向责任控制的变迁；其三是信息披露，即建立政府与规制对象的信息强制披露机制，以消弭信息不对称带来的交易

---

① ［美］史蒂文·克罗利：《管制理论：纳入行政过程》，载彼得·H. 舒克编著《行政法基础》，王诚等译，法律出版社2009年版，第20页。

② ［美］查尔斯·沃尔夫：《行政过程》，载彼得·H. 舒克编著《行政法基础》，王诚等译，法律出版社2009年版，第13页。

风险,从而间接弱化了许可规制的需求合理性,实现规制替代的目的;除此之外,市场机制、行业自律等,也可以替代许可规制。① 在这三种类型中,前两种都很难说是对市场机制的引入,也不太容易解说它们就是一种激励方式,因为它们只是改造了许可的事前控制性格,将控制后移,从而既保证市场竞争又体现控制。反倒是信息披露、行业自律、合作治理则显是引入了市场化的竞争与激励机制。虽然在保证市场竞争的效果上这三类替代机制之间并无不同,但本书在此所要讨论者只是信息披露、行业自律、合作等市场化竞争、激励等机制在国有自然资源特许使用权取得制度中的引入及完善。

1. 特许使用之国有自然资源类型范围的确定

许可本身也是有成本的,所以在许可事项范围上也要考虑社会、市场的作用,在社会自治、市场调节和行业自律可以达到资源配置效率目的时,政府规制干预就应淡出。这是规制有限理念的基本要求,这一理念在国有自然资源特许使用权取得上除了具有普遍指导意义外,同时也暗含的一个要求即是对国有自然资源范围的确定,也暗含对自然资源类型的确定,否则哪些自然资源上能够配置财产性权利,哪些不能就难以解释清楚。从各国将自然资源规定为国家所有的目的来看,通常基于经济安全、资源安全、社会发展、人类生存需要等公共利益目的。所以,这自然须以公共利益需要作为将自然资源纳入国家所有的一个主要标准。但是,对诸如生存用自然资源、生态用自然资源以及公共用自然资源,它们符合公共利益自不必多言,然而由于这些自然资源使用类型通常不具有财产性质,也就不可能也不需要以许可方式进行权利配置,市场化方式也不可能介入其中,国家在此的目的只是通过立法去为这些类型的自然资源使用权提供保障,并不进行积极干预。而为经济目的使用自然资源的权利通常被视为财产权,其权利配置经常由于与公共利益相关,同时它又是主体对自然资源的经济性使用,所以通常需要许可配置,也就可于行政许可之中考虑市场化竞争与激励机制的引入。

2. 国有自然资源使用特许的实施方式方面

《行政许可法》第 53 条规定:"涉及有限自然资源开发利用、公共资

---

① 参见周汉华《行政许可法:观念创新与实践挑战》,《法学研究》2005 年第 2 期。

源配置以及直接关系公共利益的特定行业的市场准入等，需要赋予特定权利的许可事项，行政机关应当通过招标、拍卖等公平竞争的方式作出决定。除法律、行政法规另有规定的，依照其规定。"也就是说，国有自然资源使用特许的实施方式比较单一，甚至是唯一的。因为"所谓除法律、行政法规另有规定的，依照其规定"实际上不过是一转借条款，具体能否适用其他实施方式还要看其他法律有无规定其他方式，这是相当不确定的。而且，特许实施方式的单一还可能造成两大主要问题：其一，招标与拍卖实际上都是以金钱作为主要标准，财力雄厚的人自然会享有更多便利，从而可以占有更多资源，资源配置领域的不公大多也是由此而起。源自《人民日报》的一篇报道指出，改革开放之初，我国的收入差距基尼系数为0.3左右，而到2014年则接近0.5，世界主要发达国家一般只在0.24—0.36；30多年的改革历程中，最初官倒，相当一部分官家子弟在由计划经济向市场经济的转型中倒买倒卖先行暴富，接下来的国企改革无以数计的国有资产流失又造就了一批一夜暴富者，那些掌握着土地、矿产等各种资源者纷纷出租权力，许多人又赚得盆满钵溢。以贫富差距不断拉大为鲜明特征的这一系列的改革，似乎已经证明了"一部分人先富，先富带后富"改革政策的失败。[①] 一些人也从暂时贫穷变成跨代贫穷。虽说贫富差距的拉大在许可式资源配置下也可能无法避免，但许可配置的产生却正是为了保障公平，这与市场配置只重效率而可能忽视公平有着质的区别。当然，这不构成对资源市场机制配置的完全否定，紧要的问题是如何找到政府与市场合作进行资源配置的合理机制；其二，在资源特许配置中引入市场机制还只是一种探索方法，目前世界大多数国家还处于探索期，除美国步伐较大外，欧洲国家比较谨慎。而且市场化只是自然资源特许权配置的方法之一，而非唯一方法。这里的关键问题其实不是否定招标、拍卖方式，而是要进一步健全招标、拍卖的程序；同时，在引入市场化方法之时，还应建立相关配套机制，如信息披露机制、对自然资源所在地原住民的补偿，以及对在资源配置中处于弱势的群体进行补偿等。

招标、拍卖等市场化方式的引入，其实就是对主体的激励，具体而

---

① 冯华：《一些贫穷者从暂时贫穷走向跨代贫穷》，载《人民日报》2016年5月28日。

言是对相对人以赋予权利的方式进行的激励,符合条件者,坚持有偿使用原则,并由报价最高者取得权利。不仅如此,这种方式还扩大了参与主体的范围,在没有竞拍成功之前,每一位参与者都有权获得国家给予的权利激励,并以竞争激励引导资源权利的最佳配置。这就要求,招标、拍卖的程序必须公开、完备,包括行政许可的条件、审议、决定的公开和申请人的资格、技术能力、环境保护履行等综合情况的公开等。然而,我国《行政许可法》对这些问题显然没有做出更为明确、完备的回应,这则可能导致实践混乱。[①] 比如,招标采取价高者得,但实质上出高价者可能并不一定具有新技术,也并不一定注意并做到降低能耗,提升环保效率;拍卖或要更复杂一些,但拍卖也主要考虑价格因素。然而,其实如招标一样,拍卖除了要考虑价格之外,也需要综合诸如技术革新、能耗指数、环保贡献等其他因素来确定取得人,在自然资源特许配置上更应如此。这主要是因为自然资源配置上所应考虑的公益目标太过明显、重大。

信息披露机制的建立完善。市场机制要求信息对称,充分的信息以及便利的信息获取方式不仅可以保证交易安全,更可以减低市场交易成本。行政规制的产生原因之一就是市场缺陷所致的信息不对称。但信息不对称只是市场失灵的一个表现或者原因,它不足以导致对市场机制本身的绝对否定。完全可以通过建立强制信息披露的配套机制来弥补这方面的不足,让市场在资源配置中能够更好地发挥作用。其实,建立信息披露的原因除为应对市场失灵之外,也是因为自然资源特许使用权的配置与行使涉及生态环境公共利益。市场机制诱导下的自然资源权利配置与行使机制往往更重视经济利益、个人利益,而忽视生态环境公共利益,而且生态环境利益也经常无法或者很难通过市场方法去保护和补足。即便如今广为关注的环境修复机制也对此无能为力,虽说修复作为一种后行机制在恢复、保护生态环境方面的功能不容否定,但自然资源环境是历经千百乃至上万年累积形成的稳定系统,对此系统的损害、破坏很容易,但对它的恢复则经常事倍功半,甚至劳而无功。因此,如何在许可

---

① 参见任海青、王太高《论我国行政特许制度的立法完善》,《南京社会科学》2012年第11期。

使用自然资源之时就努力做好生态环境破坏的预防工作就至关重要。由于我们无法彻底放弃使用自然资源，所以只能退而求其次，考虑在主体的准入资格等方面设置条件，认真选择那些有能力、负责任的主体，这就必然需要将这些主体的具体情况予以公开披露。不过，从目前我国相关立法来看，信息披露机制的建立健全还有较长的路要走，虽说政府信息公开、企业信息公开已经有了一些立法和经验，但我们应该看到其间阻力还是比较大的，国家的政府信息公开通常动力不足，对公民的信息获取权保护也并不充分，企业环境信息披露则因为保障不足而经常流于形式。比如2010年《环境保护公共事业单位信息公开实施办法（试行）》第10条第2款规定，"公民、法人或者其他组织向环境保护公共事业单位申请获取信息的形式以及环境保护公共事业单位受理、办理和答复申请人的工作程序、时限等参照《政府信息公开条例》相关规定"。但《政府信息公开条例》本身存在太多不足，那么又能怎样参照一个饱受批评的法律规范去公开环保公共事业单位信息。再如2003年《关于企业环境信息公开的公告》区分了强制公开的信息和自愿公开的信息，但其实那些自愿公开的信息中有不少可能对资源配置机制的完善都有较大价值，如"企业污染物的排放强度、企业的耗能情况，以及企业排放对气候等方面的潜在影响等等"，这些信息里有不少都是值得关注的信息，如果将这些信息以及公布等纳入资源配置之中予以考量，就应该对那些对环境影响大、不愿配合信息公布的企业设置一些准入限制，这样自然资源配置的公益保障似乎更能有效。然而现行相关立法则将不少信息都归入自愿披露范围，一旦企业不愿公布则外界可能无法知晓这些信息，更何况不少信息都可能会对企业产生负面影响，那么企业的信息披露则更无动力，所谓信息披露也就经常会流于形式了。

另外，在招标、拍卖实施方式之外，还应建立配套的补偿机制，以尽量消弭资源配置所引发的不公平。尽管这种不公平在任何时候都可能无法根除，但我们仍然可以采取诸如税收倾斜、财政补贴以及直接补偿等多元方法来尽量弥补。

3. 行政许可的程序方面

行政许可涉及私人利益和公共利益的平衡问题。然而，个人自由与公共利益的平衡不是静态的过程，而是需要利益各方积极参与其中并通过辩论的方式去实现的动态程序过程。① 为此,《行政许可法》第 19 条规定,立法拟设许可的,"起草单位应采取听证会、论证会等形式听取意见,并向制定机关说明设定该行政许可的必要性、对经济和社会可能产生的影响以及听取和采纳意见的情况"。第 20 条则进一步规定了包括设定机关自我评价、实施机关评价、建议,以及公民批评建议的非正式性反思判别机制。针对许可的具体实施问题,第四章关于行政许可的实施程序部分专门设定了听证程序。听证程序的设立,是许可规制引入市场机制、激励机制的一个典范。市场交易的安全和公平端赖信息,而市场交易的信息多来自交流,程序是一种交流的装置,在这一装置之中,交易双方可以展开信息交流,并以信息交流为基础而形成决定、完成一个交易。所以,一定意义上讲,这种程序本身就是对交易双方的一种激励,因为程序本身不仅节约了成本,还直接影响公平,理性的交易主体通过这种程序装置不仅实现了自我人格的独立、自主,也保障着自我利益的公平配给。按照规制经济学的理解,国有自然资源特许使用权配置中,申请方和行政机关正是在这样的程序中展开交易以完成资源配置的活动过程。当然,由于国有自然资源特许使用权配置的公共利益涉及面广、程度深,所以参与听证程序的主体也不应仅限于申请人和行政机关,所有有利害关系者都享有参与资格,但出于参与成本考虑,现实中更多的是采取代理机制来实现各方信息与利益的交流,并在这样的交流与交易过程中最大限度地平衡个体利益和公共利益。

  不过,从行政法中听证制度的立法和实施现实来看,听证机制需要完善的地方还有很多,如代表的遴选、代表的权利、意见交流以及意见效力等方面尚需继续完善。唯此,才能真正体现与实现国有自然资源特许使用权配置中国家与社会、政府与市场、私益与公益的共同协作和平衡。为此,建立健全国有自然资源特许使用权取得中的公众参与机制也就尤为必要。公众参与近年来已逐渐深入人心,其适用领域也有泛化倾向。它之所以备受关注,主要因其内在机理契合了人们参与公共治理的愿望,体现了对公民主体人格的充分尊重。在技术原理上,公众参与公共治理,监督和制约权力是其主要的技术支撑。通过公众参与不仅实现

---

① 陈端洪:《行政许可与个人自由》,《法学研究》2004 年第 5 期。

了保护权利的目的，也产生了预防纠纷的效果。公众参与公共治理，监督、影响着决策，使不少行政决策者更加审慎，这会促使行政（公共）决策更加民主、科学、合理。① 在逻辑上，决策的合理则又会减少纠纷发生，由此也产生了权利预防性保护———一种前移了的保护，它自然又会减少对诉讼的利用，从而减轻司法的压力。最要紧的是，公众参与契合了自然资源使用权保护的公益"辐射"私益之私益与公益互动需要。首先，目的上，公众参与不再是纯粹的私益取向，反倒更多地指向了公共利益。自然资源使用权的"合理使用"义务源于非合理使用造成资源环境破坏所引致的人类公共利益威胁。所以，某类自然资源使用权能否配给给私人使用、配给何主体使用以及应以何种方式使用等都事关公共利益，政府决策不得不仔细考虑这些问题，并做出合理决策，一旦决策失当，要么损人利己，要么损人不利己，由此可见，此间公共利益保护的重要性。但是，分散的个体经常具有自利倾向，所以它们不太关注公共利益，在一般情况下也没有保护和实现公共利益的能力，以致"分散、数量众多的个体即使在保护自身权利的战场上也往往显得不堪一击……个体利益的组织化、民主化为此类问题的解决提供了道路"② 。公众参与则是这样一条道路的表现形式。在参与过程中，多元化的利益进行交涉并寻找共识，公共利益毋宁是一种价值共识，所以公众参与实现了个体利益与公共利益的良性互动。组织化的个体利益一旦广泛、充分参与到公共行政的协商、谈判、征求意见等过程之中就能有效影响政策、决策的制定。在杜绝"管制俘获"现象的情况下，私益和公益在公众参与过程中均能收获帕累托最优效果。其次，自然资源使用权相关立法与实践经验观察表明，自然资源使用权保护中的公众参与存在一定法律依据和现实需求。《行政许可法》第 12 条关于自然资源使用许可的规定虽未直接涉及公众参与问题，但对那些事关重大利益变动的许可事项，行政机关做出许可决定时应当听证。虽说听证不能直接等同于公众参与，但无

---

① 参见黄学贤、齐建东《试论公民参与权的法律保障》，《甘肃政法学院学报》2009 年第 5 期。

② 王锡锌：《利益组织化、公众参与和个体权利的保障》，载中国法学会行政法研究会编《财产权与行政法保护——中国法学会行政法学研究会 2007 年年会论文集》，武汉大学出版社 2008 年版，第 466 页。

论是从听证的参与人员、参与方式，还是参与效果来看，听证就是一种公众参与形式。在现实需要上，由于各自然资源管理法基本均确立了使用禁限制度，而该制度在维护公共利益的同时，也可能损害个体权利，所以在做出有关是否违背禁限制度的行政处理决定等场合，公众参与再次为私益与公益的良性互动"救场"。

"民主既是一种宏观的政治结构，也是一种微观的治理实践。在微观层面上，公众参与是实践民主的重要形式。这种以公众参与机制为核心的参与式民主，既可以使宏观意义上的民主具有持续性和活力，也可以使微观治理更体现民主性和理性。公众参与和参与式民主的有效性，有赖于'公众充权'以及相应的基础性制度、程序性制度和支持性制度的落实，而这些也正是我国公共行政改革和行政法治建设所面临的核心问题。"① 为此，必须考虑公众参与的事项范围、参与方式、参与时间、参与程序、参与程度、参与效果、参与保障等综合机制。具体到国有自然资源特许使用权的保护上，在项目规划、审批、实施的行政阶段，应该强调一定影响范围内的公民与具体个案当事人的充分参与。而且在参与代表的遴选上也应注意不同群体意见与利益的充分代表性，允许参与主体公平、公正、公开交流，不同意见应该被充分听取和备案，决定应该充分考虑、依据参与主体意见，以多数决原则做出。故此，应建立完备的参与程序机制和参与保障机制，使公众的表达权、知情权、参与权、监督权等得到充分落实，从而也使这种公众参与成为"个别化、程序化、有序化的'生活政治'，而非'革命政治'"②。

4. 行政许可监督方面

行政许可监督改变了传统行政重许可轻监督的局面。《行政许可法》对许可监督也做出了较为明确的规定。本质上讲，监督是行政许可程序的后续组成部分，监督除了是对许可机关权力及其事项范围的一种审视机制外，也是对相对人和其他社会主体的一种激励机制，激励多元主体参与自然资源配置等公共治理活动。从整体上看，行政许可监督包括许

---

① 王锡锌：《公众参与：参与式民主的理论想象及制度实践》，《政治与法律》2008 年第 6 期。

② 同上。

可准入监督和许可后续监督两大部分，这两大部分在其运行背景、模式、方式等方面存在一些差别，所以应该有针对性地予以分别完善。至于这种监督是否与市场机制之间存在勾连，应该辩证地看待。对许可机关而言，这种监督是一种权力，监督过程是监督权运作的过程，它与市场机制似乎并未形成关联。但是，从相对人以及其他社会主体这一方看来，这种监督显然也是引入了市场化机制。市场机制的核心是自由竞争，而竞争的前提是参与主体多元化，只有多个主体参与其中，才能形成竞争的前提。同时，多元主体的充分参与也体现了对主体价值的肯定与张扬，是对主体参与资源配置的一种利益引导和激励方式。除此之外，监督机制的市场化机制、激励机制之引入也可以考虑代理竞争制度。

从自然资源相关立法和实践看，自然资源行政管理部门是国家代理人，代理国家进行自然资源使用权配置等自然资源管理活动。在这种资源管理过程中，这些代理人的滥权、消极怠权都有可能引发权利纠纷，进而危害私人利益和公共利益。权力和职责总是相伴生的，滥用权利和怠于履行职责同样具有危害性。为此的机制设计，除了引入由外施加监督与保障的公众参与外，还需同时调动行政机关的自律、能动，自然资源产权代理竞争机制正是将市场化机制引入行政管理以激励行政机关自律、能动，从而达到私益与公益的良性互动实现。

自然资源产权代理竞争机制，本质即为政府间竞争机制。其基本思路是将生态环境指标作为自然资源产权代理绩效考核的一个重要因素，这自然意味着将生态环境保护纳入自然资源行政管理部门，甚至纳入各级政府"政绩"考核指标体系，通过绿色 GDP 核算并转换为政府考核的量化指标，借此评估自然资源产权代理人生态、资源环境保护绩效。① 在具体机制设计上，首先，委托生态环境监测机构按照日、月、年时序，监测和统计生态环境数据，然后将之与自然资源主管部门的自然资源开发使用综合数据进行纵向比对，得出一个比值，再以此比值为标准进行政府间的横向比较。这种做法在目前环境监测常态化情况下具有一定的可操作性，但由于监测、数据统计和数据分析比较复杂，而且不同地区之间存在不同情况，所以这种机制只能是一种比较优势，或者说概率比

---

① 廖卫东：《我国自然资源产权制度安排的缺陷与优化》，《理论月刊》2003 年第 2 期。

较方法,① 不过,它应能在整体上说明一些问题。这种机制运作的效果就是比较产生竞争,促使自然资源管理、代理行政机关,以及各级政府充分认识自然资源的多元价值,积极探索、构建和维护合理科学的自然资源权利秩序机制,从而最终实现公共利益和私人利益的统筹兼顾实现。

---

① 在监测方法上值得注意的问题也有不少,政府部门为了逃避环境责任或者公共舆论压力,极有可能想方设法逃避监测。如《南方周末》曾有篇评论文章指出,政府或许可以通过采购所谓的"治霾神器"——"雾跑车"去改变监测点数据,从而达到逃避监测的目的。参见朱迅垚《警惕"霾"的过度政治化》,《南方周末》2016 年 12 月 21 日。

第四章

国有自然资源特许使用权的行使

权利的行使通常是指权利主体围绕一定客体,以一定行为方式实现权利内容的过程与状态。它体现了权利从取得到处分、消灭的完整生命周期。作为一种公法物权,国有自然资源特许使用权有别于民法物权,它是个比较特殊的事物,它的设定和运行必须体现私益—公益平衡、效率—公平衡、物权化—社会化平衡等特殊性。这些特殊性延伸到国有自然资源特许使用权的行使之中,也使其在主体、客体、方式和内容等方面均具有了特殊性,从而将其公法物权之基本属性予以整体体现与实现。

第一节 国有自然资源特许使用权的行使主体

法学上主体的提炼应归功于哲学,主体哲学观的演进具有明显的阶段性。从古希腊到中世纪,由于人被自然支配,作为人之独立标志的人的理性无法独立,主体基本等同于自然实体。[①] 自苏格拉底开启了人类理性作为神圣秩序参与者角色转向后很长一段时间,世界的基础仍是实体,中世纪上帝则主宰了一切。人文主义、启蒙运动鼓励人们进行自我思考,追求平等,个体独立自主意识的"暴动"让人的"主体"形象呼之欲出。笛卡儿的"我思"观念虽将"我思"建立于"自我实体"并最终归于上帝,但这却为近代哲学开辟了一条道路。随着天赋观念独断论被英国经

---

① 彭诚信:《主体性与私权制度研究——以财产、契约的历史考察为基础》,中国人民大学出版社2005年版,第107页。

验主义击溃，心灵的天赋能力理念被树立，自我意识诞生，并取代了实体观念，主体就成为世界和一切规范的基础，是意义的本原，从作为世界秩序的颁布者视角论，主体是一种设定秩序的能力，更简洁地说，主体就是一种绝对主动性的超出自身进行规范的能力。① 这种能力就是人格——经由法律转化而谓之权利能力，它指明了人之成为主体的资格。"但人的主体形态多种多样，大体上包括个体、集体、国家和社会，由于主体多样，他们的意志多元，利益冲突以致有权利产生。"② 作为一种行使权利、履行义务的资格，权利能力人人生而平等。但这不意味着不同主体的权利、义务的等同。权利、义务的实际享有和履行还取决于主体的行为能力。同时，对主体而言，其行使权利的基本条件还须具备一定的意志能力，只有意志健全的主体才能够参与权利制度的创设、运用与实施，这也正是行为能力制度的目的所在。③

国有自然资源特许使用权的公法物权属性说明了它的特殊性，相较民法物权或者传统权利，这种特殊性集中体现在立基于公益目的的权利限制上。为了在权利行使的整个过程中实现这种公益目的，它首先为主体配置了一种特殊的构造，以使它能将公益与私益、公平与效率、物权与其社会义务统筹兼顾。这种特殊的主体构造就是"意志"主体上的"国家 + 公民"和"权能"主体上的"国家 + 公民"之双层二元主体构造。

一 公共秩序视角下国有自然资源特许使用权主体的认知

（一）作为一种公共秩序的国有自然资源特许使用权秩序

尽管学界对于何为公共秩序基于不同视角而众说纷纭，但一种综合性的观点认为，"公共秩序是指，建立在公共权力和公民权利结构关系动态平衡基础上的、以公共利益实现为价值依归的、公共生活的稳定和有

---

① 周清林：《主体性的缺失与重构——权利能力研究》，法律出版社2009年版，第71—73页。
② 邱本：《经济法的权利本位论》，中国社会科学出版社2013年版，第43页。
③ 彭诚信：《主体性与私权制度研究——以财产、契约的历史考察为基础》，中国人民大学出版社2005年版，第111页。

序状态"①。它由公共权力、公民权利、公共利益和规范准则四要素组成。其中公共权力和公民权利属于结构性要素，公共利益为价值性要素，行为规范准则为特征性要素。在历史演变上，公共秩序有整体主义/国家中心主义范式和个体主义/公民主义范式。不过，由于整体主义基于人性怀疑而以国家为中心建构公共秩序的策略经常忽略甚至牺牲其他价值而被现代国家置换为崇尚自由和宪政的公民中心主义。但是国家的作用并未被完全否定，它甚至仍是公共秩序建构的主导力量，只是提倡引入社会力量而对国家权力进行监督，以求改变国家中心主义公共秩序建构中过分依赖封闭性、排他性强制力的状况，并以此增强公权力的合法性、完善公共秩序。由此不难看出，公共秩序的基本结构是在由"公共权力"和"公民权利"② 共同围绕公共利益的双向限定，并经由二者的动态平衡、功能互补之后形成的规则系统。

以此作为参照，我们就会发现，自然资源权利领域的现实情况值得反思，"政府、市场与个人三方主体在资源配置中的各自活动边界并不清晰，公权力既不时地介入市场活动与个人生活，而市场与个人在诸多方面又不时地渴望公权力的调控魔力"；"恰因这样一个复杂多样的经济与社会实践形态，使得诉诸'权利'的思想保持着双重期待：一方面，'权利'被视作是免于公权与特权侵蚀的庇护所，由此期待'权利'发挥限制与控制权力的作用；另一方面，'权利'又被看作是呼吁公权力促进社会福祉的助推器，由此期待'权利'发挥敦促与激励权力积极作为的作用"③。权利的冲突，以及权利与权力的冲突磨合，根源于资源稀缺和资源分配，表现为权利与权利冲突，以及权利与权力冲突、磨合所引致的权利结构变迁，而这恰意味着公共秩序的混乱甚或阙如。

国有自然资源特许使用权是以特定主体、客体和内容为基本要素而形成的一种秩序系统，是公共秩序的一个子系统。"现代人都被卷入了一

---

① 孙宏伟：《公共秩序的结构分析》，《新疆社会科学》2013 年第 5 期。
② 尽管公共秩序视角下的公民权利与自然资源使用权之类的公法权利不可直接划等，但在公民权利的划分上，法律权利是其中之一。而且法律权利、政治权利和社会权利三者经常互为实现和保障之目的与手段。
③ 张曦：《"权利泛化"与权利辩护》，《华东政法大学学报》2016 年第 3 期。

种公共生活,即社会生活和国家生活,不仅个体之间,个体与国家之间也相互依存。"① 因此,在本质上,权利就成为一种表征权利主体在社会共同体的公共空间内,针对他人、社会或者国家,表达抗争和论辩性的符号;在本体论的视角,这种符号既非独立于权利主体而存在的事物,也非独立于社会共同体而存在的事物,它表达了一定形态社会共同体内部之主体关系规整的秩序状态或者结果。② 可以说,一种法律权利意味一定秩序。这种秩序是以主体权利义务的配给为内容,以行为的法律控制为手段所形成的秩序模态,当主观权利与客观法达成一致匹配时,一种客观的秩序即告产生。这种客观秩序也属于公共秩序。虽然在内部视角上,任何具体的法律关系只意味着特定主体之间的秩序建构,但在外部视角上,法律的公开、公平和体系化性格能将法律关系进行模式处理之后形成一种普遍秩序。国有自然资源特许使用权法律机制之所以能被视为一种公共秩序,与此一理。国有自然资源特许使用权不同于私法权利之处在于,它直接、明显地强调公益和私益兼顾,但公益价值明显优位;它也呈现为一种公共权力和公民权利的双重结构,以致不少学者认为这种国有自然资源特许使用权更像是一种社会权力。然而,社会权力本质上是公民权利异化的一种表现,它更易失去公共性,它的存在意味着资源占有和分配的不均,它未必代表公共利益,它非但无以平衡公共权力与公民权利,反而为公共权力平衡配置社会权力制造了新的难题。③ 就如我们无法否认,自"郭美美事件"后,在以"社会权利"或"民生"名义下进行资源再分配之诸多领域,都程度不一地存在权利泛化、冲突等乌龙效应。④

国有自然资源特许使用权及其法律机制之所以是或者需要形成一种公共权力和公民权利的双重结构,并被纳入公法物权视野来考虑,在上述分析之外,也因需要在国有自然资源特许使用权利机制中融合公益与私益、公平与效率以实现使用与合理使用的悖论统一。这样才能真正将

---

① 汪太贤:《权利泛化与现代人的权利生存》,《法学研究》2014年第1期。
② 张曦:《"权利泛化"与权利辩护》,《华东政法大学学报》2016年第3期。
③ 孙宏伟:《公共秩序的结构分析》,《新疆社会科学》2013年第5期。
④ 陈林林:《反思中国法治进程中的权利泛化》,《法学研究》2014年第1期。

资源、环境利用和保护的双重目的在一种公共秩序视角，借助公共权力和公民权利的整合予以实现。这也进一步印证了这样一种观念：权利与权利，以及权利与权力的冲突与磨合本质上意味着权利结构的变化，权利结构之变化或可引起权利质变，权利质变则可进一步影响权利的功能；可以通过权利结构的设计而实现权利制度的预期功能。①这一切归根结底，都意味着国有自然资源特许使用权之公共秩序的裂变与复归。

（二）权利与权力双重作用下的国有自然资源特许使用权主体构造

权利的释义向来复杂多样，如利益、自由、权力、正义、资格；② 或者权益、许可、许可与保障、能力或资格、可能性、权能或利益、法律手段、手段。权利的要素包括利益、行为自由、意志，所以权利是人们为满足一定需要，获得一定利益而采行一定行为的资格与可能。尽管形式上看来，权利的理解确难得统一，但我们仍可通过共识规约而认为，权利是个人、法人、其他组织，甚至国家选择这样行为或不为这样行为，或要求他人为或不为这样行为的自由。③ 也就是说，权利是主体自由意志的行为表达。意思是行为的本质，行为则是意思的外部表现。若按黑格尔的定义，自由意志的定在就是法，而在意志发展的环节认识论中，意志也可理解为自由的具体概念。④

传统观念认为，权利与公民社会相对应，权力则与政治国家相对应，前者属于私法范畴，后者属于公法范畴。我国学者一般将权力理解为公权，⑤ 是为国家的权力。但在国家权力之外还对应存在社会权力。⑥ 韦伯认为，权力是一定社会关系中某行动者处于尽管有反抗，但仍要贯彻他的意志的地位上之概率；陶奈则认为，权力可被定义为某个人或某群人按照他所愿意的方式去改变其他人或全体行为，以及防止他自己的行为

---

① 陈醇：《权利的结构：以商法为例》，《法学研究》2010年第4期。
② 张树义：《关于社会权利结构的思考》，《研究生法学》1999年第4期。
③ 沈宗灵主编：《法理学》，北京大学出版社2009年版，第62—63页。
④ 公丕祥：《权利现象的逻辑》，山东人民出版社2002年版，第63—66页。
⑤ 张恒山：《义务先定论》，山东人民出版社1999年版，第89页。
⑥ 郭道晖：《权力的多元化与社会化》，《法学研究》2001年第1期。

按照他所不愿意的方式被改变的能力。① 在不同的学科、视角下观察权力，几乎各有不同。所以，给定权力的定义确实很难。不过，如今比较一致的认识是，国家之外的其他主体也可能成为权力的享有者和行使者；那种将权力与公权力、国家权力、公共权力等同，并认为公权力对应着私权利的观念是值得质疑的。在文化的视野中，权力不仅有公权力，还有私权力（权力异化的结果，或社会组织中诸如校长对学生的权力等）；不仅有国家权力，还有人民权力（大致等同于人民主权、民主，也可用它指称社会权力）和党政权力——此即"新三权"权力结构；权力概念的基本要素主要包括：权力建立于一个行为主体与另一个行为主体之间所形成的社会关系基础上；权力以一定的强制力为后盾；权力的实质是一种支配性能力；作为权力后盾的强制力必须是合法的。②

综上看来，首先，权力与权利具有一致性。"民主"指明了权力来源于权利，也说明了它们二者之间的一致性。即便以分立的视角将权力与权利视为相互对立的一组事物，并以权力标示社会公共利益，以权利标示个人正当利益，也应看到二者的内在一致性。社会公共利益是制度化的普遍正当利益，它虽不是个人利益的简单相加，但若排除个人正当利益中"具体个人的善"，在很大程度上与社会公共利益并无二致。③ 其次，若不偏颇地将权力仅理解为公权力、国家权力，则社会也应该并且能够成为权力的主体，这已经成为一种逐渐普及的观念。不过由于社会是一个"空虚"的概念，公民的"社会填充"将公民塑造成了资源环境保护、管理的另一个权力主体。传统的观念认为，资源环境管理是国家的一项职能。④ 但相对地理解，它也是国家的一项权利，不过它并不专属于国家，联合国环境规划署指出，无论个人还是个人的代表，凡是执行决定的人员，以对环境负责的方法从事行为，就是在行使环境管理；它本质

---

① Max Weber, "The Theory of Social and Economic Organization", New York: Oxford University Press, 1947, p.152; R. H. Tawney, "Equality", London: Allen and Unwin, 1931, p.229. 转引自[美]彼得·M. 布劳《社会生活中的交换与权力》，李国武译，商务印书馆2011年版，第188页。
② 喻中：《法律文化视野中的权力》，山东人民出版社2004年版，第40—53页。
③ 同上书，第186—187页。
④ 金瑞林主编：《环境法学》，北京大学出版社2007年版，第62页。

上要求人类发展的一切过程必须重视资源与环境的健康，考虑经济、社会、环境效益的协调，这种环境管理权主体不仅包括国家，也包括国际社会、个人和组织等；国家环境管理权与国家之外主体（社会）管理权现在已基本融合一体了。① 再次，权力和权利的现代结合是为了平衡兼顾公共权力的约束和公民权利限制。国有自然资源特许使用权及其机制不仅要赋予公民资源使用权，并要以此形成对国家公共权力的制衡，实现资源效率价值，还要对公民的使用权予以适当限制，以此形成对国家公共权力的尊重，实现资源公平价值。这就使国有自然资源特许权及其机制具有了权力和权利的双重结构，以实现自然资源利用和保护的双重目的。这样，也使作为社会个体利益法律存在形式的权利和作为社会公共利益法律存在形式的权力以冲突和平衡的形式结为一体，许可（特许使用权）本身即是其产物之一。② 最后，特许是"直接为相对人设定权利能力、行为能力、特定权利的行为，又称设权行为"③。国有自然资源特许使用权的双重结构和双重目的，以及权力（利）是为"意志"和"权能"之双重要素所构造，即已暗喻了国有自然资源特许使用权在主体、客体、内容等方面具有了诸多特殊性格。国有自然资源特许使用权主体自应包含"意志"和"权能"两个基本要素配给。"意志"表达了自由的内涵与价值，"权能"则表达了权利的功能与形态。作为一种权利类型，国有自然资源特许使用权也必然是由"意志"和"权能"所构造而成。但在这种权利普遍结构的基础，国有自然资源特许使用权及其构造又有其特殊性——权利的主体、内容与价值功能上所负载的公共利益要求、社会义务更多、更别致，程度也更为浓厚。

上述分析表明：其一，权利和权力经常是互构共生的。权利需要权力保障，权力需要权利认同和支持；权利与权力都具有相对性，当权利超限"自由"时，权力会以设定义务的形式去限制权利，当权力过分自由时，权利要么监督它，要么彻底改造它；其二，权利和权力在内部构造上都包含了意志和权能两个层面的要素。相较普通权利，自然资源权

---

① 吕忠梅：《环境法学》，法律出版社2004年版，第134—135页。
② 参见罗文燕《行政许可制度研究》，中国人民公安大学出版社2003年版，第1—40页。
③ 陈海萍主编：《行政许可法新论》，中国政法大学出版社2007年版，第42页。

利将这两点体现得更为明显、强烈,以致国有自然资源特许使用权在"意志"与"权能"层面均形成"国家+公民"的结构。从而也使国有自然资源特许使用权的权利构造相较传统财产权更为特殊。在传统财产使用权观念上,对财产的使用要么是所有人自己占有、自己使用,要么可以将使用权分离出去而让他人暂时占有和使用。可见,权利具有双层结构,即意志结构和权能结构,前者涉及权利占有、处分的意思决定,后者则涉及权利占有、行使的执行资格与能力。但是,在传统财产权场合,尽管根据权利相对论,任何权利的行使实际上都是有限度的,但法律通常不为传统、普通权利设定积极的限制条件,国家干预在此也几乎是静态、消极意义的。然而国有自然资源特许使用权是特殊的,公共利益的高标准、高要求使这种权利的国家干预更具有积极性、动态性,从主体、客体到内容,国家干预无处不在,干预的范围之广、程度之强与传统、普通财产权存在十分明显的差别,以致影响、决定了权利的属性。同时,由于法律上国家所有和实质上全民所有的双重所有格局,增加了国有自然资源权利的复杂性:第一,在意志层面,国家并非唯一的主体,甚至不是实质意义上的意志主体。因为人民才是实质意义上的所有者,国家则是形式意义上的所有者,国家所有的意义也正是不少学者对自然资源国家所有实质理解——国家对自然资源的控制、管理权。所以,使用权利的主体最终还须尽量回归个人、法人和其他组织(以与国家相对的总括性概念公民概称);第二,国家之外的其他主体参与资源环境管理,要求镶入公民参与机制,以影响资源环境决策,这毋宁体现了公民资源权的意志主体侧面,使国有自然资源特许使用权由内自外渗透着一种公正、民主和效率精神。

二 国有自然资源特许使用权主体的配置

(一)国有自然资源特许使用权的双层二元结构

在传统权利主体的界定标准上,分别有六种界定标准,即传统主体标准、抽象人格论、权利能力论、功能论、独立意志论、财产载体论;这些理论虽存差异,但都反映了人类社会发展阶段的某类需求。[①] 但在国

---

① 王蓉:《环境法总论——社会法与公法共治》,法律出版社2010年版,第82—83页。

有自然资源特许使用权问题上,由于始终需要关注私益和公益、自然资源利用和自然资源保护等对立性价值目标的协调,所以应从可持续发展的视角,以开放的眼光来思考主体问题。因此,理想的国有自然资源特许使用权主体之界定标准应为①:第一,符合人类可持续发展需要,体现权利主体的客观正当性。法律规定哪些人和组织能够成为法律关系主体不是随意的,而是由一定时期的物质生活条件所决定的。每一类主体在法律上都能反映出不同时代的人们的要求,代表和调整着人们之间的利益关系;第二,具有特定功能和作用,体现的是权利主体的主观正当性。可持续性,是人类社会和自然资源环境的可持续利用、可持续生存和持续性健康。要实现这种可持续性,就必须赋予某些主体权利,并通过其参与资源分配、利益协调以形成自然资源权利义务的机制空间,使主体在这种机制空间中借助自然资源使用和自然资源环境保护活动的协调而实现可持续性;第三,具有独立意志能力,以体现权利主体的主观可行性。利益具有主观性,它与主体感知、主体体认、主体评价、主体需求密切关联,并以外部行为形式将这些对利益的感知、体认、评价和需求表达出来。法律不过是围绕意志表达、意志沟通、意志执行等事项调整意志关系;第四,符合利益所附着的物或财产的客观规律,这体现的是权利主体的客观可行性。利益必然以某物、财产为载体,以形成特定利益关系为客体。如供人类基本生存使用自然资源、公共使用、生态使用,以及为着经济目的使用自然资源的场合,每种使用都是以符合自然资源特性、用途和人之需要的双向协调而类型化的不同使用形态,其间需要以自然资源的特性、价值为考虑,必须以不同的人的需要为考虑,更重要的是还须注意到自然资源的特性、价值与人类需求之间存在一种符合自然资源利用规律与秩序的双向对级特质,使以此为基础所建构的自然资源权利秩序机制更具科学性、合理性、可行性。

然而,面向现实的国有自然资源权利主体经常被质疑"主体空虚"。这里的主体空虚应有两层含义:其一是实质上的所有权主体空虚,即认为国家所有不等于全民所有,即便在理论上可以勉强将二者进行同一性

---

① 这部分内容参阅并受启于环境法学者的研究。参见王蓉《环境法总论——社会法与公法共治》,法律出版社 2010 年版,第 83—86 页。

解释，但在现实中，全民行使自然资源国家所有权不仅难以想象，也是不现实的；[①] 其二是自然资源权利上公共利益落实与实现的空虚，意即国家独自负担环境资源保护责任，个人、其他组织并未有动力和力量参与进来和国家一起承担环境资源保护责任。在此两层含义中，前者主要源于民法学界对自然资源国家所有权实现的思考，后者则主要来源于环境法学界对环境权建构的思考。当然，由于现行立法与理论在赋予主体自然资源使用权的同时，均强调其"合理使用"的义务，所以二者实际上可以合为一体。至于如何实现二者的合二为一，在计划经济时代，国家通过大量设立国有企业，并以直接划拨的方式实现了对自然资源的使用；同时，国家也几乎独自负担了资源环境保护的责任。如今，虽说这种直接将自然资源划拨给国有企业使用的方式已得到较大改观，但为国有企业配置自然资源使用权的现象仍然一定数量地存在着。这就可能构成对个人和社会组织等其他主体自然资源使用权的排挤、侵夺，也无以发动国家之外的主体积极参与资源环境保护。"自然资源公有产权的实际运作中存在一系列问题，即自然资源强制性的公共产权安排会导致从人人皆有变成人人皆无，从而引致委托失灵和代理失灵，同时控制权创租卖租等机会主义和败德行为盛行，经济效率因此严重受损"；"要打破传统的'公有'—'公用'—'公营'的运行范式，就必须改变自然资源使用权无偿获取的产权安排制度，引入市场竞争和有偿获得自然环境资源使用权的产权安排制度"。[②] 由此可见，国有自然资源特许使用权机制中既要追求面向效率的资源使用，也要注重面向公平的资源保护，如何将分别表征私益与公益价值之"使用"与"合理"使用兼顾实现，是包括权利主体在内的权利机制必须考虑和解决的重要问题。

1. "意志"主体的配置："国家 + 公民"

权利与权力的共同作用，以及国有自然资源特许使用权需要协调公益与私益、公平与效率、物权化与社会化等多元对立价值目标的特征在

[①] 参见赵万一《论国家所有权在物权法中的特殊地位》，《河南省政法管理干部学院学报》2007 年第 1 期；施志源《生态文明背景下的自然资源国家所有权研究》，法律出版社 2015 年版，第 165 页。

[②] 廖卫东：《我国自然资源产权制度安排的缺陷与优化》，《理论月刊》2003 年第 2 期。

国有自然资源特许使用权主体上的烙印主要表现为资源使用和资源保护二元需求的协调。为此，权利的意志主体配置必须将使用的自由和保护的强制巧妙结合起来，并形成国家和公民的二元合作结构。

那么，这种意志主体的"国家＋公民"双层构造是如何被结构起来的？对此，可以借助英美法系国家的公共信托技术和大陆法系的公物理念来理解。美国学者乔治·G.博格特（Gerge G. Bogert）和乔治·T.博格特（George T. Bogert）指出，"信托是当事人之间的一种信托关系，一方享有财产所有权，并负有衡平法上为另一方利益管理或处分该项财产的义务"；辛德勒（Shindler）和霍金森（Hodkinson）则认为，"信托是指当事人之间的一种信任关系，一方享有财产权，但负有衡平法上的为另一方的利益或者为法律所允许的目的管理或处分该项财产的义务"①。正如我国大陆及台湾地区学者指出，英美法中的信托是"目的"或"效果"导向思维的结果——"信托概念体现的是一种关于所有权的核心区分：普通法上的所有权和衡平法上的所有权。前者是名义上的所有权，后者是实质上的所有权。信托关系中的受托人享有普通法上所有权。受益人享有衡平法上的所有权，两种所有权在逻辑上分离却归附在同一财产上。"② 所以说，双重所有是自然资源公共信托的基石，自公共信托在英国起源并在美国获得迅速发展壮大后，公共信托很快就成为自然资源等领域公共管理的核心技术而被广泛应用。美国学者萨克斯指出："阳光、水、野生动植物等环境要素是全体公民的共有财产。为了妥善管理这些它们所共有的财产，公民将这些财产委托给政府，由此建立了公民和政府之间的信托关系。"③

在大陆法系国家，其公物法制及其理论在自然资源权利领域发挥了类似的作用。虽说公共信托理论和公物理论在渊源上存在差异，在内容

---

① See Gerge G. Bogert and George T. Bogert. *Handbook of the Law of Trusts*, 5th ed., St. Paul, West Publishing Co., Minn, U.S.A, 1973, p.1; Shindler and Hodkinson, *Law of trusts*, CCH Editions Limited, Chicago, U.S.A, 1984, p.2. 转引自张淳《信托法哲学初论》，法律出版社 2014 年版，第 9 页。

② 季奎明：《论信托的本质及其对传统物权体系的结构》，载王保树主编《商事法论集》（2007 年第 2 卷），法律出版社 2008 年版，第 126 页。

③ See Joseph L. Sax. *The Public Trust Doctrine in Natural Resources Law: Effective Judicial Intervention*, 68 Mich. L. Rev. 471 (1970).

上也存在表现形式的差异。但学者认为，它们在本质和功能上殊途同归：英、美、法借助公共信托理论所构建的公共财产制度极似于大陆法系的公物制度①；公物理论和公共信托理论均集中关注两大方面问题，其一是信托资源或公物的公共利用，其二是对信托资源或公物管理者管理（处分）权力的限制。所以，作为一种理念与法律技术——公共信托和公物理论在保障公共财产及其使用方面发挥着同样的作用。② 正如学者指出，就信托概念界定的技术来看，"除着眼于效果的思维模式这一特点外，还存在另一种思维模式，即以着眼于事实构成为特点的思维模式；前面一种思维模式要求从因信托成立在其当事人之间产生的权利义务出发来对信托概念定义，后一种思维模式则要求从信托设立与运作的事实体现或曰现象出发来对信托概念定义"③。借此认识，以对比公共信托与公物法制及其理论，毋宁说，英美公共信托理论更侧重于以效果来表达自然资源权利机制，而大陆法则通过设定包括公物命名、公物使用、公物管理等制度在内的一系列制度从自然资源权利设立与运作实现上架构了公物法制及其理论体系，二者之间存在的差别主要是在外在表达与表现形式上，而非内在价值功能。

综上看来，国有自然资源的双重所有结构必然意味一种"国家＋公民"的双层意志主体：首先，在价值目的上，"国家＋公民"的双层意志主体构造要求保障和实现自然资源的公共利益目的，这甚至是一种应被优先考量的目的；其次，在内部互动上，"国家＋公民"的双层意志结构意味着国家和公民个人共同负担起自然资源与环境的保护义务，二者的协力互动将自然资源与环境保护塑造成了一种不同于传统民主政治的新式的、"生态"民主政治、义务政治及其活动过程，其意义是改变以往环境保护动力不足、能量有限的局限，将环境保护打造成一种全民性活动，并要求国家和人民一起努力做到；再次，自然资源的使用无法避免，那么，在使用之时也应形成主体层面的相互监督、约束。无论是国家自身

---

① 参见侯宇《美国公共信托理论的形成与发展》，《中外法学》2009 年第 4 期。其实通过该文对英美公共信托理论的详细介绍，并对比大陆法上的公物法制及其理论，我们会发现，二者之间确实存在价值、目的之间的互通。

② 肖泽晟：《公物法研究》，法律出版社 2009 年版，第 108—109 页。

③ 张淳：《信托法哲学初论》，法律出版社 2014 年版，第 9 页。

使用，也无论是授权其他主体去使用，意志主体的二元结构能在一定程度上发挥监督功能，从而不致国家以所有之名，将自然资源纳入自己"私产"范畴而侵害人民使用，也不致人民在授权取得使用之后，肆意使用，从而破坏生态环境和自然资源，或侵害他人自然资源使用权利。也就是说，双层意志主体构造不仅架构起了比以往更有效的生态、资源、环境保护顶层机制，而且以相互配合、相互监督的方式实现了机制的微观设计。最后，"国家+公民"的双层意志构造对克服"主体空虚"，理解"平等保护"和诸如"公法法人说"、"民法规范'限制'解释说"、"所有权权能扩增说"等自然资源国家所有权实现模式与技术上的漏洞弥补、方法更新等问题更具优越价值。

2. "权能"主体的配置："国家+公民"

权能一般指实现权利的手段。若说意志影响并形成了权利的"意思"要素，那么，权能则是对这种意思的外在表达。以所有权为例，"所有权是所有人依法对自己的财产享有占有、使用、收益和处分并排他干涉的权利。各种权能都可与所有权分离，所有权的实质在于以符合所有权人的意志和利益的方式来处置所有权的客体"。[①] 也就是说，意志决定了权利是什么的问题，权能则决定了权利怎么表达与行使问题。使用权主体所要解决的核心问题是权利由谁来行使。在以财产的使用为核心价值的现代社会，财产权利的"使用"权能之分离、独立也成为一个重大趋势。那么，使用权应该配置给谁？应如何配置？这一系列问题显因涉及资源利益配给而深具现实意义。

从我国现行相关立法和实践看，国有自然资源使用权的初始配置（按照前文对使用权的分类和本书文旨，这里仅指经济性使用权）包括两种形式：划拨和许可。划拨形式主要针对国家作为自然资源所有权人，在自行使用自然资源的场合下，由其设立的国有企业使用自然资源，不过这种直接划拨的方式已经逐渐被改变。许可则成为一种更为主要的资源权利配给方式。许可是国家以所有者身份授权个人、法人或其他组织以非所有身份使用国有自然资源获取利益的权利，其直接目的要么是获得资源产品、要么是取得对某资源的用益，其根本目的都指向经济利益

[①] 《佟柔文集》编辑委员会编：《佟柔文集》，中国政法大学出版社1996年版，第279页。

的获取。由此看来，国有自然资源特许使用权的权能主体也是一种"国家＋公民"的二元结构。不过这里有以下几个问题需要特别分析：

第一，国有企业的类型和性质。在国家作为所有者对其所有的自然资源进行"所有人"利用的场合，笼统地说国家通过划拨方式为其设立的国有企业配置自然资源使用权可能不合时宜。在传统的计划经济时代，以划拨方式将国有自然资源无偿交由国有企业使用确曾大量存在。但随着国企改革的逐渐深入，这种现象得到一定程度改观（尽管其间掺杂着诸多不合理性）。① 首先，现在的国有企业虽说仍与国家保持着一定的关系，但已非传统计划经济时期那种"政府同企业乃一种严格的纵向调控组织系统，政府和主管部门是企业的领导机关，企业不是经济行为主体而是政企合一的组织末梢，政府及主管部门对企业的领导、人力、物力、财力等各个方面都进行指挥和控制，运用各种指令性计划指标，规定各经济主体的经济活动范围、生产经营以及产品生产、交换、分配等"②。相反，如今要求行政权与企业经营权分离，以充分尊重和保障企业的经营自主权、凸显和实现其市场主体地位。虽然局部地看来，行政权与企业经营自主权不分、行政权过分干预企业经营权的现象仍有残余，但整体情况已大有改观。所以，那些虽仍名为"国有企业"的企业，实际上已逐渐获得独立，而取得与个人、（私）法人和其他组织平等的市场主体地位。③ 在这样的情况下，这些国有企业获取国有自然资源使用权的方式也就与个人、（私）法人、其他组织没有太多区别，即通过行政许可取得。其次，根据我国《宪法》相关条文以及宪法的整体精神，也应保障

---

① 在此，我们无意否定国企行政化治理的价值。正如学者指出，那种强调政企分开的世俗化理解并未正确认识到国企的价值功能，不予类型化的认知"国企的行政化治理"的合理性（尤其是对效率的提升），只是一味批评其行政化的机构行使国企所有权、公司治理组成和运营上的鲜明行政色彩，以及外部发展空间上的鲜明行政色彩等表征。参见蒋大兴《国企为何需要行政化的治理——一种被忽略的效率性解释》，《现代法学》2014 年第 5 期。

② 方世荣：《论行政相对人》，中国政法大学出版社 2000 年版，第 9 页。学界一般将这种 80 年代之前大量存在的由国家设立的企业称之为"行政性公司"。1984 年十二届三中全会之后，这类公司逐渐被改革，从而使我国跨向真正的公司发展方向。参见徐燕《公司法原理》，法律出版社 1997 年版，第 40—41 页。

③ 也即获得了独立法律地位、权利能力的资格或人格；法人、人格、公司三者合为一体被称为公司法人人格制度。参见朱慈蕴《公司法人人格否认法理研究》，法律出版社 1998 年版，第 2—5 页。

国家、社会的发展。国家和社会的发展本质上意味着对公共利益的维护，这就说明，国家设立国有企业的目的并非单纯地追求经济利益，它还被寄予了公共利益实现与维护功能。在德国法上，公用企业就是这样一类主体。依《欧共体条约》第86条，这些公用企业是指公权力主体基于财产权或股份权或根据制定章程或其他规范企业活动的规章的权利，直接或间接地施加控制性影响的企业，它的特殊法律地位需要充分的公共利益来对其进行客观上的合法化与正当化。① 在我国台湾地区，与大陆"国有企业"相似的称谓是"公企业"，尽管台湾学者对何谓公企业也存在争议，但它一般是指为特定社会公益目的，而由政府自为经营或授权私人经营的，不以权力为要素，狭义上它甚至与公营事业同义。② 这提示我们，对国有企业（公司）的理解，不应过分关注"国有"，而应关注"公司"的本质。公司是现代企业最主要、也是最重要的一种组织形式。何谓"公司"？在大陆法系国家，通常认为，公司是指依法设立的以营利为目的的社团法人，而法人又可以分为公法人和私法人（私法人又可分为财团法人和社团法人）；而在英美法系国家，公司概念较为宽泛，其概括式含义指出，公司是指由法律赋予其存在，并与其发起人、董事和股东截然分开的法人团体，这种团体无论是否具有营利性，为何目的而组成，都可称为公司。③ 但不能据此否定以是否营利为标准而对公司进行分类的观念。从美国各州公司法规定来看，一般将公司分为以营利为目的的商事公司以及不以营利为目的的专为发展慈善、宗教、教育、科学、文化、农业等事业而组建的非营利公司；由此看来，其实两大法系商事公司或公司的概念基本相当。④ 借助公司理论和域外国家和地区国企行政化治理的普遍现实，各国"国企"通常负载着"经济/商业"或"政治/公共"性双重价值。但我国与域外国家和地区存在差异的是，域外国家的国有或公企业基本是公益性的，但我国的国有企业却似乎更多具有营利性质，这可能也是由于传统惯性力量使然，或者说现实中实难人为阻

---

① ［德］乌茨·施利斯基：《经济公法》，喻文光译，法律出版社2006年版，第68—69页。
② 蔡茂寅：《公营造物法·公企业法》，翁岳生编：《行政法》，中国法制出版社2000年版，第511—513页。
③ 徐燕：《公司法原理》，法律出版社1997年版，第37—40页。
④ 同上书，第40页。

止国有企业营利。利益是人与组织体存在发展的动力，甚至可以说是人或企业等组织的本性，一概、完全否定并不现实。如在中国台湾地区，公企业"目的上须为增进社会公共利益而设立，但其目的并不以此为限，营利目的仍得为公企业的设立理由之一"，而且台湾"各级政府普遍经营具有某种程度营利性事业"，公企业也可以是否营利而分为营利性公企业和非营利性公企业。① 就如有学者指出，按照目的和功能不同，国有企业实质上可被类型化为两类：一类是直接为了公益或公共服务而存在的国有企业，此类国有企业实质上应是公益性的公共企业；另一类则是为追求经济利益而存在的（尽管其间接目的也是为公益）国有企业，此类国有企业在实质上应属于经济性商业企业。② 理论上，似乎这两类国有企业都可能使用国有自然资源，但实际上二者使用国有自然资源的情况应该分别考虑。

第二，那些属于经济性商业企业的国有企业的国有自然资源使用权的取得与个人、私法人、其他组织的取得方式一样，也是行政许可。③ 而这种经由行政特许取得的自然资源使用权具有公法物权性质。唯经这样一种类型化之后，我们才可以比较清晰和具有说服力地去解说国有企业财产权及其处分权等问题。

在《物权法》草案讨论之时，有学者曾以《宪法》第12条"国家财产神圣不可侵犯"为由，指出既然国家所有就是全民所有，因此公有制的财产就不能变成私有，否则就是私有化，而且将国家财产与集体、私人财产并列一体保护涉嫌违宪。但另有学者则反驳道：其一，国家财产、

---

① 蔡茂寅：《公营造物法·公企业法》，翁岳生编：《行政法》（上册），中国法制出版社2000年版，第512—513页。

② 参见蒋大兴《国企为何需要行政化的治理——一种被忽略的效率性解释》，《现代法学》2014年第5期；当然，蒋大兴教授认为国有企业的公共性价值是其唯一的本质。而且从公司公共性持续增强、凸显的现实来看，以往那种产权模式公司治理已不堪用，唯以公司的公共性本色为指导从私人契约向公共干预（行政化治理）的公司治理模式才是如今我国的最佳选择。参见蒋大兴《论公司治理的公共性——从私人契约向公共干预的进化》，《吉林大学社会科学学报》2013年第6期。

③ 即便是国家机关，当其非以行使国家权力的机关，而是以法人（机关法人、公法人）的身份出现在行政活动过程中时，他们也是行政相对人，因为此时它们的身份与其他法人并无区别。方世荣：《论行政相对人》，中国政法大学出版社2000年版，第26页。

全民所有财产与国家所有权并非同一概念，不能混淆。全民所有不仅可指所有权，也可指称公有制。国家财产包括国家享有所有权的财产，但又不仅限于此，那些非专属于国家的财产也可能被纳入国家财产。国家财产也可分为进入民事领域的财产和未进入民事领域的财产（如国库财产），对那些标的物可为交易并已进入民事领域的财产，比如，国家通过投资成立国有企业，把注册资金注入这个企业，或者是通过参股、控股的方式把资金注入其他公司或者企业，这时，货币就离开国库变成了企业法人的财产，进入民事领域；依据民法上的法人制度，一旦国家财产投入企业，国家就丧失了对这些货币或其他投资财产的所有权，但换得了一种股权——国家享有投资者权益。按照这样一个思维，公司，即便是国有企业，处分属于其自己的但由国家投入的货币、财产完全正当合理。所以，一则，一般所谓之"出售国有企业"实际是一个一般性描述，在法律上，企业是不可卖出的，因为企业是法人。这样看来，国有企业出卖企业的财产当然不存在"违宪"问题。另外，关于国务院代表国家出让国有企业股权的处分行为是否"违宪"问题，依《物权法》来看，国家所有权由国务院代表国家行使。但有人则质疑，国家财产为全民所有，未经全民同意怎可处分其财产？对此，有学者认为应由人大代表国家行使所有权，但其实人大是立法机关，国务院才是国家事务的具体执行机关，由此可见，由国务院代表国家行使国家所有权既具有合理性，也具有唯一可选性。[①] 照上述看，国家—法人双重身份的塑造和分离似是许多问题解决的关键。

但是，由于国有企业类型不同，不宜一概而论；再则，完全民法思维式路径或许并不适用于所有公共财产，诸如自然资源之类公共财产有其特殊性。其一，自然资源的非合理使用可能造成的危害远比随意处分一般国有财产所可能造成的危害大，所以其牵涉的公益威胁也就更大、更广。因此，国有自然资源特许使用权更需要国家干预而非私人化、市场化，故民法物权模式的适用值得质疑。这里的问题是，国家究竟该以何种方式去进行干预？与那种完全市场化方案形成一定对立，但又有呼应与配合的国家监管似是一种必需的方式。其二，虽或受到残留计划经

---

① 参见尹田《民法思维之展开》，北京大学出版社2014年版，第294—298页。

济思维影响或出于规模经济要求、技术条件限制和环境保护之公共利益需要，国家通过设定其代理人——国有企业使用国有自然资源仍将部分地存在，但国家动辄以直接授权方式全面地为国有企业配置自然资源使用权的需要和可能都已逐渐消退。并且无论是从市场经济的本质需要，还是从不同形式、性质的企业的环境资源绩效来考虑，[①] 国有企业，尤其那些经营性商业企业，在公共财产领域的淡出都有必要。其三，从本书主旨与逻辑来看，国有企业经许可取得的国有自然资源使用权的属性是一个需要特别注意的问题。对于行政许可的性质，学界曾存有诸多争议，代表性观点如："特权或特许说"[②]、"赋权说"[③]、"解禁说"[④]、"确认说"[⑤]。也有人认为，行政许可兼具"解禁"与"赋权"两种禀性，相应地它应具有两种功能：一是防范个人自由过度而侵及公益；二是通过国家公权力适当介入市场，以合理配置资源。因此，行政许可实可分为两类，即行为自由许可与财产资源配置许可，前者本质是"解禁"，后者本质是"赋权"。[⑥] 前者为一般许可，后者则为特许。从历史的视角看，行政许可的"解禁性"认知，是传统宪政理论所支持的观念，一般许可具有这种属性；但在现代宪政理论下，政府给付任务的大量增加，要求政府积极为公民谋福祉，为此政府便利用市场规则和私人谋利的内在动力，将某些公共产品供给交由私人或让私人竞争性地利用稀缺资源，从而创造更大价值，这时的行政许可就是特许，是赋权性的许可。[⑦] 而且我国

[①] 最好的说明是 2016 年 5 月欧盟在美国干扰下做出否定中国"市场经济地位"的决议，其理由正是所谓中国的国有企业数量大，政府对其倾斜性财政补贴过度等。一方面，这种理由有其片面之处，但另一方面，也说明国有企业改革仍然任重道远。在环境资源绩效上，整体来看，相较外资企业、私营企业、混合企业等形式的企业，国有企业环境资源绩效表现不佳。参见茹蕾、司伟《所有制结构与企业能源效率——基于制糖业的实证研究》，《大连理工大学学报》（社会科学版）2015 年第 1 期。

[②] 江必新、周卫平编：《行政程序法概论》，北京师范学院出版社 1991 年版，第 109 页。

[③] 罗豪才主编：《行政法学》，北京大学出版社 1996 年版，第 175 页。

[④] 马怀德：《行政许可法》，中国政法大学出版社 1994 年版，第 9 页。

[⑤] 郭道晖：《对行政许可是"赋权"行为的质疑——关于享有与行使权利的一点法理思考》，《法学》1997 年第 11 期。

[⑥] 陈端洪：《行政许可与个人自由》，《法学研究》2004 年第 5 期；胡建淼教授也持此观点，参见胡建淼《行政法学》，法律出版社 2010 年版，第 242 页。

[⑦] 章剑生：《现代行政法基本理论》，法律出版社 2008 年版，第 204 页。

《行政许可法》规定，当满足法定条件和程序时，许可可以转让。"其理由主要是考虑到行政相对人通过'特许'取得的相关权利具有一定的财产权属性。"① 所以，再结合前文分析，本书认为无论国有企业还是个人经过行政许可而取得国有自然资源使用权都具有公法权利和财产权性属性，所以说，他们所取得的国有自然资源特许使用权均具有公法物权的基本属性。其四，从自然资源国家所有权实现的模式与途径之比较分析上看，公法物权模式具有优选性。自然资源国家所有权的行使与实现方式比较特殊，自然资源类型多样、复杂，数量庞大，国家通过设立国有企业方式使用自然资源，这就使自然资源使用权上形成了双重代理，一方面企业或非企业组织代表国家占有使用自然资源，另一方面该企业或非企业组织的管理层则又代表它们为具体使用，国家本身并不直接以民事主体身份出现。② 不过，类似解释的目的大都是为固守民法范畴下的"统一唯一国家所有权"③观念。而有学者指出，"统一、唯一国家所有权"观念及其指导下建构的国家所有权制度，"严重违背民法原理，其主体、客体、权利、义务及责任等民事法律关系基本要素都不确定。因此，应尽快废除'童话式的统一唯一国家所有权'理论，代以合乎民法原理之公法法人所有权理论"④，从而使抽象"国家"和"具体"财产权之间得以链接。但根据其观点解释，"废除论"是欲将"国家所有权"的内涵复归"公共财产"概念，再以当代民法的公法法人技术改造公共财产治理秩序，将国家所有权理解为占有、使用和处分公共财产的公法法人公共财产权，从而使公共财产秩序在主体、客体、权利、义务与责任等方面明确、合理化。不过，这里的隐忧是：其一，可能导致公共财产私有化。若按民法思维，笼统地将"法人"视为一种企业组织形式，在传统公司治理理论与观念上，那种完全私人契约化的产权治理模式并不能体

---

① 刘连泰主编：《行政法与行政诉讼法》，厦门大学出版社2008年版，第137页。

② 赵万一：《论国家所有权在物权法中的特殊地位》，《河南省政法管理干部学院学报》2007年第1期。

③ 其基本含义为：唯有代表全民意志和利益的国家才得享有国家财产所有权，因此，中华人民共和国是国家所有权的统一、唯一的主体。直至如今，该观念仍大有市场。参见孙宪忠《"统一唯一国家所有权"理论的悖谬及改革切入点分析》，《法律科学》2013年第3期。

④ 孙宪忠：《"统一唯一国家所有权"理论的悖谬及改革切入点分析》，《法律科学》2013年第3期。

现现代企业公共性的本质与需要。于是，公共干预模式逐渐兴起。虽说通过管制与制衡并不意味着人的本性的必然改变，但在股东自治/契约的局限、公司腐败盛行、突变的经济情势、社会及公司自身进化或分化等诸多原因作用下，将公司治理理解为纯粹的私人事务已不合时宜。事实上，公司治理在作为私人秩序的同时也因遭受公共干预而呈现出愈加浓烈的公共性；① 其二，这种方案"在试图剥夺国家整体的所有权人地位的同时，并未将公共财产法律关系中的主体资格在任何方面量化与返还给全民及其成员，而是确认机关、事业单位与国有企业的公共财产所有权人地位"②；其三，谁以及怎样对这一公法法人进行监督以保障其公共利益初衷。政府自己监督自己显然过于理想化。如媒体就曾报道，中石油（央企）以自然资源国家统一所有权为由，要求自己对某地区油田享有统一开采权，但该地方政府同样以国家所有权为由主张自己享有开采权。③ 这种现象在诸如煤矿、石油、天然气、水、森林等自然资源方面比比皆是。在利益驱动下，尤其是自 1995 年分税制后，中央政府频繁出台各种利益驱动性文件，强化其资产收益，地方政府更是以各种借口追逐经济利益，土地财政便是最好的证明。④ 所以说，"废除论"也恐难周全解决问题。除此"废除论"式国家所有权实现问题解决路径外，尚有学者提出"民法规范'限制'解释发现论"⑤和"所有权权能扩张论"⑥两种代表性路径。但前者不仅涉及民法解释这一复杂的理论和方法，还需要以完备的民法规范为基础和假设，我们的理论与规范准备显然并不充足；

---

① 蒋大兴：《论公司治理的公共性——从私人契约向公共干预的进化》，《吉林大学社会科学学报》2013 年第 6 期。

② 张力：《国家所有权遁入私法：路径与实质》，《法学研究》2016 年第 4 期。

③ 参阅《第四大石油公司隐情：陕西省政府与中石油交锋》，载《南方周末》2005 年 9 月 29 日。

④ 根据有关统计自 1998 年到 2014 年，我国政府土地出让金收入总计 240427.43 亿元，仅 2014 年就达 42940.30 亿元，土地收入已占目前政府收入的 50% 以上，土地公有已使政府成为唯一的地主。《南方周末》就曾报道"74 个二线'地王'，大买家原来是央企国企"。参见《南方周末》2016 年 5 月 26 日，C15 版。

⑤ 王天雁、葛少芸：《公共物品供给视角下自然资源国家所有权的限制》，《深圳大学学报》（人文社会科学版）2015 年第 3 期。

⑥ 刘超：《自然资源国家所有权的制度省思与权能重构》，《中国地质大学学报》（社会科学版）2014 年第 2 期。

后者则不仅可能对民法传统物权理论形成一定程度的冲击，还有可能无法实现协调私益与公益、效率与公平的价值目标，毕竟立足于民法物权理论视野理解"管理权"的局限太大。即便财产权负有社会义务、物权社会化等观念为解决此类矛盾预留了理论空间，但在民法范畴内，应对这些问题的具体制度如何设计？技术手段和基本路径是什么仍然一团迷雾。

所以，本书认为，应以国有自然资源特许使用权的公法物权化作为解决上述问题的基本模式，在这种模式下，我们仍然可以承认国有企业的法人身份和地位，但应区分公益性国有企业和经营性国有企业，并针对它们的各自特性，分别考虑其自然资源使用权配置问题；国家之外的其他主体无疑是国有自然资源使用权主体的主要构成，是需要重点关注的主体。就此而言，国有自然资源特许使用权（能）的主体仍然是"国家+公民"的双层构造。当然，这种权能的双层构造，有一个重要的价值功能就是二元主体在使用自然资源的过程中，借助各自作为社会意志形成、表达和执行的合理性之国家本质和代表社会行使监督权力的合理性之成员身份完成对自然资源"合理使用"的使命，从而使国有自然资源特许使用权机制的个人利益与公共利益、效率与公平之价值目标得以统一、和谐实现——这正体现了一种良性的自然资源利用秩序。

（二）"国家所有"基础上的主体"限制"及其消解

1. 抽象与普遍意义上的主体限制

在权利相对论意义上，所有权是利用和处分经济财富的一种受法律保障的自由，但这种自由也需置于一定的社会约束下：所有权的社会意义和社会功能越强，立法者在确定所有权的内容界线方面的权限就应当越广泛。[1] 关于权利行使是否存在限制，在德国存在两种不同的观点：其一是外部说，又称客观说。此种观点认为，权利本身具有不可侵犯性，权利的行使完全属于权利人的自由，但是权利的行使必须受到公法和民法上的限制，如诚实信用原则、权利滥用原则及公序良俗原则的限制。

---

[1] [德] 莱因荷德·齐佩利乌斯：《法哲学》（第六版），金振豹译，北京大学出版社2013年版，第273页。

也就是说，权利行使的限制来自外在的规定，通常是根据实体法来确定其界限；其二是内部说，又称主观说。此种观点认为，对权利行使的限制来自权利本身，因为权利本身设有界限，权利的内容中就包括了权利的可行使性，权利内容即负担了一定的义务。① 权利具有相对性而非绝对性是如今广为接受的观念，对权利的限制本身也是一种对权利内容的限制。对权利的行使进行必要限制的合理性在于：维护国家利益和社会公共利益；维持民事主体之间的利益平衡；提高经济效益，增加社会效益与福祉。②

另外，在自然资源权利领域，由于其特殊性使然，国有自然资源特许使用权无论是从时间、空间，还是价值等角度来看，都是受到限制的，这也是抽象、普遍意义上的权利及其主体受限制的体现。（1）时间上——主要是技术水平的阶段化发展制约：整体开发利用技术水平不足情况下，自然资源使用权的行使实际受到限制；部分主体技术水平不足情况下，自然资源使用权的行使及其主体受到限制。就整体而言，国有企业在资金技术等方面都具有优势，这种优势甚至不断地形成对资源使用的垄断。（2）空间上——主要是地域经济、社会发展的非平衡性制约：不同地域对自然资源的开发利用形成不同的水平和层次。就我国的实际情况而言，自然资源多集中于地域偏僻、经济社会较为落后的民族地区。但由于这些地区经常扮演着资源输出角色，习惯于资源依赖的产业路径，以致它们与那些资源输入型、经济发达地区之间存在事实上的失衡。凡此诸种缘由，导致民族地区的资源利用形成一种较为普遍的"被俘获现象"。③落后的发展和发展的落后，或者说一种地域、区域经济、社会非平衡性一旦形成，就会产生惯性效应——即经济学上常说的路径依赖，这会进一步加剧地区之间的不平衡性。（3）价值上——出于效率和公平价值的特别考虑，有些自然资源，比如可能和需要形成自然垄断行业的自然资源使用其实就意味着对一些主体的限制和排挤。

不过，上述这些限制论其实是在宏观、抽象和普遍意义上对权利相

---

① 王利明：《民法总则研究》，中国人民大学出版社 2012 年版，第 453 页。
② 同上书，第 454—455 页。
③ 张牧遥：《民族地区自然资源利用的法律思考》，《贵州民族研究》2016 年第 8 期。

对性的认知,当然说明了权利(主体)受限事实,但这与我们此处意欲讨论之具体与特殊意义上的主体限制并不相同。

2. 具体与特殊意义上的主体限制

在国有商业性企业与个人、私法法人和其他组织共同参与的国有自然资源使用权许可配给过程中,由于各主体实力上存在客观差别,或者由于许可机制施行上的各种错误与遗漏,都可能导致对某些自然资源使用权主体的非合理限制。比如,国有企业通常具有比之其他主体更丰厚的实力,而且国企背景通常使它们会获得更多的政治资源支持。所以,虽然《行政许可法》并未针对不同主体而开列不同许可条件,但即便是在正常的资格条件比较上,那些国有企业往往更易胜出。以致大量自然资源形同国家私产,时下政府部门更是热衷于编制所谓自然资源负债表,并以之作为政府追责的依据。① 我们当然不能否认这些举措的公共治理功能,但当政府将自然资源利用所造成的损耗视为并纳入政府债务范畴时,这些举措背后可能隐含的意有二:其一,国家独自承担环境资源保护的观念依然浓厚;其二,自然资源是国家,甚至地方政府的私产,由私产使用所造成的负担自然也就是国家债务范畴。也难怪类似报道经常会使用"某某政府公布自然资源资产家底"这样的标题。可见,这些隐意就是"国有自然资源—国家私有财产"的这样一种逻辑体现。再者,从理论上来讲,个人、企业、其他组织在国有自然资源特许使用权配置上应该是平等的。但实际上,无论是从立法还是实践来看,又是不平等的。以矿业权为例,我国《矿产资源法》规定,国家实行探矿权和采矿权申请许可制度。这里对主体似乎未有特别要求,但实际上个人通常无法与拥有庞大资金、雄厚技术等实力的企业相抗衡,所以探矿权、采矿权最终不过是企业的矿业权,个人只在为生活使用场合才可在有限范围内少

---

① 相关报道如,《河北省承德公布自然资源资产家底》,截至 2013 年,承德市自然资源资产总量约为 19.4 万亿元。其中,土地资源资产价值量为 12.9 万亿元,水资源资产价值量为 1181.7 亿元,森林资源资产(含林地)价值量为 8.2 万亿元,矿产资源资产价值量为 6.5 万亿元。2010—2013 年承德市自然资源资产负债总量为 218.4 亿元,主要源于资源利用导致的环境损害,参见《中国环境报》2016 年 5 月 26 日;《自然资源资产纳入领导离任审计,包括大气等 4 领域》要求按照《京津冀协同发展规划纲要》,2016—2017 年全面开展深化试点工作;2018 年建立经常性的领导干部自然资源资产离任审计制度,参见《京华时报》2016 年 5 月 13 日。

量采挖矿产资源。缴纳一定的资源税和资源补偿费后，那些"取得采矿资格"的"企业"就取得采矿权。① 在渔业权、海域使用权等领域，类似情况也大量存在。现代生产具有企业化、集团化的倾向，比如，尽管都是为追求经济利益而使用海域，或进行渔业养殖、捕捞等，但个人渔业权、海域使用权，在集团化企业化的渔业权、海域使用权面前，经常会被排挤而实质上丧失权利。当然，这个问题可能是现代社会经济发展无法消解的问题，除了利用外部补偿方式进行利益的二次分配外，在国有自然资源特许使用权主体设计上尚无更佳方案。在国有自然资源特许使用权主体配置问题范畴内，我们在此更应关注的是国家（国有企业）与国家之外主体使用国有自然资源的公平问题。从现实来看，大量实力雄厚的国有企业"自用"国有自然资源从而排挤、侵夺了其他主体的使用权，造成了更深、更广的不公平，而且这种不公平显然是可以通过恰当的机制设计予以消解的。

行政许可制度的设计和实行如若存在错误或遗漏，也会产生排挤、限制主体权利的客观效果。行政许可分为普通许可和特许。相较普通特许，特许具有数量上的限制，行政机关享有较多自由裁量权，通常通过招标、拍卖等方式，特许一般可以转让或继承等特征。有限自然资源开发，有限公共资源配置和直接关系公共利益的垄断性企业的市场准入及其他事项均属于特许事项范畴。由于行政许可，尤其特许赋予了许可机关较多的裁量权，所以在自然资源使用许可过程中就存在可以自由回旋的余地。所谓的行政裁量，是指行政机关拥有于一定范围内选择是否以及怎样行使行政权力的自由；在普通法上，裁量权意味着官员运用权力做出决定时，对决定的理由和标准拥有较大自由空间；相较而言，德国行政裁量的含义要狭窄一些，在德国，行政裁量是指行政机关通过法律授权，于法律所规定的构成要件实现时，可得决定是否发生相应法律效果，或产生何种法律效果的自由。② 有权力，就总会被滥用。不确定性概

---

① 个人只能零星采挖一定范围的矿产，或为生活自用。参见《矿产资源法》第35条："允许个人采挖零星分散资源和只能用作普通建筑材料的砂、石、黏土以及为生活自用采挖少量矿产。"

② 李洪雷：《英国法上对行政裁量权的司法审查》，载朱新力主编《法治社会与行政裁量的基本准则研究》，法律出版社2007年版，第1—2页。

念、弹性条款、规范缺失等事由均会事实上引致裁量需要,并为裁量滥用提供了温床。滥用行政权的表现形式如,背离法定目的(出于私益,或虽符合公益但不符合此项授权)、不相关考虑、违反可行性原则(缺乏事实上或法律上的实现可能性)、违反均衡原则(最小侵害、方法适当、公私利益均衡)、违反平等对待原则、违反先例原则(法的自由、正义、平等精神要求行政行为遵循一贯性、连续性原则)、结果显失公平,等等。① 总之,特许中的较大裁量权为自然资源特许使用过分追求经济利益、权力寻租和腐败提供了可能。现实中,行政许可机关的自利本能又经常促使其更愿意、也更多地将资源配给于国有企业。以采矿权为例,"在现有法律框架下,国有矿山企业较私人个体或组织在采矿权的取得或行使上受到更多优待,比如采矿权的无偿取得,特定规模矿区矿种开采权利的垄断或优先地位等,受到自然资源所有人更多组织性直接支配"②。国有企业也因此拥有了更多的自然资源使用权,这实际上则会产生限制和排挤其他主体的客观效果。

由于政府与企业、个人一样都具有趋利本能,这凸显在现代公共治理中,经常表现为经济利益与行政权力的媾和,即为了一定的经济利益目的而将行政权这一公器作为谋私的工具。行政许可具有应对福利国家下一系列社会问题的合理性。比如,克服市场化资源配置的信息不对称、外部性、忽视公平等问题,以及限制过度竞争,实现和维护公共利益(人类共同价值体系)。③ 但其也存在一些非合理性的面相。例如,经营者为了维护既得利益希望借助政府行政许可来抑制竞争,并出现大量官商勾结现象;在财富总量不变的情况下,一些有影响的利益集团希望通过行政许可来进行财富转移,从而导致政府行政许可配置资源的效率低下;行政机关中那些私心严重的人为了谋取私利,同样希望增加和把持行政许可来扩张和实现其权力"效用"。④ 在市场经济时代,行政权与经济利

---

① 国家法官学院等编:《中德行政法与行政诉讼法实务指南》,中国法制出版社2008年版,第109—136页。

② 宦吉娥:《法律对采矿权的非征收性限制》,《华东政法大学学报》2016年第1期。

③ [英]安东尼·奥格斯:《规制——法律形式与经济学理论》,骆梅英译,中国人民大学出版社2008年版,第214—221页。

④ 杨解君主编:《行政许可研究》,人民出版社2001年版,第10页。

益奇怪组合的最典型体现就是行政垄断。行政机关或法律、法规授权的公共管理组织为了达到那些不可告人的目的，经常通过限制、排斥、妨碍市场竞争行为制造非市场化、非秩序化状态，以实现用行政权手段实现经济垄断目的。① 其现实整体性表现为，国家经济主管部门和地方政府滥用行政权，排除、限制、妨碍企业之间的合法竞争。② 其实施方式比较多样，如以行政权限制商品自由流通、以行政权力排斥或限制招投标（设定歧视性资质要求、评审标准，信息不公开、不对等）、以行政权力强制从事垄断性行为（自然垄断是一种高效益追求的垄断，而行政垄断则是人为、阴暗、危险的，它的目的是干扰资源配置，它导致的最大、最明显结果就是资源配置的失当、失序）、以行政权力限制竞争的规定；实施目的是通过干预资源配置而争夺利益，其行为或状态均具有违法性。③ 而王保树教授就曾指出，行政性公司是行政垄断的主要表现之一。④ 在公司的发展历史中，行政公司又叫特权公司，是现代国有企业或公企业的原型。即便现代国家，国有企业或公企业也仍在凭借自己的特殊背景追求特殊待遇，政府则经常借助公益表象和威权不断制造垄断，迎合国企的胃口。张维迎教授指出，对非属自然垄断行业的进入管制、企业歧视和对公共资源的垄断等，是行政垄断的主要表现形式。⑤ 行政许可是行政垄断的权力作用之一。2004年生效的《行政许可法》无疑是一部比较成功的法律。但行政许可立法的有限性、许可设定范围的广泛性以及运行过程的非规范性等，⑥ 均可能引致行政许可与行政垄断的勾连。比

---

① 关保英等：《行政垄断之行政法规制》，中国政法大学出版社2008年版，第1页。
② 王保树：《企业联合与制止垄断》，《法学研究》1990年第1期。
③ 关保英等：《行政垄断之行政法规制》，中国政法大学出版社2008年版，第2—8页。
④ 王保树：《反垄断法对行政垄断的规制》，载季晓楠主编《反垄断法与市场经济》，法律出版社1998年版。行政性公司是指，基于法律授权而享有一定行政管理权，但又能经营的公司形式组织，它往往可以凭借其行政权和经济力量实施垄断。1993年国务院办公厅在其转发的《关于党政机关与所办经济实体脱钩的规定》则进一步指出，由于政企不分的"翻牌公司"所经常以权谋私，大行垄断，故要求党政机关与其所办经济实体脱钩，并明确指令各经济实体不得兼职行政与行业管理。但从现状看，这些行政性公司导致的垄断现象依然较为普遍。参见关保英等《行政垄断之行政法规制》，中国政法大学出版社2008年版，第17页。
⑤ 张维迎、盛洪：《电信业看中国的反垄断问题》，载季晓楠主编《反垄断法与市场经济》，法律出版社1998年版。
⑥ 王勇：《行政许可程序理论与适用》，法律出版社2004年版，第32—33页。

如，2013 年黑龙江省将风等自然资源纳入许可范围，就一定意义上说明了行政许可法与现实之间因时滞性而造成的脱节，而这必会引起我们对许可法的检视与思考。行政许可具有自我膨胀的"野性"，但不具备自我完善的能力，它具有较强的承继性，一旦某一行政许可制度被创设，旧的许可又会引出新的许可，不断复杂和分化，呈现不断扩大的倾向。[1] 再如，行政许可的范围基本涵盖了关乎国计民生的各个行业领域，对这些部门和行业进行强制许可，必然产生垄断性行业与部门对公司企业资格的规定，这会引致那些垄断性强烈的国有企业和国家扶持的实力雄厚企业的设立，从而导致行政垄断。[2] 诸如电力、水等自然垄断行业和竞争性行业，在经济体制改革和国企改革的背景下，已有不少行业和企业退归于市场。但由于历史欠账，国有企业和政府关系依旧密切，国家经常以诸如体制转型需要之类的特殊理由为国有企业提供各种保护，在法定许可或法定许可事项上，行政许可实践对国企大开方便之门。[3] 这必然会在客观上制造行政垄断——它是当前我国危害最大的垄断样态，是政府及其职能部门滥用职权，或以经合法程序颁行的法律、法规或其他规范性文件维护该政府部门及其所辖属的企业利益的反竞争行为；它的存在不仅激化了大量群体利益，也滋生了"蔚为壮观"的贪腐，践踏着公民的经济自由权利。[4] 为此，必须首先考虑对国有企业这一资源使用权主体的限制。

针对上述问题，我们的应对之道除了行政许可制度的继续完善之外，对主体的限制式重构为最直接的方法。

三 国有自然资源特许使用权行使主体的限制式再构

如果说，时间、空间、资金、技术等因素对主体的限制，或者基于财产权限制的正当需要而对权利主体进行限制具有普遍性和先天性，所

---

[1] 杨小军、黄梅兰：《问题与对策——行政许可防腐规则的法律分析》，载姜明安、蒲杰夫主编《论法治反腐——"反腐败法制建设"国际学术研讨会论文集》，法律出版社 2008 年版，第 235 页。

[2] 关保英等：《行政垄断之行政法规制》，中国政法大学出版社 2008 年版，第 47 页。

[3] 同上书，第 49 页。

[4] 李俊峰：《反垄断法的私人实施》，中国法制出版社 2009 年版，第 256—259 页。

以通常不宜、不能对之进行公平、公正与否的价值评价,那么,机制及其设计、执行的公正和合理性则应是特殊、具体和后天的,由于机制设计与执行的不公正、不合理而对不同权利主体形成限制的情况就值得我们认真思考。

(一) 国家——除公益需要外应尽量减少自我使用

实践中,关系国计民生的重要自然资源的开发利用及收益几乎都被中央政府控制,地方政府也积极引入资金、技术等,希图开发利用自然资源,以抢夺利益,这就形成了自然资源开发利用上的央地政府激烈博弈,近年,这种情况屡见不鲜,并日趋升级。[①] 由于自然资源使用而引发的腐败也十分严重,如山西煤炭资源开发利用和近年来山西煤炭企业改制所引发的大面积腐败就是典型例子。如何克服或者缓解政府争权夺利,如何防止自然资源领域的腐败,从权利行使的视角来看,首先应从权利主体的筛选、限制上入手,并应对国家对自然资源的"所有"使用进行主体层面的限制式再造。

第一,国家在自然资源权利意志层面的主体地位应该进一步强化,以切实担当起资源环境保护的责任。并且以此形成对不同主体自然资源使用权进行正当限制的基础,以实现和体现自然资源"合理使用"的任务与目标,以实现自然资源权利领域私益和公益、效率和公平、物权化和社会化等自然资源权利机制综合价值的动态、有效平衡。同时,国家之外的其他主体于意志层面的引入和资格塑造也应受重视。毕竟,自然资源、生态环境保护与每位个体生存息息相关,我们无法置身事外。但是,由于自然资源与环境为人类提供的资本或者服务是一种公共物品,因此其必然会产生外部性问题,以致某些主体保护自然资源环境所得的利益与所有主体共享,然为此的成本、付出却无以获得补偿和回报。因此,为解决这些难题,学术与实务界大体上提出了三种模式:其一是传统的国家治理模式;其二是市场自治模式;其三是国家(公)与市场(私)合作共治模式。但是前两种模式存在太多弊端。传统的国家治理模式,不仅使国家疲于应付,而且可能因为过多介入私人、社会领域而产

---

① 张娜:《能源博弈百态:地方政府不再欢迎央企圈资源》,《中国新能源》2011 年第 8 期。

生更多问题。诸如单纯关注权力与权利的冲突，而无视二者之间的合作需要与可能；权力的监督缺位和权利的享有、行使与保障机制缺陷；私益与公益兼顾实现的困境折磨；物权化与社会义务之间的矛盾难以调和，也缺乏可操作性技术，等等。市场自治模式也同样难以独担重任，市场追逐自利倾向不易得到有效引导与控制，成本—收益式方法无法有效评估公共利益、无法通过有效的成本内化途径解决公共物品的外部性问题，也容易忽视国家干预治理的合理性，甚至有可能贬低法律作为公共治理重要手段的价值功能。相较而言，只有国家与市场合作共治模式才是目前最理想的选择：第一，它看到了国家和社会、私人与公共统一的需要和可能，也顺应了如今公私合作进行公共治理的潮流；第二，它兼顾了私益与公益、物权化与社会化、效率与公平等多元价值；第三，它以理性的姿态为国家与其他主体共同参与自然资源环境利用与保护的综合机制提供了可行方案——赋予国家之外的其他主体参与自然资源与环境保护的公共权力，强调他们保护自然资源环境的主体地位，并以此为基础赋予和尊重他们自然资源与环境使用权利，以权力和权利的相互配套和相互监督落实"合理使用"自然资源环境的公共利益与私人利益平衡义务，以国家的自然资源与环境权力与其他主体的自然资源与环境权力分立设计形成权力相互监督机制。所以说，自然资源使用权意志层面的"国家+公民"双重构造应和了公私合作共治模式，具有理论和实践上的优越性与可行性，也为自然资源使用权主体的限制与重新配置提供了前提性支持。

第二，在国有自然资源特许使用权的权能构造层面上，则应强调管理国有自然资源的国家角色，明确国家管理国有自然资源的本质职责，限制国家使用。在前文论析中，我们已经分析过自然资源国家所有权的本质要求国家对自然资源的控制、管理。言下之意就是说，在自然资源权利领域，国家的主要角色是控制与管理者，国家的基本职能是控制和管理国有自然资源——制定自然资源立法、政策，协调自然资源权利冲突，建立和维护自然资源权利秩序。至于国家对自然资源的"所有"利用，本质上讲应限制为公益使用场合，为着社会公共利益目的，即便是考虑到国家自身也需要一定的物质利益，以维系自身运作而使用自然资源的场合，其使用权也应是有限制的。其理由有两个：其一，国家作为一个拟人化组织，主要通过设立国有企业的形式去使用自然资源，由此实质上形成"国家—政府"和"政府—国企"的双重代理模式，这种代理关系与代理模式由于权力系统传递的一贯性和利益的一致性，而可能使国有企业难以真正成长为市场主体，反而更像是代表国家利益，甚至国家私益的特权组织，在民主缺乏或者不健全的情况下，人民的利益在无形之中被僭越和取代。例如，有学者指出，我国的地方政府有企业化的冲动，县级政府变成了县级公司，这些政府公司导致中央与地方的矛盾更加突出。① 即便希望通过民主制度进行权力与权利的分离、制约或者监督与改造，以解决政府争权夺利的尴尬局面，其困难也可想而知。在国有产权场合，权利是由国家的代理人行使，但是作为权利的使用者，他对资源的使用、转让，及最终成果分配均无充分权能，这就使它对经济绩效和其他成员进行监督之激励弱化，而且国家监督代理人的成本也非常高昂，加之那些行使国家权力的实体常为某些政治利益而背离了利润最大化之初衷，对其代理人的选择也经常受此影响而仅成为政治利益的代理人，从而造成较强外部性，这种外部性的治理成本也较高。②

所以，反倒不如"快刀斩乱麻"，正视国家控制、管理自然资源的本质，回归国家控制与管理自然资源的公共利益本色。在德国，由于公用企业和欧共体的目标（防止破坏竞争）之间存在紧张关系，因此这些公用企业被再三要求私有化，但出于公益目的需要，《欧共体条约》并未排除其存在或新建公用企业，不过公益目的对其正当化的价值日益受到重视。③ 其二，要进行权力、权利及其主体的合理分离配置，就必须回归"企业"的本色。国有企业却经常将行政权与经济权利这两种不同性质和内容的权能混淆，甚至在现实中，国有企业更依赖这种行政权或明或暗的"照顾"和"保护"，行政机关也乐此不疲。这种行政权与经济的勾结

---

① 孙佑海：《影响环境资源法实施的障碍研究》，《现代法学》2007 年第 2 期。
② 张树义：《关于社会权利结构的思考》，《研究生法学》1999 年第 4 期。
③ [德] 乌茨·施利斯基：《经济公法》，喻文光译，法律出版社 2006 年版，第 69 页。对于公用企业的解释，很多人借助功能性的企业概念来定义公用企业。功能性企业是一个很宽泛的概念，其把经济活动等同于企业，指的是体现商品或服务的社会行为性质的、作为实际经济生活基础的特殊的经济活动主体；"公用"则指的是该经济活动主体的法人性质或财产权关系。参见 [德] 乌茨·施利斯基《经济公法》，喻文光译，法律出版社 2006 年版，第 139 页。

现象背后存在那些非正当利益的引诱与控制。所以，必须切断这种利益链条，必须对国有企业进行分类改革，让那些经营性国有企业回归企业本质。但考虑到国有企业广泛参与自然资源使用的普遍现实，这种改造将是一种缓慢的近乎理想的过程。因此，就阶段性的变革而言，国有企业作为国家代表对自然资源的"所有"使用应受到限制，与此相适用的手段是区分公益性国有企业和经营性国有企业，对公益性国有企业的自然资源使用权应予尊重和保障，但对经营性国有企业的自然资源使用权则应严格限制，除非出于公共利益并本于国家自身发展所需原则上不得使用国有自然资源。

（二）自然人、法人和其他组织——自然资源使用权的常态、优先保障

国家与国家之外国有自然资源使用权主体在意志与权能层面的角色区分、职能分设进一步说明，国有自然资源使用权主体应回归社会范畴。也就是说，自然人、法人和其他组织的国有自然资源特许使用权应受到特别的、优先的尊重和满足。换言之，由国家之外的其他主体使用自然资源应是一种常态。在自然资源权利领域内，国家的角色和职能就是控制、管理自然资源，建构和维护自然资源权利秩序，而非以"所有"使用的方式与民争利。但主体的市场化回归不意味着国有自然资源使用权配置能够完全采用市场化配置。特别是在国有自然资源使用权的初始配置场合，由于自然资源自身的特殊性和自然资源公共利益价值的极其重大性，以致国家干预必须介入其中。行政许可的存在及其机制设计、运行恰是带有这样的初衷。正如学者指出，市场资源配置的失灵是资源行政许可配置存在的一个重要原因，具体可以两个相互对立但又存在配合的解释路径来理解：第一，传统经济学的致命缺陷，一是仅注重静态划分宏观经济和微观经济，而未对经济运动进行整体上的虚物经济与实物经济、黑色经济与白色经济、创造经济与常规经济的划分认识；二是未对黑色经济进行全息式抽象，仅将之局限于黑色经济、地下经济、隐形经济，对黑色经济之界定，以政府行为为主界线，以法律、法规或政策为标准，忽视了以政府行为推进的黑色经济（如战争经济、军火买卖、黑色科技、金融腐败、信用腐败、资源破坏和污染等），从而模糊了经济学视野。第二，政府在市场主体中的作用和地位，容易形成既得利益集团，从而难以行使有效监督和公平裁判的职能。因此，政府应从实物市场经济中退出，从市场主体中退出，国有企业应转化为公众企业，政府权力进入虚物市场，政府只能作为虚实经济之间的"第三者"的身份存在，即成为虚物经济和实物经济、创造性经济与常规性经济、黑色经济与白色经济之间资源配置的监督者、裁判者，法制经济的代表者，通过法制手段将黑色经济中的创造性经济转化为白色经济，将白色经济中的夕阳经济转化为黑色经济。① 但是，这不意味市场可以完全、独自解决那些大量存在的"公共事物的悲剧"，政府通过法制化的行政许可手段来配置资源的功能与价值必须受到重视，政府管制中产生的某些现实问题（如目前政府行为所导致的黑色经济）并不代表政府在市场经济中无任何价值，难有所作为，关键是政府采取什么管制方式，如果我们尚未找到解决"公共事物悲剧"的更好办法，求之于政府法律手段就不可避免。② 当然，行政许可也应勇敢面对批评，正视其在事项范围、行政机关权力，许可公开性和透明性等方面的缺陷，引入竞争机制，加强社会自我管理，还权于社会；强调公民的自主性优先，还权于民；进一步规范许可条件和程序，强化许可监督。③ 这恰是对国家之外的其他国有自然资源使用权主体常态化、优先性的一种尊重与强调，但行政（许可）配置及其对主体形成的客观限制仍须是一前提性存在。

（三）国有企业的限制性使用与其他主体的优先性使用之间的协调

在未来的自然资源权利机制中，个人、企业和其他组织应是主要的使用权主体，其使用权的取得也将以招标、拍卖、挂牌等市场竞争的方式进行。④ 这同时也对行政许可制度的进一步完善和许可执法的公正、公平提出了更多要求。正如哈洛所指出的那样："特许推动私营企业提供服务，是新公共管理运动的缩影，也是契约型安排在行政法中兴起的缩影。可以认为特许或是一种规制方法，或是对像命令和控制这样传统规制方

---

① 参见杨占生《经济学跨世纪批判》，中国经济出版社1998年版。转引自杨解君主编《行政许可研究》，人民出版社2001年版，第7页。

② 杨解君主编：《行政许可研究》，人民出版社2001年版，第7页下注释。

③ 杨小军、黄梅兰：《问题与对策——行政许可防腐规则的法律分析》，载姜明安、蒲杰夫主编《论法治反腐——"反腐败法制建设"国际学术研讨会论文集》，法律出版社2008年版，第236—245页。

④ 《行政许可法》第53条："实施第十二条所列事项的许可时，应采用招标、拍卖等公平竞争方式。""挂牌"这种方式为国务院法制办（国法秘函[2005]239号）批复所认可。

法规则的一种补充甚至替代。"① 但无论如何理解特许，它作为现代政府的一种社会管制手段是我们无法否认的。行政许可调节着行政权力与公民权利之间的关系，它的授益特质也使它更能调和二者之间的"良性"互动；至于如何真正实现这种良性互动则有赖于行政程序——一个以听证、公众参与为核心的科学、简洁程序。② 所以，国有自然资源特许使用权及其主体配置的合理化，需要重点考虑如何将国家作为自然资源管理者、保护者的角色、权能和个人、企业、其他组织作为自然资源保护者、使用者的角色与权能科学地结构起来，这种目的之实现端赖于完善的行政程序设计。

第二节 国有自然资源特许使用权的客体

一 国有自然资源特许使用权的客体之争：权利还是自然资源自身

（一）权利客体的概念与范畴之争及其消解

在法理学上，权利的客体一般指权利围绕和作用的对象，可以是物、人的行为，也可以是人的精神财富。在民法学界，传统观念一般认为民事法律关系之客体乃是作为此种关系内容的权利、义务所共同指向的事物，诸如物、行为、智力成果、人格、身份等都属其中。③ 具体到物权上，一般认为物权之客体应具有如下特征：其一，它须是对主体"有用之物"且围绕和针对它可能发生利益冲突，故需对之进行利益界定，以明确其权利与义务，确定其归属；其二，它须为人类可以控制，或可以部分控制的东西，唯此法律调整才可行；其三，它须为可在认识上与主体分离之独立物、自在物。④ 但近年来，亦有学者认为民事法律关系的客体是唯一的，此即"行为"。⑤ 我们认为，之所会存在此种权利客体之

---

① ［英］卡罗尔·哈洛等：《法律与行政》（下），杨伟东等译，商务印书馆 2004 年版，第 513 页。

② 章剑生：《现代行政法基本理论》，法律出版社 2008 年版，第 210 页。

③ 参见佟柔主编《中国民法法·民法总则》，中国人民公安大学出版社 1996 年版，第 50 页。

④ 张文显：《法哲学范畴研究》，中国政法大学出版社 2001 年版，第 106—107 页。

⑤ 参见马俊驹、梅夏英《无形财产的理论和立法问题》，《中国法学》2001 年第 2 期。

"多元论"和"唯一论"的分野,最主要的原因在于两个方面,一个是将法律关系的客体和权利的客体混淆,另一个则是在方法上,需要将复杂多元的现实进行理论抽象,以此将复杂的现实世界化归为易于理解、易于规范的简约模式。正如学者指出,客体"唯一论"的不妥之处在于:过度强调客体之单一,却将法律关系客体与调整对象混为一谈,将权利义务指向、作用的对象与法律关系控制的对象相混淆。① 由此看来,权利客体范畴的确定,关键在于如何理解权利客体概念。在通过法律的社会控制视角,法律规范直接指向并作用的对象是人的行为,但法律规范控制行为的方式又是权利和义务的配给。由此看来,通过法律的社会控制实质上需要进行两个层面的工作:第一层面是将需要并能予以法律调整的、以行为为载体的社会关系纳入法律规范系统进行初次评价、事实评价。在这一层面上,将财产权,甚至物权理解为直接的人与人之间的社会关系才是妥当的,② 才能比较容易地在财产权基础上进行物权关系的逻辑推演;第二层面是将这种以权利与义务为表征的社会关系进行再次评价、价值评价。在这一层面上,才能将财产或者物权关系理解为间接的人与人之间的社会关系。整体看来,法律调整的是行为,对行为的评价一直贯穿法律控制的始终,所以,若说经由法律调整的社会关系——即法律关系的客体(对象)是行为,这自当无疑。但若说权利的客体是行为就失之妥当了,从法律控制社会关系活动的第二个层面我们就可以清晰发现,权利指向和作用的对象(客体)应是比行为更深层次的事物——应是行为所围绕作用之事物本身,是行为直接接触、作用的客观世界(事物)。上述暗含的逻辑是,财产权是物权的上位范畴,法律关系的客体是权利关系客体的上位范畴,这种分层缕析的方法本就暗合着人(主体)认识并作用于事物(客体)的思维活动。

---

① 参见屈茂辉《用益物权制度研究》,中国方正出版社2005年版,第139—140页。

② 学者认为"法律乃至整个社会科学领域应当过问的是人与人之间的关系,而不是人与物的关系"。郑成思:《关于制定"财产法"而不是"物权法"的建议》,载易继明主编《私法》第4辑第1卷/总第7卷,第3页。在域外,尤其具有财产法传统的国家也认为财产权是一种社会关系。斯蒂芬·R.芒泽编著的《财产的法律和政治理论新作集》一书第二章名字即为"Property as Social Relations"。See Stephen R. Munzer. *New Essays in the Legal and Political Theory of Property*, Cambridge University Press, 2001, p. 37.

至此，本书认为，权利的客体是权利所指向和直接作用的对象这种观念仍然是准确、有价值的；放眼现实世界与法律世界的勾连过程，权利的客体之表现形式也是多样的，物、行为、智力成果、人格、身份等都包括其中，近年来兴起之新型权利之风，其所谓之诸种新兴权利的客体范畴也应无出其右。

（二）国有自然资源特许使用权客体概念与范畴之争及其消解

虽说权利的客体是权利指向和直接作用的对象，照此，国有自然资源特许使用权的客体也应能清晰理解。但是，由于自然资源的特殊性使然，对于国有自然资源特许使用权的客体认知实际上也存在争议。中国台湾地区学者郑玉波就指出，诸如矿业权、渔业权等自然资源权利应为准物权，其客体则为一定之权利。① 更为奇怪的观点则指出，自然资源使用权或称经营权属于特别法上的物权，其客体是行为，即开发、利用行为，但同时却又认为水权的客体为水资源本身。② 这里显然没有虑及法律关系客体与权利客体的区别。学界较为普遍的观点认为，自然资源使用权的客体为自然资源。③ 不过，还有一种比较特殊但不乏价值的观点认为，资源权的客体是双层的，包括目的客体和手段客体。④ 这种观点正视了自然资源的自然性、整体性等特质，立体地看待自然资源使用权问题，但无论说渔业权目的客体是鱼等水生资源、手段客体是水资源，还是说水权的目的客体是水资源、手段客体是土地，但在整体上说自然资源权利的客体是自然资源本身并无问题，而且这种目的客体与手段客体的区分不仅可能扰乱人的认识，而且其本身的现实意义也值得质疑——它对自然资源权利法律机制建构的意义除了对利用中所及之资源整体保护的强调外，其他作用或者贡献较难体现与实现。所以，我们认为国有自然资源特许使用权的客体应该为自然资源本身，如渔业权的客体为一定水

---

① 郑玉波：《民法总论》，中国政法大学出版社2003年版，第66、262页。
② 参见王利明《物权法研究》，中国人民大学出版社2002年版，第613、614页。
③ 参见桑东莉《可持续发展与中国自然资源物权制度之变革》，博士学位论文，武汉大学，2005年，第125页；王智斌《行政特许的私法分析》，博士学位论文，西南政法大学，2007年，第142—143页；崔凤友《海域使用权制度之研究》，博士学位论文，中国海洋大学，2004年；黄萍《自然资源使用权制度研究》，博士学位论文，复旦大学，2012年，第16页。
④ 参见金海统《资源权论》，法律出版社2009年版。

域之水生生物,① 水权的客体为水资源、矿业权的客体为矿产资源、林业权的客体为一定地域内的林木资源、狩猎权的客体为野生动物资源,② 这样定位的最大好处在于,有利于自然资源特许使用权客体的统一化认知,以改变对自然资源权利客体认知过分混乱的局面。③ 为此,我们认为不妨接受"目的客体—手段客体"说的启发,但不用严格区分目的客体和手段客体,而应注意这种观念背后的意思,即根据这种权利产生的直接价值和目的去理解和定位某类自然资源使用权的应然客体。当然,这只是我们在普遍意义上对国有自然资源特许使用权客体的认识与定位,在服务于国有自然资源特许使用权法律机制建构的需要上,还需对自然资源以符合私益—公益、效率—公平衡平目标的方式进行具体认知。

二 不同国有自然资源特许使用权的客体分析

为方便分析和说明问题,我们也可以借助国有自然资源特许使用的另一种分类,即消耗性使用和非消耗性使用。④

(一) 可消耗性国有自然资源特许使用权之客体

消耗性使用的自然资源是指,一经使用即会造成作为使用对象本身的自然资源的损耗。消耗性使用与自然资源是否可再生并无必然关系。也即是说,它只以使用是否会造成自然资源自身损耗为标准,至于这些资源能否再生,对于此类自然资源权利法律机制的设计而言,关系不大。

---

① 有学者则指出渔业权的客体只能是特定水域,因为水生动植物不过是水域之组成部分并非独立物。参见崔建远《关于渔业权的探讨》,载《吉林大学学报》2003 年第 5 期,第 32 页。但本书认为,水生动植物因其价值及其实现需要是可以成为独立物的,纠结于其自然属性而自决于社会属性本就值得质疑。

② 对此,有学者持不同意见,认为狩猎权的客体是一定之狩猎场所,野生动物只是狩猎场的构成要素。参见崔建远《准物权研究》,法律出版社 2003 年版,第 25—26 页。对此不敢认同,无法理解狩猎场所是怎样成为一种自然资源物权(无论怎样认识它的属性)的客体,狩猎场所和野生动物之间的关系,在构成上的逻辑能否以及如何影响自然资源权利机制?将本无太强逻辑关系的事物言辞凿凿地说成逻辑密切,其所显示的意味与"目的客体—手段客体"说似乎无异,但对谁为目的、谁为手段的认识却并不准确。

③ 对各类自然资源使用权的客体认识学界的确是很混乱的,如狩猎权的客体究为狩猎场所还是野生动物存在争议,渔业权的客体究为一定水域还是水生生物也存在争议。

④ 需要说明的是,这种分类及其利用并不与本书所提出的新的分类相冲突,反倒可将非消耗性使用和消耗性使用分类纳入国有自然资源经济性使用,也即特许使用的范畴内来进行理解,而且这种理解是妥当的。当然,在此利用的这种分类与学界的传统理解存在一些差别。

自然资源保护的要求，不仅是对资源数量的要求，也是对自然资源提供人类持续性、良性服务的要求，是一种资源环境的质量要求。而且从时空上讲，其实所有自然资源都是有限的，即便那些可以再生的自然资源，其再生并自行恢复的时间通常是相当漫长的；在不同的地区，自然资源的价值也会因地、因人而异。比如在沙漠地区，水资源对人的基本生存保障价值可能是最重要、甚至是唯一的，但在水资源丰富、雨量充沛地区，水资源的经济价值却可能成为最重要者；在沙漠地区，林木资源可能最重要、甚至是唯一的价值仍然是生存保障，但在水土资源丰富、林木茂盛的地区，林木的经济价值可能就是最重要者。可见，对于同一类自然资源，在不同地区，针对不同群体的不同需要，可供选择的最佳资源使用方式会有很大不同。若对此进行一个整体抽象，将自然资源使用类型视作一条直线，就会发现，生存性使用和经济性使用恰好是这条线的两端，它们之外的生态性使用和公共性使用则存在于中间位置。对于一种消耗性使用而言，使用会造成作为使用对象的自然资源自身的消耗。

所以，这里就存在了能量转换。在物理学的视角上，自然界的每类存在都是永恒的，唯一的区别在于存在形式不同。一类物体的消失，只是意味着它通过能量转换而以另一种形式而存在。这种观念在消耗性使用场合的解释学意义在于，自然资源在使用中通过自身消耗而将能量转化为一种新的形式——资源产品。而且这种资源产品的所有人不是国家，而是特许权获得者——资源使用人。所以，在消耗性使用场合，通常会形成双所有：国家对自然资源的所有，使用者对自然资源产品的所有。基于此，相应的自然资源权利法律机制就需主要考虑两个问题，其一是赋予资源使用者自然资源使用权，这是自然资源使用权的初始配置；其二是对国家自然资源所有权的保护和对使用者自然资源产品所有权的尊重、保护。也就是说，在消耗性使用场合，自然资源使用者从国家那里取得的不是用益物权，而是资源产品所有权。不过因为其间需要经过一个能量转换而间接地将这一过程体现出来，所以造成了我们理解上的困难。这也同时说明，在此场合的自然资源使用权客体仍然是自然资源本身，而不包括资源产品。

(二) 非消耗性国有自然资源特许使用权之客体

在非消耗性使用场合，对自然资源的使用并不造成作为使用权对象的自然资源本身的损耗。如海域使用权，客体为海域这种自然资源，在使用海域过程中，作为海域使用权客体的海域资源自身并不发生损耗，但也并未取得资源产品，不过是满足了使用者对海域的用益需要。所以，在非消耗性使用场合，这种自然资源使用权符合标准的用益物权要件。不过是该自然资源物的某种使用价值得到直接满足、直接发生、直接观察和直接体验。所以，对此类自然资源权利法律机制的设计就可以用益物权的模式去考虑。要说明的是，几乎所有（自然）公物都具有这种直接用益的特征，但不是所有的自然资源都应该或适宜纳入公物法制范畴去调整；也不是说所有具有这种用益特征的自然资源都可以纳入物权范畴去认识和调整，公物的客体与物权的客体范畴之间还应具有明确而清晰的区分，我们所关注者也恰是二者的重合部分。

(三) 关于国有自然资源特许使用权客体的进一步说明

在同一类自然资源上同时存在生存用、生态用、公共用和经济用之不同使用需要及形态时，该如何理解和处理这种冲突？就如在海域这类自然资源上，生存用、生态用、公共用和经济用可能同时存在：为了生活生存而使用一定海域养殖以供基本生活和生存；为保护生态环境使用一定海域进行生态环保目的的科学研究；为公共使用，在特定海域游泳、洗浴；为经济性目的，使用一定海域进行海盐提炼生产，或海水淡化。此时，虽为同一自然资源，但其价值多元，对人类需要的满足也就多元化了。虽说我们在此讨论的是国有自然资源的经济性使用，也即特许使用这种类型，但由于它们共存于同一自然资源上，所以就应注意其间的相互关系问题。我们认为对应于不同使用形态而形成的使用权其客体也是一样的，即其客体均为自然资源自身。在以海域使用权为讨论域的前提下，无论上述哪种使用权形态，其权利客体均为海域这类自然资源。①

---

① 在我国，通说认为海域使用权的客体为海域，但由于广义上的海域范围相当广泛，诸如专属经济区、大陆架和公海却涉及国家主权，不宜在物权范畴内讨论，所以我国《海域使用管理法》第 2 条明确将海域限制在 "内水、领海的水面、水体、海床和底土"。

另外，国有自然资源特许使用权不同于民法物权的一个重要之处，还在于其对客体有数量和质量限制或要求。在民法物权上，对作为物权客体的物通常没有质量要求，更无数量要求。唯在一般意义上解释时，才似乎存在确保作为物权客体的可得使用和收益的良好品质。但是这种确保意思完全交由主体自决，并不具有强制性。但国有自然资源特许使用权与此不同，因为从《宪法》到《物权法》，再到《海域使用管理法》、《渔业法》、《水法》等各单行自然资源管理法，都一致地提出"合理"使用，以节约资源、保护环境。所以，无论是在哪类自然资源，或者哪种自然资源使用权形态下，它们都要传递、分派这种带有强制性的"合理""节约""保护"义务，因此，作为使用权客体的自然资源就在数量上存在了强制性要求或限制——数量合理，不浪费，在质量上也存在强制性要求或限制——不造成资源性质改变的损耗、破坏，不因对作为环境要素的自然资源的使用而影响、危及人类生存环境。而这恰是我们将国有自然资源特许使用权定性为公法物权的重要理由之一。

三 国有自然资源特许使用权客体的公法物权意义

在通常或传统民法物权理论上，物权客体需要具有有体、独立和特定性。但正如前述，自然资源具有整体性、关联性。所以，若从传统民法物权视角去解释，可能会存在诸多困难，所以才有学者主张以"准物权"来将诸如自然资源、无形财产等纳入其中，或以"新财产权"来解释它们。但其一，准物权之概念与理论范畴至今仍不明确；"新财产权"之谓也存在一定模糊性。不过，由于财产与财产权的弹性、开放性非常充足，所以，用"新财产权"来理解具有一定的优势。但它们为什么"新"？何以"新"？具有什么样的特殊规则？这一系列难题，无论是传统物权还是财产权理论只给出了描述性解释，却未有特别规则性、建构性解释。其二，主体与客体通常只是权利构造首先会遭遇，或首当解释的要素问题，但因主体和客体的特殊而引致的权利义务之特殊性及其应对规则的特别考虑通常具有最终性意义。在客体问题尚无法在传统民法物权理论范畴进行合理解释和解决的情境下，去谈论特别规则的设计更像是个比较遥远或者缥缈的理想，民法物权理论对此问题的解决之难度可见一斑。在主体、客体之后，诸如权利的行使、权利的保护、适用规范等一系列后续问题都是传统民法物权理论难以解决的问题。其三，即便暂不去想那些遥远的步骤，仅就客体而论，传统民法物权理论可曾遇到过一项权利存在双重客体结构之现象？民法物权理论究竟该如何对自然资源使用权领域普遍存在的这一现象进行解释？在传统民法物权理论无法解释与解决这些现象和问题的时候，我们所能采取的，只有对传统民法物权理论的调整和新的理论模式的应用这两种路径。其四，作为国有自然资源特许使用权客体的自然资源在数量和质量上的强制性要求或限制，是民法物权这种高度自由、自治性规范系统无法兑现的。这些要求大多来源于公法规范，具有强制性，公共利益性，这显然与民法物权的私法性、自由性、私益保障性等性格多有抵牾。于是，公法物权模式就成为一种新的探索路径。

第三节　国有自然资源特许使用权的行使方式

作为一种公法物权，国有自然资源特许使用权的行使必须满足物权的竞争性、排他性和有偿性，否则也不可能成为物权。所以，国有自然资源特许使用权的行使方式就必然是一种竞争性、排他性和有偿性方式。换言之，国有自然资源特许使用权的公法物权属性说明它具有一定的竞争性、排他性和有偿性。这三者之间相互依存，从而将国有自然资源特许使用权体现为一种公法物权；同时，竞争、排他、有偿又是国有自然资源特许使用权行使的基本方式。

一　排他行使

"许可权人的道德权威来源于财产权，只要人们不能否定财产权的道德正当性，就无法否定所有权人的许可权；财产权具有排他性，这构成了对他人的限制，经由许可的构成性事实，他人于是获得了进入或使用的自由或权利。"[①] 以水权为例，由于水权许可一般不可撤回，所以，水权许可就可能形成比较稳固的财产地位，所以，水资源的特许使用权就

---

① 陈端洪：《行政许可与个人自由》，《法学研究》2004 年第 5 期。

成为一种物权。① 众所周知，物权是一种可得排他支配的权利。由此可见，经由许可获得的财产性权利具有一定的排他性、竞争性。事实上，竞争性、排他性也构成了财产交易的基础。这一观念在国有自然资源特许使用权这种公法物权上也具有普适性。

依据物权理论，一项权利能够成为物权首先必须具有竞争性，在人人可得自由使用的场合一般不会形成物权。所以，对国有自然资源的非竞争性使用就不可能被纳入物权范畴。正是由于财产使用上的竞争性，才可能导致财产的排他使用。竞争性是排他性的基础，排他则是竞争的结果。当对一项财产可得排他使用之时，权利人才可以据此要求非权利人尊重，并得于权利受到妨碍、破坏之时请求消除妨碍，它是物权的一个象征，也是物权行使的一种结果或效力。

二 有偿行使

只有当一项财产权利具有竞争性、排他性时，才能刺激权利的让与，以促进财产的有效利用并带来丰厚的效益。英美法系的财产权是以交易为中心的，通过财产权的让与使不同主体可以不再受到所有权的限制而大量使用财产（资源），创造更多财富。而财产（权）的让与既然是一种交易，一般总是有偿的，当然亦不必然排除无偿让与。然而，出于有益于双方的考虑，财产的有偿利用、财产权的有偿让与成为常态。特别是对一些重要财产利用的场合，有偿使用的价值甚高。国有自然资源的有偿使用就是适例。自然资源的重要性毋庸赘言，所以，对它的使用就必须采取有偿方式。国有自然资源的有偿使用，其目的不仅是为提高利用效率，更是为保护自然资源。这种双重目的使国有自然资源特许使用权具有了不同于民法物权的属性，也就不太适宜通过民法物权化模式指导相应的机制建构。

可以说，在国有自然资源特许使用权的竞争性、排他性和有偿性上，前二者容易理解，它们只需要相应的机制建构遵从与体现即可，而不需要通过其他外在机制去进行刻意保障。但对有偿性则不同，需要利用一些外部机制保障有偿性，以激励"合理"使用。国有自然资源特许使

---

① 参见王洪亮《论水权许可的私法效力》，《比较法研究》2011 年第 1 期。

权的取得是从作为所有者的国家获得的。虽然我国已经建立了自然资源有偿使用制度，但实际上，特许使用权取得者所支付的价格与资源的价值相去甚远，其定价与价格经常背离资源市场机制，无法体现自然资源的市场规律与市场价值。其结果是取得者往往不珍惜自然资源，利用效率低下，资源浪费与破坏极其严重，实践中贫矿被弃置、伴生矿被忽视，富矿一拥而上疯狂野蛮开采，在经济学视角来看，都是资源价格过低惹的祸。① 这引起的连锁效应是，国有自然资源特许使用权的再配置（次级流转）过程中，由于资源价值对成本影响较小，资源使用权取得者同样不会珍惜资源，"劫掠式"使用成为一种"传染病"。对此问题，我们并不是在否定国有自然资源特许使用权配置的行政化方式，但必须在行政配置的基础上重视市场机制的引入和完善。我国《矿产资源法》第5条就规定，国家实行探矿权、采矿权有偿取得制度。《国土资源部关于进一步规范探矿权管理有关问题的通知》则规定："（四）登记管理机关可依法以行政合同方式与探矿权人就勘查工作法规规定及相关事宜作出约定，进一步明确双方的责任、权利与义务，对勘查实施方案的实施实行合同管理。"财政部、国土资源部《关于深化探矿权采矿权有偿取得制度改革有关问题的通知》规定，在探矿权、采矿权的取得上全面采行有偿取得。《行政许可法》已经引入了招标、拍卖等市场化机制；《物权法》第119条也原则地规定了国有自然资源的有偿使用制度，但缺乏相应的配套机制，比如"资源核算制度尚未建立，GNP的机制核算中没有一个补偿资源耗损的项目"②，等等。由此看来，问题的关键大概在于以下两点：一是，资源税费本身就是一种事先评估的结果，无论如何都无法做到与资源价值完全吻合；二是，资源税费征收机制的外部保障问题。制度是人创造并由人执行的，一项好的制度是否真正有效还需健全保障机制。就前一问题，应对目前的资源税和资源费征收机制，尤其是税费核算机制，进行检视、完善或确立，对资源税应坚持市场化价值评估之后予以征收，同时为了达到尽量修复保护资源环境的目的，也使资源税费制度具有一

---

① 朱遂斌、张睿：《自然资源利用的法律问题》，载游劝荣主编《物权法比较研究》，人民法院出版社2004年版，第259页。

② 叶知年主编：《生态文明构建与物权制度变革》，知识产权出版社2009年版，第66页。

定弹性，应在征收资源税基础上对资源补偿、环境修复等费用的征收基准、征收方式等进行再检视，以使之更为合理科学。

第四节　国有自然资源特许使用权行使限制

权利行使，一般指向经由主体—客体互动的关系过程及其状态。从过程论视角，以及权利与义务对立统一的视角来看，权利的行使意味着权利逐渐消耗、弱化，而对应的义务则逐渐增强。如我国《物权法》第七章就规定，在相邻关系中，不动产权利人在行使权利过程中，"不得违反国家规定，弃置固体废物，排放大气污染物、水污染物、噪声、光、电磁波辐射等有害物质"。《水法》《渔业法》《矿产资源法》《森林法》《草原法》《海域使用管理法》等自然资源法所规定的水权、渔权、矿业权及林业权、草原使用权、海域使用权等国有自然资源特许使用权的行使恰巧体现了这样一个权利消耗和义务增强的过程观念，在各类国有自然资源特许使用权行使过程中，出于公益目的的国家干预，特为各使用权的行使设置了较为严格的限制。如在采矿权上，即为"采矿权的非征收性限制"，"它是国家对采矿权施加的古典征收以外的各种公法限制，即国家在剥夺采矿权以外的各种减损采矿权人占有、使用、收益及处分等权能的限制性措施"[①]。虽然因应各类自然资源的自身情况，这种限制及其程度可能会有所不同，但在整体上，可以较为容易和清晰地发现针对不同对象的国有自然资源特许使用权之限制，此即学界所谓之自然资源开发利用禁限制度。它是指法律根据自然资源的特点和保护需要，对其利用方式、对象、时间、范围、工具等所作的禁止和限制的法律规范的系统化；它的意义在于要求自然资源的使用充分尊重生态规律，有节制、有限度，以更好保护资源环境。[②] 这种禁限本质上是国家基于公共目的而施加的干预，是一种公共规制，其形式目的是限制权利，但实质目的是为保护权利。"限制权利的目的不在于取消权利，而在于实现权利；不在于削弱和缩小权利，而在于扩大权利。必须把限制视为实现权利、

[①] 宦吉娥：《法律对采矿权的非征收性限制》，《华东政法大学学报》2016年第1期。
[②] 吕忠梅主编：《环境资源法学》，中国政法大学出版社2005年版，第198页。

扩大权利和达成其他价值目标的一种必要手段。"① 权利限制本该以相互冲突之权利作为内容上之变更，并以维持权利本位不消灭为基础，自然也就不存在因权利限制而引发权属变动的问题；然而，量变与质变是经常存在并相互交织一体的，尤其是为达到消灭权利冲突的目的，特定情形下，权利限制亦会导致权属变动。② 所以，限制不仅在一定意义上说明了国有自然资源特许使用权相较民法物权的特殊性，也顺带体现和自证了它的公法物权属性。

一　限制的形式与表现
（一）使用方式上的限制

《渔业法》第30条规定："禁止使用炸鱼、毒鱼、电鱼等破坏渔业资源的方法捕捞。禁止制造、销售、使用禁止的渔具。禁止使用小于最小网目尺寸的网具进行捕捞。捕捞的渔获物中幼鱼不得超过规定比例。"

《草原法》第14条规定："草原承包经营权转让的受让方必须具有从事畜牧业生产的能力，并应履行保护、建设和按照承包合同约定的用途合理利用草原的义务。"第32条规定了草原利用者合理利用的要求，不得超过核定载畜量；应采取种植和储备饲草饲料、增加饲料供应量、调剂处理牲畜、优化畜群结构，提高出栏率措施，保持草畜平衡。第34条规定："牧区的草原承包经营者应当实行划区轮牧，合理配置畜群，均衡利用草原。"第35条规定，草原承包经营者应采用先进技术、采用青草和饲草储备、加工新技术。第36条规定，设定合理的留茬高度和采割强度，实行轮割制。

《水法》第7条规定水资源许可制度。第8条规定，国家厉行节约、大力推广节水新技术、新工艺、新方法，建立节约型社会。第20条规定："开发、利用水资源，应当坚持兴利与除害相结合，兼顾上下游、左右岸和有关地区之间的利益，充分发挥水资源的总和效益，并服从防洪总体安排。"第21条规定："开发、利用水资源，应当首先满足城乡生活

---

① 程燎原、王人博：《权利及其救济》，山东人民出版社1998年版，第211页。
② 张平华：《财产权限制的意义》，载方绍坤、谢哲胜主编《中国财产法理论与实务》，北京大学出版社2008年版，第18—19页。

用水，并兼顾农业、工业、生态环境用水和航运等需要。在干旱和半干旱地区开发、利用水资源，应当充分考虑生态环境用水。"第44条规定，国家水行政主管部门应制定中长期水规划，并综合国民经济、社会发展规划、流域区域规划等，按照水资源供需协调、综合平衡、保护生态、厉行节约、合理开源节流的原则制定中长期水规划。第47条规定，国家对水实行总量控制和定额管理相结合的制度。第48条规定，有偿用水制度。第49条规定："用水应当计量，并按照批准的用水计划用水。用水实行计量收费和超定额累进加价制度。"

《森林法》第29条规定，国家根据用材林的消耗量低于生长量原则，严格控制森林年采伐量。

《矿产资源法》第26条规定："普查、勘探易损坏的特种非金属矿产、流体矿产、易燃易爆易溶矿产和含有放射性元素的矿产，必须采用省级以上人民政府有关主管部门规定的普查、勘探方法，并有必要的技术装备和安全措施。"第33条规定："在建筑铁路、工厂、水库、输油管道、输电线路和各种大型建筑物或建筑群前，建设单位必须向所在省级地矿主管部门了解拟建工程所在地的矿产资源分布和开采情况。未经相关部门批准，不得压覆重要矿床。"

（二）使用对象上的限制

《渔业法》第31条规定："禁止捕捞有重要经济价值的水生动物苗种。因养殖或者其他特殊需要，捕捞有重要经济价值的鱼苗或者禁捕的怀卵亲体的，必须经国务院渔业行政主管部门或者省级渔业行政主管部门批准，在制定区域、时间内按照限额捕捞。"第34条规定："禁止围湖造田。沿海滩涂未经县级以上人民政府批准，不得围垦；重要的苗种基地和养殖场所不得围垦。"

《森林法》第4条规定，国家实行森林分类制度。对防护林、用材林、经济林、薪炭林、特种用途林区别保护。第31条规定："采伐森林和林木必须遵守下列规定。（1）成熟的用材林应当根据不同情况，分别采取择伐、皆伐和渐伐方式，皆伐应当严格控制，并在采伐的当年或者次年内完成更新造林。（2）防护林和特种用途林中的国防林、母树林、环境保护林、风景林、只准进行抚育和更新性质采伐。（3）特种用途林中的名胜古迹和革命纪念地的林木、自然保护区的森林，严格采伐。"

《矿产资源法》甚至在资源产品的购销上都设置了限制。其第34条规定："国务院规定由指定的单位统一收购的矿产品,任何其他个人单位不得收购。"

(三) 使用时间上的限制

《渔业法》第3条规定,禁渔期捕捞。禁渔期是国家规定禁止或限制捕捞水生动物的时间界限。《渔业法实施细则》第21条规定,县级以上人民政府渔业行政主管部门应当依照法定管理权限,确定重点保护的渔业资源品种及采捕标准,在重要的鱼、虾、蟹、贝、藻类以及其他重要水生动物的产卵场、索饵场、越冬场和洄游通道,规定禁渔区和禁渔期。

《水法》第45条规定,调蓄径流和分配水量,应当依据流域规划和水中长期供求规划,以流域为单元制定水量分配方案。

《森林法》规定,在封山育林期,禁止或限制开荒、砍柴和放牧。

(四) 使用范围上的限制

《渔业法》第3条规定:"禁止在禁渔区捕捞。"

《草原法》第36条规定,国家设定合理的割草期、规定采种期以及留茬高度和采割强度,实行轮割制。第42条规定,国家实行基本草原保护制度,并对基本草原进行严格管理。第43条规定,国家对具有代表性的草原类型、具有重要生态功能和经济科研价值的草原,在珍稀濒危野生动植物分布区,设立草原自然保护区。第46条规定,禁止开垦草原,对水土流失严重、有沙化趋势、需要改善生态环境的已垦草原,应有计划退牧、退耕,已造成沙漠化、盐碱化的要加强治理。第49条规定:"禁止在荒漠、半荒漠和严重退化、沙化、盐碱化、石漠化、水土流失的草原以及生态脆弱区的草原上采挖植物和从事破坏草原植被的其他活动。"

《水法》第23条规定,地方各级政府应结合本地区水资源的实际情况,按照地表水与地下水统一调度开发、开源节流、污水处理再利用,综合开发利用。根据国民经济社会发展规划及城市总体规划编制、重大建设项目的布局,进行科学论证;在水源不足的地区,应对城市规模和建设耗水量大的工农业和服务业项目加以限制。

《森林法》规定,在当地人民政府指定的封山育林区内,禁止或限制开荒、砍柴和放牧,以保护林木的自我更新。

《矿产资源法》第 20 条规定："非经国务院授权之主管部门同意，不得在下列地区开采矿产资源：（1）港口、机场、国防工程设施圈定地区以内。(2）重要工业区、大型水利工程设施、城镇市政工程设施附近一定距离以内。(3）铁路、重要公路两侧一定距离以内。(4）重要河流、堤坝两侧一定距离以内。(5）国家划定的自然保护区、重要风景区，国家重点保护的不能移动的历史文物和名胜古迹所在地。(6）国家规定不得开采矿产资源的其他地区。"

二　限制的公法物权意义

对某事物进行限制的意义通常在于组织其正常功能或作用的发挥。对物权的限制，必然会导致物权部分或整体效力程度不等的丧失或受限。物权的效力是指物权所具有的非同于其他财产权的功能与作用，主要是指使用、收益和处分。国有自然资源特许使用权的效力与之类似。但作为一种公法物权，国有自然资源特许使用权在其使用和收益效力上存在特殊性。这主要是因为，在国有自然资源特许使用权机制中还必须融入浓厚的公共价值。至于如何融入公共价值，有些学者的观点带给我们启发。学者认为，我国目前的自然资源管理本质上是一种资产化管理模式，而资源性管理——即将自然资源作为一种资源从物质形式上进行包括权属管理、存量管理、增量管理、保护开发利用管理在内的综合管理比较缺乏。另因以技术管理为主，多采限制或禁止性规范，管理手段与目标均较单一；而且这种技术性管理主要关注了自然资源的使用价值，而自然资源的自身价值却被忽略了。① 但自然资源的自身价值之维护又与公共价值密切相关，如今资源环境的退化、破坏直接威胁到人类生存这一最大公共价值。这就必然要求我们重视自然资源的资源性管理——大致有两个相互对立又彼此促进的方法：一个是设置限制性规范，尤其是限制收益权与处分权；另一个是融入激励机制，赋予使用权只是其中之一，更为关键的步骤在于如何对各种限制进行评估，并在评估基础上进一步激励主体"合理"使用。目前来看，自然资源使用上

---

① 桑东莉：《可持续发展与中国自然资源物权制度之变革》，博士学位论文，武汉大学，2005 年，第 84—85 页。

的限制多，激励少。未来的机制改进若仍停留于民法物权框架内，则可能力不从心。毕竟，民法物权是以个体利益为导向的，它缺乏维护公共利益的动力，即便是强调物权的社会义务，但因此处的社会义务受到民法物权本身局限束缚而致公共价值的兼容并构难以实现。这正是我们发掘国有自然资源特许使用权公法物权属性的价值所在——这种公法物权也强调财产的社会义务，但它强调以外力介入的方式将公共价值植入机制之中，通过植入"资源管理权"而非强行解释出一个"管理权"的方式，将国有自然资源特许使用权上更为浓厚的社会义务张扬出来。

第五节 国有自然资源特许使用权的规范适用

即便行政许可，也是借用私法上许可概念发展而来的内涵更为丰富、复杂的概念与知识。① 更勿论作为传统行政法理论体系支柱的行政行为，它同样是参照民事行为而生的知识，公法物权虽有别于民法物权，但又参照民法物权而生。这为我们理解它的基本体系提供了参照和帮助。如美浓布达吉就指出，公法物权的体系与民法物权非常相似，它也包括了使用权、收益权、抵押权、役权等。他同时指出，"虽然公法和私法各自存在一定程度的特殊性，但同时它们又在某些程度内具有共通性，比如，公法关系当以财产的价值为内容时，性质上最与私法关系类似，所以以财产价值为内容的公法关系，除因公法关系特别性质而不得适用私法原则外，在若干关系上都可适用私法的规律"；"关于公法关系，现在还没有像民法那样的总则规定……便在很多地方非解释为类推适用于公法关系不可"②。显然，这为国有自然资源特许使用权这种公法物权的法律规范适用提供了一个方向或者方法指引。

---

① 参见陈端洪《行政许可与个人自由》，《法学研究》2004 年第 5 期。
② ［日］美浓布达吉：《公法与私法》，黄冯明译，中国政法大学出版社 2003 年版，第 203、204 页。

一 实体规范准用物权法

(一) 物权法乃私法之传统观念的破除

公私法交融，公法介入私法领域已成一种不争的事实。这为国有自然资源特许使用权准用物权法规范提供了一定的基础。这种基础的奠定除了公私法融合之功外，物权法之私法观念的破除也功不可没。传统上，物权法被定位于私法范畴。但近年来，随着公私法的融合，公私法界限趋于模糊，物权法乃属私法的传统观念也就具有了被破除的可能。有行政法学者通过对物权法的文本分析指出，"在物权法的247个条文中，至少40多条直接涉及行政机关、行政权，主要体现在登记、纠纷解决、强制征用、国家及集体所有等规定方面"；"物权与行政权的复杂关系表现非常多样，主要有物权排斥行政权、行政权确认物权、行政权保护物权、行政权消灭物权、行政权创设物权等"。[①] 其实，也正是因为公私法关系如此复杂细微，以致在我国物权法颁布实施之前，以宪法为代表的"公法"与以物权法为代表的"私法"之间曾展开了非常激烈的较量。有法理学者于物权法审议阶段，在一封公开信中指出，物权法过分"资本主义"，且其内容"盲目模仿、机械抄袭资产阶级民法，违背社会主义基本原则，故它是一个违宪的产物"。[②] 此后，公法学者又指出，物权法的"平等保护"确有违宪嫌疑，解决之道在于审议并贯彻平等保护原则之前，按照平等保护价值取向进行正式释宪，以消解相关宪法条款之间的抵牾。[③] 由物权法违宪风波进一步引发了宪法与民法部门之间的论争与对话。[④] 尽管对话之后达成的共识并不多，甚至大有"又回到从前"的感觉，但一个值得注意的趋向是在物权法的定性上应当谨慎，不宜继续坚持传统而轻易、笼统地将物权法称之为私法。从法律体系的整体视角，

[①] 应松年：《行政权与物权之关系研究——主要以〈物权法〉文本为分析对象》，《中国法学》2007年第5期。

[②] 刘贻清、张德勤主编：《"巩献田旋风"实录：关于〈物权法（草案）〉的大讨论》，中国财政经济出版社2007年版，第25页。

[③] 童之伟：《〈物权法（草案）〉该如何通过宪法之门——评一封公开信引起的违宪与合宪之争》，《法学》2006年第3期。

[④] 参见夏正林《"民法学与宪法学学术对话"纪要》，《法学》2016年第6期。

以公私法关联的维度，通过对规范对象、法律关系等多个方面分析可以看出，物权法属于公私兼有的规则系统，一般物权法规则更多地具有私法属性，而特别物权法规则则更多地具有公法属性。① 这缓和了物权法乃私法的传统观念与公法事物及其规则适用之间的紧张关系，为诸如公法物权之类新鲜公法事物的规则适用指出了一个可行的路径。

（二）"准用物权法"之简析

民法物权与公法物权在性质、客体、内容、体系、效力等方面存在一些差别，但二者在整体上又非常相似。正如学者指出的那样，尽管"私产性公共财产"与"公产性公共财产"存在较大差别，但"任何基于所有权的制度重构，都必须与其保持起码的制度通约"，不过这种规则通约性于公产和私产上之贯彻程度有别，在前者中，公共（国家）所有权和私所有权的权利构造存在高度共通；而在后者中，归属问题虽然并非公物法所关注的重点，但诸如公示公信、一物一权、继受取得、物权请求权等私法技术却亦可成为公物法实现公共财产公益价值的技术支撑。② 所以，本书认为，国有自然资源特许使用权这种公法物权可以参照民法物权，准用《物权法》的相关规定。作为一种法律技术，"准用"一词，包含参照适用、选择适用的意思。当然，至于《物权法》的哪些内容可被准用，哪些不能，也需要分析它们二者的差别。

物权的基本概念是指基于物的所有、利用而形成财产上之权利，其内容实际指向以物为媒介的人与人之间的利益关系。但是在公法物权场合，虽也是基于物的利用而形成的人际利益关系，但由于此时特别强调作为公法物权客体所负载的公共性价值，所以，这种公法物权所指示的公共利益特别强，相应地，这种公法物权法律机制需要将这种甚至优先的公共利益价值安排入机制之内。这在民法物权上虽因财产社会化之需也有考虑，但其维护私益，甚至私益优先的价值定位并未改变。正是由于国有自然资源特许使用权这种公法物权如此特殊，所以，经济法学界提出，由于这种权利（特许权）具有公法属性、财产属性，它既有别于

---

① 杨解君：《物权法不应被笼统地视为私法》，《法学》2007年第7期。
② 张力：《国家所有权遁入私法：路径与实质》，《法学研究》2016年第4期。

公法管理权，又有别于民法物权，故而应该对之单独立法。① 然而，一则由于公法物权观念并未被我国学界普遍接纳，二则《物权法》和自然资源相关管理法等都对自然资源的利用问题做出了规定。所以，制定单独立法恐怕时日尚长，我们不妨通过比较这种公法物权与民法物权，适用哪些共通性规范，而将那些属于各自特殊性需要的规定进行适应性改造。这种规范适用模式，我们一般可称之为准用。

在比较视角上，大体而言，由于国有自然资源特许使用权比较特殊，它与民法物权在客体、取得、权能、效力等方面存在一定差别：首先，在客体上，民法物权要求客体特定、有体、独立，而自然资源的多用性、自然性、整体性，与之存在一定冲突；其次，民法用益物权主要是通过民事行为取得，而国有自然资源特许使用权一般经由行政许可取得；再次，权能方面，民法用益物权是对他人之物占有、使用、收益，在用益物权消灭时，如无担保物权存在其上，则所有权重新恢复至圆满状态。但国有自然资源特许使用权并非一概以占有为前提，对某些资源也无法占有，即便存在占有也多较抽象。而且国有自然资源特许使用权一般都具有较大处分权能，其中某些已接近所有权。另外，国有自然资源特许使用权可能引致其客体（资源）的消灭，如此所有权的复归性便无从谈起；最后，在物权效力上，民法物权的排他效力、优先效力、追及效力在国有自然资源特许使用权上依客体不同而或强或弱、或有或无。② 这些区别的存在一方面说明了国有自然资源的特殊性，另一方面也指示我们，国有自然资源特许使用权的法律适用，应在正视它与民法物权的差异之基础上选择性准用《物权法》。

之所以准用《物权法》，除了"物权"的共通性考虑之外，还有一个重要原因在于《物权法》是人对物之权利的基本规范，它的整体性、原则性、操作性等特性为国有自然资源特许使用权这种公法物权的规范适用提供了指引。如果我们跳出私法观念来看待《物权法》，它甚至还具有

---

① 史际春、邓峰：《公路经营权研究》，《经济法学评论》第二卷，中国法制出版社2001年版。

② 参见黄锡生《自然资源物权法律制度研究》，重庆大学出版社2012年版，第124—125页。

物权"通则"的意蕴。就此，我们似乎也不能再将自然资源相关行政管理法视为民法特别法，而应将之视为物权"通则"统率下的自然资源权利具体规范系统，是物权分则的一项分内容。也就是说，物权其实应包括民法物权和公法物权两大子部分，《物权法》的某些部分应是涵盖民法物权和公法物权的物权"通则"。当然，这种理解意味着对现行《物权法》的适当修正。至于现行《物权法》的哪些内容可为国有自然资源特许使用权这种公法物权准用，这的确是一个复杂议题，在此暂时不展开较为详尽的分析。

二 程序规范主要适用相关行政法

由于国有自然资源特许使用权的取得、行使等方面受到强烈的公法影响或限制，所以，其法律适用不得不考虑行政法，这也是它与民法物权在法律适用上的一个重要区别。当然，虽说在国有自然资源特许使用权取得上，许可配置也是一种行政处分，故也关涉实体，但这种配置与管理资源的行为不仅与公共利益相关，而且所关涉的实体问题也与传统行政法上的实体问题大不相同。因为何谓公共利益、如何为了公共利益目标配置资源，这些本身并非确定概念，也不易简单确认，行政机关通常在这些事项上享有较为充分的裁量权，此间的很多问题最终都只得转化为程序问题，即通过行政程序控制实体方面。比如，国有自然资源特许使用权的许可配置中，在公益识别—公益判断—利益衡量—决策—行为，这一系列过程中经常需要介入程序控制；再如，在国有自然资源特许使用权的行使、流转中，在对象—范围—手段—技术—数量—目的—时间等方面的公法限制几乎就是行政权介入的完整过程，然而行政权的介入是否恰当，实质上经常离不开程序控制和对程序正当与否的判断。所以，相关行政法中的程序性规范在此就有了适用可能。

第五章

国有自然资源特许使用权的保护

第一节 国有自然资源特许使用权保护概说

一 国有自然资源特许使用权的统一公法保护方法

调控权利只是法律的直接目的，权利的保护才是法律的根本使命。作为一种法律权利，国有自然资源特许使用权的法律保护自然具有这种普适意义。但由于它是一种公法物权，所以，对它的法律保护又具有特殊之处。以侵权主体与侵权行为性质为标准，国有自然资源特许使用权遭受妨碍、侵害的形式主要表现为私人妨害、国家（行政机关）妨害等。所以，在理论上，对这种国有自然资源特许使用权的法律保护就应该有民事法律保护（私法保护）和行政法律保护（公法保护）两种基本类型。从现行相关自然资源法规来看，在此种国有自然资源特许使用权遭受私主体侵害时，究竟该选以何种方式来保护权利并未有一致规定。有些立法明确规定是可以选择的，如《海域使用管理法》第23条规定，海域使用权受法律保护，任何个人和单位不得侵犯；第44条规定，违法侵害海域使用权者，权利人可以请求海洋行政管理部门排除妨害，也可以选择提起诉讼。也有些立法虽规定了侵权人的法律责任，但却未对权利保护方式做出规定。如《矿产资源法》第39条规定，违反本法，未经许可擅自进入国家规划矿区、重要矿区，或擅自开采保护性开采的特定矿种者，责令停止开采、赔偿损失，没收违法所得与所采矿产品，并可并处罚款，造成严重破坏者也可能追究刑事责任。可以说，这些责任均为公法责任。至于权利人能否再选择私法保护不得而知。为解决这一疑问，有学者提出，"鉴于公法上尚未形成统一完善的财产权保护制度以及特许权与私法财产权在权利内容上的相似性,以及公法与私法在财产权保护方向的共同性,在理论上对特许权的保护可以适用或准用私法上的财产权保护制度……可行的路径是采用特别法指引方式——在相关单行法中规定特许权受到民事主体侵犯时可以准用私法关于财产权的规定"①。但是考虑到这种特许权的公法物权属性,私法保护方法与公法保护方法并用也似有可得质疑之处:民事诉讼与行政诉讼毕竟有别,民事责任和行政责任也存在一定差别,那么,当国有自然资源特许使用权这种公法物权受到民事主体侵害而可以选择行政诉讼,承担公法责任就似乎难于理解与接受了!针对这个问题的消解,需要着力回答如下两个关联问题:其一,在这种公法物权遭受民事主体侵害时是否可以同时选择私法保护和公法保护?其二,私法方法和公法方法、私法责任和公法责任是互补的,还是冲突的?对此二问题,学者认为,不能一概而论,《物权法》第38条规定,侵害物权的,除承担民事责任外,对于违反行政管理规定的,也可能承担行政责任,甚至刑事责任。由此看来,似乎私法方法和公法方法可以并存,由此可能引发的诉讼形式——民事诉讼、行政诉讼、刑事诉讼三种类型也可以并举。然而,不同性质的责任与不同性质的法律关系相适应。而且同一性质的责任类型也可能适用于不同对象,如同为公法责任,它可以适用于侵权人对受害人承担责任的场合,如责令停止侵害、责令排除妨害、责令赔偿损失等都属于公法责任的范畴;同时,它也可以适用于侵权人对国家承担责任的场合,如没收违法所得、罚款、责令停产停业、吊销许可证和执照等行政处罚和刑事责任等也均属公法责任范畴,侵权人对受害人承担的责任和对国家承担的责任没有重合之处,但侵权人对受害人承担的公法责任和民事责任却有重合;其实从《物权法》的相关规定来看,诸如请求排除妨害、请求损害赔偿等私法方法与公法上的责令停止侵害、责令排除妨害、责令赔偿损失等方法虽于形式上存在些微差别,但内容多有重合,故此受害人若选择了公法保护方法

---

① 王克稳:《行政许可中的特许权的物权属性与制度构建研究》,法律出版社2015年版,第497页。

就不应再选择私法救济方法。① 这种观点与我国目前侵犯自然资源权利的法律责任之整体特征相吻合。有学者以矿业权为例分析并指出,目前,我国自然资源损害法律责任表现为"民事法律责任被行政法律责任吸收"、"刑事法律责任依附于行政法律责任"的整体特征。② 在民法学者或具有私法倾向的学者的观念中,这些特征多为他们攻击的对象,但国有自然资源特许使用权的特殊性需要特殊的法律机制,在这一方面说,那些总被攻击的"特征"恰好说明了事物的特殊性,适应了事物的特殊需要。所以,无论如何,这些观念都表明,对国有自然资源特许使用权这种公法物权进行保护的方法是单一的,由于公法物权的性质决定了保护方法也只能是公法方法。至于民事主体侵害这种公法物权的救济,其实是可以被这种公法保护方法所"吸收"的,故并不需要再形成一个民事保护或民事诉讼救济。

在可能性上,民事(诉讼)保护方法也无法对自然资源环境侵害问题给予较好消解。这是由自然资源环境权利配置以及对自然资源环境权利侵害的特殊性所决定的。首先,权利配置以及权利救济需要考虑权利的特殊性和成本收益。自然资源环境一般被视为公共物品,其权利的公共性明显,其权利的强烈外部性不仅极度提升了成本,也使这种成本无法内化,加之对权利救济过程中普遍存在"信息不对称",依靠私法救济反易导致救济"虚位",所以需要实现自然资源环境权利救济的公法化;其次,从经济学理论上来讲,要比较合理的消解"外部非经济性"所引致的私人经济利益对自然资源与环境公益的过分"挤兑",甚至侵害,经济学的方法是"外部性内化",即让私人切实分担外溢的一部分成本。本质上,权利救济也就是解决成本—收益的再均衡。然而,权利的私法救济方法具有"一对一"的单一性,而自然资源与环境侵权中却经常存在着"信息不对称",形成"一对多"或"多对多"的侵权现实,所以,

---

① 参见王克稳《行政许可中的特许权的物权属性与制度构建研究》,法律出版社 2015 年版,第 498 页。

② 参见张璐《自然资源损害救济机制类型化研究——以权利与损害的逻辑关系为基础》,法律出版社 2015 年版,第 29—30 页。当然,该学者认为这些特征恰是我国自然资源损害法律责任结构失衡的表现,在私法范畴与路径下,这种解释也不难理解,但无论怎样,此处对我国自然资源损害法律责任的特征概括还是比较准确的。

私法救济方法就难以实现"外部性内化"的目标。加之在自然资源与环境权利遭受侵害场合，侵权的原因、机理及其程度等都太过复杂，私法救济也无法提供合理应对这些复杂问题的有效方法。虽然现代民事诉讼为了应对上述问题也做出了不懈努力，如从过错责任向严格责任的变迁，以及对侵权人的"政府补贴"等，但仍然成本过高，收效甚微。最后，从经济学上讲，权利的司法救济是一种强制的"市场交易"，它得以高效运转的条件之一是，法院与当事人交易成本低廉。当交易成本过高时，法院的"市场调节"也会失灵，"国家组织调节"应运而生——国家通过行政指令，强制性规定各生产要素——权利的使用；而法院通过"市场交易"，补偿性地影响生产要素——权利的使用；所以，在组织内部行政指令替代了"讨价还价"的"市场"，"国家组织调节"进一步孵化出权利救济的"行政分配损害"形态——通过对侵权人私人权利的限制来实现——权利救济的公法化特征也就表现出来了。[①] 如此，自然资源环境权利的私法救济方法自不可能存在，也自不可能将之诉诸民事诉讼。

综上，我们认为，针对国有自然资源特许使用权这种公法物权的保护，可能与可行的保护方式可得统一为公法方法。至于公益诉讼在此是否可能存在，一般地讲，由于针对国有自然资源特许使用权而形成的诉讼属于主观诉讼范畴，是可以具体到个体财产权保护的（私益诉讼），故而公益诉讼在此存在的可能性并不大。

二　国有自然资源特许使用权保护的重点与难点

（一）国有自然资源特许使用权保护的重点

庞德指出："一个法律制度通过下面一系列方法来达到或无论如何力图达到法律秩序的目的：承认某些利益；由司法过程（还有行政过程）按照一种权威性技术所发展和运用的各种法令来确定在什么限度内承认与实现那些利益；以及努力保障在确定限度内被承认的利益。"[②] 对物权

---

① 参见王蓉《环境保护中利益补偿法律机制的研究——权利救济公法化的经济学分析》，《政法论坛》2003年第5期。
② ［美］罗斯科·庞德：《通过法律的社会控制》，沈宗灵译，商务印书馆1984年版，第81页。

的保护则一般是指，因物权归属和内容发生争议或者物权受到侵害时，物权人依据法律规定的方法和途径恢复其权利，使其利益得到补偿以及国家追究侵权人法律责任，维护物权秩序的法律制度。由此概念可以看出，这里所谓的物权保护是指发生了物权归属的争议或者物权受到侵害时，以明确归属，排除侵害，恢复权利，赔偿利益，以及通过追究责任，维护物权秩序的法律制度。[1]

从理论上讲，对权利的侵害主要来自私人侵害和国家侵害。不过，不同属性的权利，侵害的来源常也主次区分较为明确。概括地讲，在民法权利领域，人们通常关注的是私人的侵害，故而侵权法主要侧重于解决私人之间权利义务的重新平衡。国家（行政行为）也可能侵害民事权利，如征收，但由于国家介入民事领域的条件比较苛刻、程序控制严格，故相较私人对民事权利的侵害，国家侵犯民事权利反倒不是主要方面。但对于国有自然资源特许使用权之类公法权利、公法物权，行政机关的侵犯可能最大。尤其是自20世纪七八十年代以来，由于公共行政的巨大变迁，随着私人利用公共资源的需求增多和大规模法律制度的修订，经由政府许可而取得的权利（私人利益）受到政府更为严重的干预，甚至侵害。[2] 由此，公共资源上所承载的公共利益和私人利益的平衡引起了人们的强烈关注。由于在这种公法物权的取得上采行政许可，权利的行使和让与上也设置了诸多的公法限制，以致此类权利与行政权的关联过于密切，就连有关自然资源使用权的纠纷处理上，行政机关都享有一定程度的优先性。反倒是私人对此类权利的威胁由于条件过严、门槛过高，或者国家权威的阻吓而较为稀薄。所以，行政机关对国有自然资源特许使用权这种公法物权的侵害才是我们应该关注的重点。在此处的行政侵权之中，对国有自然资源特许使用权这种公法物权的侵害通常主要因行政机关的违法撤销行为而引起。

依据行政机关撤销许可是否具有合法性，可将撤销许可分为合法撤销与违法撤销。合法撤销特许通常基于以下两种情形：其一是因为授予

---

[1] 韩松等编著：《物权法》，法律出版社2008年版，第101页。

[2] Jan G. Laitos, Richard A. Westfall, *Government interference with private interests in Public Resources*, Harv. Envtl. L. Rev. 1, 1987.

特许的客观情况发生变化，或是授予特许所依据之法律规范或修或废，或者是行政机关做出的许可行为存有瑕疵，为了避免公共利益受到损害而撤销已生效的特许权，后者构成对特许权的侵犯；其二，行政机关基于公共利益需要而撤回特许权，此种情形本质上构成了公益征收，所以需要对权利人给予适当补偿。在权利保护与救济的总和视角上，由于合法的撤销特许若未遵守其实体和程序条件，也意味着对相对人特许权的侵害，此时即构成违法，只不过这是另一个不可与违法撤销特许相提并论的问题。所以，对合法撤销特许权，我们需要重点关注信赖保护原则的适用和补偿；对违法撤销而构成对国有自然资源特许使用权的侵犯场合，权利保护重在关注这种撤销的救济问题。

（二）国有自然资源特许使用权保护的难点

权利保护的传统方法是以建立在责难基础上的法律责任机制及其运作为核心。行政法律责任和刑事法律责任的目标指向恢复国家自然资源管理秩序；民事法律责任的目标则指向对权利人所受到的损害进行补偿、赔偿。但对受到破坏的自然资源自身的补救却被长期忽略掉了。这与我们以往所坚持的"人类中心主义"资源环境伦理观念，以及在此观念下对自然资源进行资产化管理的"遗害"紧密相关。所以，在未来国有自然资源特许使用权机制之中，我们如何贯彻"修正的人类中心主义"观念，如何兼顾"自然资源自身管理"将是一个重要问题。相应地，这必然指示我们必须考虑如何在国有自然资源特许使用权保护机制之中将这些观念与要求贯穿其中，这显然将是国有自然资源特许使用权保护的一大难点。所幸的是，对此问题，学界的新动向为我提供了方向——"形式上由法律责任向非法律责任的拓展以及功能上由责任向填补拓展，具体是指，可将自然资源损害救济机制划分为法律责任的方式和非法律责任的方式两种类型，其中法律责任以侵权责任为载体，非法律责任方式则以自然资源损害的社会化填补为基础，以自然资源损害产业化修复为主要路径。"[①] 尽管这种动向主要揭示的是自然资源与环境权利保护领域的国家和社会合作、政府与市场合作、公与私合作。但在更深层次上，

---

① 参见张璐《自然资源损害救济机制类型化研究——以权利与损害的逻辑关系为基础》，法律出版社2015年版，封底语。

这种动向显然也指示我们，在国有自然资源特许使用权保护机制中，应将自然资源的资产化管理和自然资源自身管理兼顾起来，可行的具体方法除了国家干预外，一些市场化方法、社会化机制的引入也是大势所趋。当然，这无疑将是一项更为宏大和复杂的系统工程。

第二节　行政机关撤销国有自然资源特许使用权的限制和补偿

一　撤销行政许可与信赖保护

（一）撤销许可与信赖保护的联结

本书在此讨论的是做出行政许可的行政机关撤销特许许可的情形，对于以行政复议与行政诉讼方式撤销行政特许的情形由于与本书文旨较远，暂不做讨论。

行政许可法上的特许权撤销，一般是指在许可的有效期限内，行政许可机关决定撤销并收回特许权的活动，它是消灭行政许可行为的情形之一。以水权为例，在德国，《德国水资源法》第7、8条规定的水权许可有两种，即可撤回的许可和不可撤回的许可；在前者中，许可通常是依照特定目的和规定方式、量度使用水的权能（第7条），而在后者中，许可一般是为企业执行其事业计划而提供用水的权利地位保障或服务某特定规划之特定目的而使用水的权利（第8条）；对不可撤回之许可，唯在特别情形下并提供补偿才能撤回。① 相较而言，我国《行政许可法》所规定的许可似与德国有所不同。在我国，原则上一项行政决定一旦做成并生效就不得随意撤销，这是依法行政原则的基本精神。但是，在具备特定事由之时，许可机关因循法定条件与程序而撤销已生效的行政特许也为法律所允许，就如前文关于合法撤销行政特许的情形。法律之所以特别规定了特定情形下的特许撤销，是因为在那些特定情形下，特许存在的法律条件、事实条件以及合法性条件等已经丧失，所以做出许可的行政机关可以依据一定程序即行撤销行政特许。但是，由于毕竟该生效特许权的丧失会影响到特许权人利益，尤其是相对人出于对特许行政行

---

① 王洪亮：《论水权许可的私法效力》，《比较法研究》2011年第1期。

为的信赖而已经做出相应安排,已经付出牺牲之时,撤销所造成的相对人的信赖损失就应获得补偿。在此一点上说,德国水权许可变更、撤回又与我国《行政许可法》上的许可变更、撤回存在相似之处,也即特定情形下,为许可权人的利益,需要通过补偿之类方式对其进行特别保护,行政法上为此创造出信赖保护原则。该原则的基础源自法的安定性理念,与依法行政原则紧密相连。[1]它的基本内容是,对一个合法的行政行为,原则上依据依法行政理念应该持续存在(有存续力),但若特定事实或法律状态发生改变则可以允许撤销,不过亦应根据依法行政及信赖保护原则而为相对人提供相应补偿。[2]在英美等国,该原则也被称为合法预期保护原则。[3]合法预期保护乃法治政府的应有之意与重要表现,该原则遍及行政立法、执法与司法,其核心其实亦在于基于对政府法律、政策的"信赖"而希求保护某种合理、合法之预期利益。正是因此,人们一般将其与信赖保护原则视为同一事物[4],二者在内部结构上也具有较高相似性。如信赖保护原则的结构是由三个要素构成:信赖基础——行政机关本于公权力所为之行为已经生效,至于合法与否在所不问;信赖表现(有信赖行为)——由于相对人信赖该行政行为而已经做出后续安排和行为;信赖价值——信赖值得保护。[5]而合法预期保护原则也具有类似结构:它首先要求存在引发相对人合法预期之行政行为,其次再要求相对人乃基于信赖而从事相应行为,并且该预期内容合理、

---

[1] 参见林三钦《"行政争讼"与"信赖保护原则"之课题》,新学林出版股份有限公司2008年版,第391页。

[2] 参见刘飞《信赖保护原则的行政法意义——以授益行为的撤销与废止为基点的考察》,《法学研究》2010年第6期。

[3] 学界关于信赖保护原则与合法预期保护原则的异同分析,及其关系争论成果并不少见。但正如有学者指出,二者的内涵基本相同。参见余凌云《行政法上合法预期之保护》,《中国社会科学》2003年第3期。学者指出,"若细品味,不难发现,美英的合法预期与德国信赖保护的要求差不多。美国讲的'承诺、陈述或行为',德国人称为'信赖基础',英国人叫'意思表示、承诺或实践'。而英美法上的'合理的信赖'、'受损害的信赖',在德国法上统称为'信赖事实'——在英美法上也是寻求合法预期保护的重要条件"。余凌云:《行政法上合法预期之保护》,清华大学出版社2012年版,第119页。

[4] 也有学者认为二者之间是有区别的,其差异在于所保护的利益形式和保护程度;而且在比较视野下,信赖保护甚可认为属于合理预期保护的下位范畴。参见黄学贤《行政法中合法预期保护的理论研究与实践发展》,《政治与法律》2016年第9期。

[5] 参见周佑勇《行政许可法中的信赖保护原则》,《江海学刊》2005年第1期。

合法。① 基于这样一种特殊构造，信赖保护原则为特许权人提供了一个较为全面、合理的保护。在具体保护方法上，由信赖保护原则的别致构造衍生出两个相互衔接、富有逻辑层次的保护方法：一是存续保护，即行政机关不得随意撤销已生效之授益行政行为；二是财产保护，即确需撤销之时，也应遵循严格条件和程序而为撤销，并应对相对人提供适当补偿。《德国联邦行政程序法》依据不同授益内容采行不同层级保护方法：对金钱或可分之物的给付行为，或者撤销、或者给予存续；对其他授益行政行为，则还可于撤销、存续之外实行财产保护。② 也有学者进一步细分，认为合法预期保护的方式应有程序性保护、实体性保护和补偿（赔偿）三种，而实际上此三种保护方法之间似可合并为两种，程序性保护一般可包含和体现于另外两种保护形式之中。在我国，《行政许可法》第8条其实也体现了存续保护与财产保护两种方法。不过，两种方法的价值侧重有所差别，存续保护优先关注的是法律秩序的稳定和公共利益，财产保护则侧重于相对人在行政法律关系中的成本—收益。在合法行政许可的撤销场合，存续是原则，撤销只是例外，所以，存续保护方法具有优先性。但在违法行政许可的撤销场合，坚持撤销恰是基本原则，因此，对其撤销之时的信赖保护则以财产保护为优先。由上述不难看出，在撤销特许权问题上，对特许权利人影响最大的问题集中于两个方面：其一是撤销的条件与程序；其二是特许撤销上的信赖利益与公共利益问题。由此延展出来的问题是，对撤销行政许可的控制在另一个方面而言，恰巧构成对权利人权利的一种保护。国有自然资源特许性使用权的取得采用特许方式，而且这种特许使用的效力还向后延伸到权利行使与权利让与之中，可见其影响之大。所以，应该对行政特许机关的撤销行为予以严格控制与监督，这自然构成对国有自然资源特许使用权人权利进行保护的应有之意。

（二）撤销许可的控制

1. 撤销许可的条件

由于撤销行政许可对相对人的影响较大，所以立法上通常会设置一

---

① 黄学贤：《行政法中合法预期保护的理论研究与实践发展》，《政治与法律》2016年第9期。

② 参见谭剑《行政行为的撤销研究》，武汉大学出版社2012年版，第118页。

系列条件来对这种撤销形成一定的监控，以保护相对人的利益。从我国《行政许可法》的相关规定来看，对撤销行政许可的性质基本体现了信赖保护精神。根据《行政许可法》第8条、第69条等规定来看，基本是将撤销行政许可分为两种基本类型分别设置控制机制。其中，第8条规定了合法行政许可的信赖保护：原则上不得擅自改变，所以存续保护方法优先。例外情况下可以撤销或变更，但是需要满足法定原因或为了公共利益需要，且在此时还需为相对人提供适当补偿；第69条规定了违法行政许可的信赖保护：首先区分值得保护的信赖利益和不值得保护的信赖利益，对于后者，若不撤销会造成公共利益的重大损害一概予以撤销，行政机关的撤销别无其他实体条件限制，并且此种撤销情形下不予财产补偿；但是对于既属违法许可，也存在值得保护的信赖利益的情形，许可法的精神是若不撤销会造成重大公共利益损失，行政机关可予撤销许可，并应予适当财产补偿，也就是说，撤销或不撤销除考虑公共利益损失外，行政许可机关享有一定裁量权。

由于撤销许可时可能涉及信赖利益与公共利益的衡量，所以对撤销之相关条件进行审查控制就成为必须。但是，在行政机关做出相应行政行为的整个过程中，这种利益之间的衡量几乎完全操控于决策者，即行政机关手里，这样一方面行政机关要经过利益衡量做出决策，同时它当然必须进行利益衡量，这恰如说它既是当事人又是审理者、裁判者，这样的利益衡量就有可能发生偏差甚至错误。我们暂且不论公共利益是一个多么复杂的概念与范畴，也暂且不论行政机关识别—比较—判断公共利益与需要保护的信赖利益之间关系及谁优谁劣的技术问题，单就行政机关的这种自我控制的形式问题也足以让人质疑。为了消解这些质疑、忧虑，现代各国普遍重视行政程序及其民主化。

2. 撤销许可的程序

现代国家均比较重视行政行为的程序控制。在行政特许的撤销问题上，也不例外，对撤销行政特许的程序控制与实体条件控制一样重要。一般而言，政府行为应该遵循一定的程序要求，具体的程序方法如听证、辩论等，它们都受到程度不等的关注。行政行为的程序要求在权利救济上还应经得起司法的考验。然而，我国《行政许可法》对撤销行政许可的程序却并未做出规定，反倒是一些司法经验和单行立法为之提供了支持。如河南周口益民公司案的二审判决就表明,"行政机关撤回一个有效行政许可必须接受程序的约束,除了要有明确的撤回之意思表示外,还必须适用合法的方式撤回该行政许可"①。《新疆维吾尔自治区市政公用事业特许经营条例》第36条规定:"特许人撤销特许经营权或者办理注销特许经营权手续前,应当书面通知特许经营者。特许经营者有陈述、申辩和要求听证的权利,特许经营者要求听证的,应当自收到书面通知之日起10个工作日内提出……"还有其他地方的相关立法也均规定了类似程序,大体上包括权利告知、申辩与听证,以及后续救济权利和方法安排等。这些都为我国行政特许制度的相关程序建设提供了有益经验。即便是现行行政许可法并未在程序方向上有所建树,但涉及撤销行政特许的司法经验已经指示,在最终的司法审查中,法院适用源于经验总结的程序要求去衡量撤销行政特许行为是否值得支持就已表明对撤销行政特许之程序的关注,程序要求是否满足也成为控制撤销行政特许的一种方法。行政主体违反行政程序法应承担的法律责任,包括无效、撤销、补正、责令履行职责、确认违法、行政赔偿、对公务人员而言,可能的法律责任大致包括暂扣或吊销行政执法证、行政处分、损失追偿、刑事责任。② 不过,相较行政主体的程序违法而言,行政程序设置的科学、完善与否,则是一个前提性问题,故也需要引起我们的足够重视。

　　从目前我国公共行政的程序实践来看,存在的问题也比较复杂多样。以听证为例,虽然听证制度在行政许可、价格决策、城市规划、城市拆迁等许多领域都已有适用。然它也存在不少普遍性问题,如对听证的定位不准,有些仅将听证定位为行政机关新的工作方法,甚至因为听证会过多而忽视了其他听取意见制度的完善;听证代表人能力欠缺,代表推荐选拔不够广、方式不合理;听证会材料送交听证代表时间短,准备仓促;听证会时间较短,以致讨论不充分;没有发挥行业协会、社会团体的作用;对听证代表的意见缺乏回应机制,等等。③ 在不少情况下,行政

---

① 王克稳:《行政许可中的特许权的物权属性与制度构建研究》,法律出版社2015年版,第517页。
② 姜明安主编:《行政程序研究》,北京大学出版社2006年版,第390—403页。
③ 马怀德主编:《行政程序立法研究》,法律出版社2005年版,第274—276页。

主体违反程序并非他们的意愿，程序不科学、不合理也是一个重要原因，而且程序的瑕疵或者缺陷足以为行政主体的程序违法提供借口。所以，行政程序的完善既是现代公共行政努力的方向，也是公共行政科学发展的一个目标或标准。

3. 撤销许可的保护方法

如前所述，撤销许可的保护方法存在存续保护和财产保护两类。对不同保护方法的适用条件以及优先性问题前文已有论述，在此不再赘述。而且关于存续保护除了其存在及其某些情形下的优先性问题值得注意外，并无特别难以理解之处，唯在相关条件适应之时，行政许可机关照单接受存续即可，别无其他技术可得回旋。然而，补偿问题需要再行关注。而对于补偿问题，我国尚无统一规定可循，其间关于补偿数额、补偿标准等均无定法可依。而且由于补偿通常是因相对人基于信赖行政行为而产生的财产不利之补偿，所以，如何认识这种信赖并权衡对此信赖的保护需要就成为另一重要问题。依据《德国联邦行政程序法》第48条规定，这种财产不利乃因相对人信赖行政行为之确定力所生，但其亦以信赖公益衡量而需要保护为限，财产不利不能超过相对人在行政行为存在时所具有的利益值。但由于实践中，这种财产不利的表现形式多样复杂，不少都具有荣誉性而无法以金钱衡量。所以，有学者建议，若要对相对人利益予以切实维护，必须明确规定这些内容。① 但实际上，由于诸如公益与信赖利益的衡量太过抽象，财产不利也颇不确定，故难以进行具体化、规范化。

但是，无论如何，我们又必须对信赖利益和信赖原则有一个更加精确的理解。第一，由于财产不利是信赖利益的下限，所以信赖保护的财产补偿似乎可以以这种"财产不利"为标准去思考，但是对于此处的"利益"的理解，在理论和实践上都存在两种对立的解释，一种观点认为它是虚拟的、不能计算的，是一种程序信赖利益，另一种解释认为，信赖利益可以完全表现为当事人的实际投入、预期收益，所以，它是一种实在的、可以计算的利益；但是，通过对法院在一些案件中不甚明了的表述的分析，再结合裁判语境，我们认为，后一种解释更为合乎法院所

---

① 谭剑：《行政行为的撤销研究》，武汉大学出版社2012年版，第118页。

欲表达的意思。① 不过，至于信赖利益究竟是什么，更多的只能从相关案件中进行分析与类型化。学者对周口益民公司案裁判经过分析之后提出，在法院裁判中，信赖利益被模糊地指向了"合法投入"，而围绕并试图解释"合法投入"的相关信息主要有，铺设管线等投资是获得经营权之后的直接经济活动，是形成其经营权的物质基础，一旦特许权被撤销，则这些管线的废弃将是益民公司的直接损失，所以这属于"合法投入"和信赖利益；另外，与经营权有关的其他经济活动，如与其他公司签订供气协议、合资协议等也是基于合法预期而进行的经济安排，会因为经营权被撤销而导致当事人的违约以及赔偿，故而这些显然也应纳入"合法投入"之内；还有就是，诸如撤销特许而导致的场地租赁损失、厂房费用损失却因与被诉行政行为没有因果关系而不予赔偿。② 这显然不够合理。因为从行政补偿的法理基础上来看，特别牺牲理论是我国学者中的主流性认识。而所谓"特别牺牲"者，乃属"限制程度"之问题，它与财产权"社会义务"之间只是限制程度上之差异。③ 它是"某特定人，在'公益需要'原则下，由于无可归责其本身的事由而受到特别异常牺牲时，基于公平正义原则，应由人民全体来分担其牺牲，以调节个人的损失"④。那么，在因"公益"需要而对私人财产权构成类似公用征收之时，对诸如上述租赁场地、厂房等已然的"合法"投入也应视为"特别牺牲"范畴而给予补偿。换言之，信赖利益保护的范围实际上是需要适当地灵活扩展，以使对权利人的保护更为周延，也能起到惩戒违法行政的作用。第二，在信赖利益补偿的具体计算方法上，有学者指出，由于特许权具有财产权的属性，故而有关变更或撤回行政特许中的补偿问题不妨参考一下不动产征收补偿的相关规定。⑤ 理由在于，"尽管不动产征收和基于公益需要而变更、收回特许权之情形不完全相同，然二者均是基于不能归责于当事人的事由并均系公权力消灭当事人权利的法律效果，

---

① 参见余凌云《行政法上合法预期之保护》，清华大学出版社2012年版，第61—62页。
② 同上书，第63—64页。
③ 翁岳生主编：《行政法》（下册），中国法制出版社2002年版，第1754页。
④ 高景芳、赵宗更：《行政补偿制度研究》，天津大学出版社2005年版，第83页。
⑤ 参见王克稳《行政许可中的特许权的物权属性与制度构建研究》，法律出版社2015年版，第524页。

故二者存在本质上的一致性,所以,当行政主体因变更、收回特许而消灭当事人的海域使用权、探矿权、采矿权、取水权、使用水域、滩涂从事养殖、捕捞的权利时,尽可依照物权法关于不动产征收补偿的标准进行相应补偿"[①]。这的确是一个不错的建议。

二 合法还是违法:变更或撤回特许使用权的典型事件思考

(一)事件简介

十余年前,鄂尔多斯市将新城水源地、供水工程与经营权全部交予一家民企(汇通水务有限责任公司)。但随着新城扩大,水源地逐渐被撤销,埋藏于十年前一纸文件背后的问题浮出水面。

鄂尔多斯市康巴什新城区西北的乌兰木伦水库和考考什纳水库,都是因"当地水土流失严重,为改变当地环境、促进国民经济的可持续发展,减少黄河泥沙量"而于2002年经内蒙古水利厅批复建设的(都曾为鄂尔多斯市饮用水源保护地,也曾都由汇通水务公司负责从其中为城市用水而取水、供水)。但2003年6月,为解决原市政府所在地——东胜城区水资源紧缺问题,市政府决定南迁25公里,以建设康巴什新城区。然而,随着康巴什新城规划面积的不断扩大,原先位于城郊的上述两大水源地逐渐被包围在城区内。依鄂尔多斯市水利局文件,由广源水务有限公司(广源水务即2007年改名的汇通水务)负责解决"供水工程中的部分水源、输水工程、水厂、输配水管网建设",工程建成后城市供水采特许经营方式,"如不愿经营,供水工程资产经评估后,由市水利局整体回购"。另一份鄂尔多斯市文件显示,康巴什新区供水由汇通水利工程有限公司(汇通水务有限公司前身)负责,相应的乌兰木伦、考考什纳水库的土地使用权属于该公司。但另一份鄂尔多斯市市政公函却指出:"乌兰木伦、考考什纳水库占地均为山川河流,属于国家所有,不允许办理《土地使用证》,其土地使用权以水库的所有权为准进行认定。土地使用证可不办理,以本批复为准。"正是这份批复埋下了后患。原本汇通水务公司设想利用这两块地开展生态观光旅游等产业,通过市场化运作弥补供水基础设施建设及运营中的投入。2006年新城建成后,鄂尔多斯市正

[①] 王克稳:《论变更、撤回行政许可的限制与补偿》,《南京社会科学》2014年第1期。

式迁址，其时，两座水库库容达1.1亿立方米，蓄水成功，汇通水务公司负责的新城供水工程也已于2005年完工，2007年鄂尔多斯市政府还进一步明确了考考什纳水库的水资源保护地范围。但2008年《鄂尔多斯市人民政府关于同意调整考考什纳水库用途的批复》指出："因上游水利工程的实施和气候干旱等因素影响，水库水量不断减少，库容明显下降，不具备大规模取水的条件和能力。"其实，在2007年汇通水务公司已发现，2007年4月，文化创意产业园建设方案获得相关部门通过，同年12月一家名为大河置业的公司拿下这块土地，由此形成"一女二嫁"局面。不过，据记者于2016年5月6日的调查：所谓文化创意产业园也并无进展，现场成片烂尾建筑耸立在原先的水源地中央，而水源地受建筑影响，保护区早已撤销；而且从鄂尔多斯市总体规划图来看，截至2010年（版），乌兰木伦水源地周围并无其他建设用地；自考考什纳水源地被撤销后，汇通水务公司仍然一直在为城区供水，但因考考什纳水库已无法使用，单从乌兰木伦水库取水并不敷用，故还需向外借水，这样总体成本压力巨大。①

（二）思考分析

截至本书写作之时，该事件是否已经协调处理完毕，是否提起诉讼尚不得而知，所以在此的思考也只是理论上的，但这种思考仍有意义。从相关报道来看，本事件是关于城市公共供水的特许经营权问题，但它也关涉国有自然资源的特许使用权问题，如取水权、土地使用权等。其整体上，是以公共事业特许经营为载体包含了取水权和土地使用权等国有自然资源特许使用权在内而形成的关系网络。第一，鄂尔多斯市政府与汇通水务公司达成新城区公共供水工程建设—经营协议，这是一种公共事业特许经营法律关系；第二，该公共事业经营必然涉及取水权问题和水资源管理问题，在本案中，实质上政府是以一揽子协议将从两大水库取水权许可配置给了汇通公司，以此也就包含了水资源的特许使用法律关系，而且由于两大水库均为饮用水源，故而也自然涉及水源地规划、保护等水资源管理问题；第三，由于工程建设以及取水本身都涉及相关区域的土地利用问题，所以这里还涉及土地资源特许使用法律关系。在

---

① 岳家琛：《水源地变更引发的争论》，载《南方周末》2016年5月19日，D21—22版。

本案中，这三个方面关系虽整体构成公共事业特许经营权之内容，但每种关系都可能引发纠纷进而危及公共事业特许经营权。由此引发的一系列问题是，水源地规划与调整究竟应是怎样的过程，以及城市规划与水源地规划和保护之间究应如何协调？规划的变更是否构成对特许使用权的侵犯？本案中的相关权利关系应该如何理顺，权利应该如何救济？我们认为，本案纠纷的关键在于，鄂市市政府由于公共供水水库蓄水供水的客观情况变化，而于城市规划中改变了原来公共供水水源地规划并已放弃对原水源地的保护，这种规划的改变则直接危及原已存在的汇通水务公司的公共供水特许经营权，作为该许可之附属部分的水源地近边土地使用权却被政府配置于第三方，形成该土地使用权的"一女二嫁"局面。在此，由于本书文旨和结构安排，我们暂不讨论水源地近边土地使用权问题，而且这一问题也并非问题的关键或核心。① 更为关键的问题是，政府的城市规划与水资源地规划及其变更过程中存在明显违法，从而构成对汇通水务公司取水权以及以取水、供水为中心的特许经营权的侵犯。

从我国《行政许可法》相关规定来看，国有自然资源特许使用权和公共事业特许经营权似乎是两个不同的事物。但是，在有关国有自然资源的特许经营问题上，二者之间其实存在一定程度的重合，以致有些时候人们也将国有自然资源特许使用权称为特许经营权。在本事件中，鄂市市政府以客观形势变迁为由改变城市规划，实质上是变更或撤回了汇通水务公司从考考什纳水库取水、供水的特许使用权。从《行政许可法》第8条之规定来看，在准予许可所依据的客观情况发生重大变化之时，为了公共利益需要，行政机关可以依法变更或撤回已经生效的行政许可。所以，鄂市市政府据此而部分变更或撤回汇通水务公司的取水、供水权

---

① 对于汇通水务的取水权是否涵盖库区及周边土地使用问题，鄂市市政其实是以对政府文件的任意解释来达到否认的效果。鄂市府2005公函明确指出，"水库用地属于国家所有，不用办理使用权，此公函即为使用权证明"，暂且不论这种说辞是否值得质疑（若说国家所有权不需登记也不用办理权证尚可理解，但国有自然资源使用权证也不用办理实难解释），单就该公函内容而言，虽说形式上并未办理使用权证，但实质上政府承认了使用权。那么，在一项特许使用权依然有效存在的情况下，未行撤销之时又将该特许权重复授予其他主体，这无论如何都不符合依法行政原理，是典型的行政违法。

并无不当。但是，政府应该对汇通水务公司由此所造成的损失予以补偿。至于是否谈及补偿问题，在报道中我们并未看到。不过，这仍然不是问题的关键所在。而真正关键的问题是，鄂市市政府通过变更规划的方法部分变更或撤回特许使用权是否恰当？

从鄂市市政府城市规划发展上看，在2004年城市规划中，两大水库水源地规划与城区建设用地区分非常清楚，但在2010年版城市规划中，乌兰木伦水库周边虽无建设规划，但考考什纳水库已被城市建设规划用地包围，至2011年版（2011—2030）城市规划中，两大库区均已被围在城中。这里可得质疑的问题是，城市规划是否可以置水源地规划及保护于不顾？从现实逻辑上讲，两大库区水源地规划显然要早于城市规划，那么城市规划怎能无视水源地规划以及水源地保护；从理论上讲，城市规划编制涉及水资源管理、水源地规划时应考虑水利部门或人民政府的水资源规划，水源地规划优先于城市建设规划。即便就如鄂市市政府所指出的那样——两大库区由于客观气候变化与上游取水影响，水库蓄水量不足以支持城市公共用水，那也应该先行报水利部门或人民政府批准后以类似征收方式再行改变水库公共用途，然后才能相应地将之纳入城市建设规划之中编制城市规划。然而，现实是，鄂市市政府在未行如此变更的情况下就直接撤销了两大水库水源地。但是，汇通水务公司仍然在以极其高昂的成本为城市供水，而且其打算利用库区周边土地开发产业以弥补取水、供水成本严重不足的意图也因政府将该土地使用权许可于他人使用而化为泡影。由此引发纠纷就无法避免了。然而，对此纠纷，鄂市市政府似乎并不认为是自己过错所致，而是充当起调解人，试图说服汇通水务与大河置业各让一步息事宁人。在多方协调未果之际，汇通水务决定移交公共供水设施。然而，从2014年鄂市市政府的汇通水务整合重组专项会议来看，政府收购汇通水务并不顺利。

由此可见，虽然《鄂尔多斯市人民政府关于同意调整考考什纳水库用途的批复》指出，由于客观情势变化（气候与上游截水导致的蓄水不足）需要改变水库用途并无不当，但这一规划变更批复可能直接构成对汇通水务相关权利的妨害，然却既无正当程序可言，也未对权利人的权利进行合理、适当保护。政府任性变更规划不仅直接部分变更或撤回了汇通水务公司的取水、供水之特许使用权，更由于汇通水务经营成本压力巨大而不得不放弃其权利，这无异于政府通过变相施压而对特许使用权人整体权利的间接剥夺。而这种看似合法的剥夺，之所以无法令人信服，其直接原因乃是政府的一系列规划变更涉嫌程序违法，进而实质上直接构成行政违法侵犯特许经营权，并间接构成行政违法侵犯权利人的国有自然资源特许使用权。

第三节　行政违法侵犯国有自然资源特许使用权的救济与责任

一　行政违法侵权一般理论
（一）行政违法侵权的概念与内涵

行政违法侵害权利，是一种公权力行为侵权，之所以侵权是因为违法行政，也称行政违法。"行政违法与行政合法相对称，是指行政机关、其他行政公务组织和行政公务人员实施的违反行政法律规范的规定和要求的行政行为"①。"行政违法是指行政主体实施的违反行政法律规范，但尚未构成犯罪的应承担行政责任的行政行为"②，其特征在于：一是行政主体的行政违法行为；二是以行政法律规范的存在为前提；三是尚未构成犯罪的行为。在行政违法的构成要件分析上存在两种方法，其一是以构成要件理论为基础进行正面分析，其二是通过比较合法行政行为的构成要件来界定违法行政行为，换言之，违法行政行为是欠缺合法行政行为要件的行为。可以说，上述这两种方法各有利弊，第一种方法虽顾及了主客观条件的统一，较合逻辑，但失之细致；第二种方法虽较具体细致，但有忽略主客观条件的嫌疑，主要是对待行为主体的主观方面上。所以，我们认为行政违法的构成要件与合法行政行为的构成要件是同一问题的不同侧面，故而我们可以法学上的构成要件理论为基础，结合合法行为的构成要件，确定行政违法的构成要件：行政违法的主体须为行政主体；行为须违反行政法律规范；违反行政法律规范须达到一定程

---

① 杨解君：《行政违法论纲》，东南大学出版社1999年版，第14页。
② 胡建淼主编：《行政违法问题探究》，法律出版社2000年版，第8页。

度。① 行政违法是行政侵权的原因，行政违法一般总会构成行政侵权。行政侵权，是指行政主体通过公务员实施了违法或不当行政职权行为，造成了行政相对方"法益"的损害，其结果是由国家通过行政侵权主体对受害的行政相对方给予法律救济。②

（二）行政违法侵权的行为类型

1. 抽象行政行为违法侵权及其表现的一般理论

行政违法可分为违法抽象行政行为和违法具体行政行为。所谓违法抽象行政行为，是指有关行政主体制定行政法规、规章和其他行政规范性文件的活动违法，具体包括超越行政立法权限、授权范围，行政立法程序违法，行政法规、规章和其他行政规范性文件在内容上与法律或上一级法律规范相抵触等形式。它与具体违法行政行为的区别在于：其一，抽象行政违法行为既是行政违法，更属于宪法范畴；其二，对抽象行政违法行为，公民不能向人民法院提起行政诉讼，只能进行有限的附带审查；其三，对抽象行政违法行为，有权行政机关和权力机关可以予以撤销或宣布其无效。③ 不过，究竟哪些行为可被归于抽象行政违法行为，还与抽象行政行为的概念与内涵密切相关。理论上，抽象行政行为一般被认为是一种立法行为（和结果），其集中表现为行政机关制发行政规范性文件，一旦制发的规范性文件违法，则可能构成远比具体行政行为侵权更为严重的后果。而学理上关于行政规范性文件的解释颇为复杂，在有关学者的研究中，行政规范性文件的名称、内涵与外延极其复杂。有学者经过系统的比较分析后认为，学界目前几种主要观点的共识是：其一，认为没有行政法规、规章制定权的行政机关也有权制定行政规范性文件；其二，认为行政规范性文件应当属于具有普遍约束力的规则。行政规范性文件违法的原因大致有：第一，行政规范性文件的制定中存在主体乱、事项乱、制定程序乱的三乱现象；第二，对规范性文件的监督实际处于虚置状态；第三，法律体系和行政体制的层级过多；第四，行政机关职权性的制定规范性文件的权力基本架空和淹没了法律对行政机关的授权

---

① 胡建淼主编：《行政违法问题探究》，法律出版社2000年版，第13—14页。
② 王世涛：《行政侵权研究》，中国人民公安大学出版社2005年版，第32页。
③ 参见杨解君《行政违法论纲》，东南大学出版社1999年版，第26—29页。

立法；第五，人治思想的影响；第六，缺乏对公众负责的精神和部门利益的影响。① 有学者进一步指出，"目前我国，当人民权利遭受来自公权力机关具有普遍效力的行为的侵害时，明显缺乏相应的救济制度构建——这一制度至少应包括两点：一是使得涉嫌侵权的法律、法规、规范性文件以及规范性司法解释能够得到及时纠正；二是因这些法律、法规、规范性文件、规范性司法解释受到损害的权利人能够获得赔偿"。② 对此类行为，我国目前并不存在类似西方式的违宪审查、司法审查，而只是相当有限的附带审查。

2. 具体行政行为违法侵权及其表现的一般理论

行政违法形态论。由于行政违法形态的复杂性，立法和理论上对其往往有着不同的划分和概括，各国也有不同的认识。美国法律规定的行政违法表现主要有：（1）非法拒绝履行或不当延误的机关行为；（2）独断专横、反复无常、滥用自由裁量权或其他不合法的行为；（3）同宪法规定的权利、权力、特权与豁免权相抵触；（4）超越法律规定的管辖范围、权力和限度，缺少法律规定的权利；（5）没有遵守法律规定的程序；（6）没有可定案证据作依据；（7）没有事实根据。在英国，法院判例产生的行政违法（越权行为）表现主要有：（1）违反自然公正原则；（2）程序上的越权；（3）实质上的越权包括超越管辖权的范围、不履行法定义务、权力滥用以及记录中所表现的法律错误。③ 在我国，有学者将行政违法分为实体上的行政违法（主要表现为行政失职、行政越权、滥用职权）和程序上的行政违法（主要表现为手续瑕疵、形式瑕疵），还有学者提出行政违法的表现形式主要有越权、滥用职权和侵权行为。④ 我国《行政诉讼法》第70、74条和《行政复议法》第28条对违法的具体行政行为进行了列举。《行政诉讼法》规定的违法形态包括主要证据不足、适用法律法规错误、违反法定程序、超越职权、滥用职权、不履行法定职责、

---

① 刘松山：《违法行政规范性文件之责任研究》，中国民主法制出版社2007年版，第35—37页。
② 柳经纬：《从权利救济看我国法律体系的缺陷》，《比较法研究》2014年第5期。
③ 杨解君：《行政违法论纲》，东南大学出版社1999年版，第161—162页。
④ 参见张尚鷟主编《走出低谷的中国行政法学——中国行政法学综述与评价》，中国政法大学出版社1991年版，第308—309页。

明显不当等六种；《行政复议法》规定的行政违法（或不当）形态主要有主要事实不清或证据不足、违反法定程序、不履行职责、适用依据错误、超越职权或滥用职权、具体行政行为明显不当等。当然每一形态中还可以包括若干具体情形。在抽象概括层面上，从合法行政行为构成要件上对行政违法进行分类是比较有说服力的，由此可将行政违法的具体内容确定为以下几个方向：第一是主体构成违法；第二是行政超越职权，包括逾越权限和逾越权能两个方面，前者指行政主体的行为在层级、地域或事务上逾越该主体法定职权的情形，它又可细分为逾越事实管辖权、逾越地域管辖权、逾越层级管辖权和管辖权综合逾越四类。逾越行政权权能是指行政主体的行政行为超出了其法定措施、手段和方法的情形；第三是行政滥用职权，具体表现为背离法定目的，拒绝或怠于行使行政自由裁量权显系缺乏合理性，行政自由裁量行为结果显失公正，考虑不相关因素或不考虑相关因素，自由裁量行为违反平等对待原则、比例原则、惯例原则等；第四是行政不作为违法。行政主体具有作为义务，也有作为能力与可能，但却没有履行或未全面履行作为义务；第五是主体主观违法，即行政行为人欠缺意思表示或意思表示有瑕疵的违法状态，包括公务员在失去能力时所为之职权行为，受胁迫、欺诈、贿赂等情况下所为之职权行为，或公务员出于不正当或非法定动机为行为；第六是内容违法；第七是行政程序违法。当然，违反法定程序的行政行为并不必然无效，关键要看被违反的法定程序的价值、内容、重要性和违反程度；第八是法律根据违法。一般又称法律适用错误，即行政主体在做出行政行为时对相关行政法规范的理解、解释和适用存在某一或某些违法情形；具体表现为，适用规范性文件错误、适用规范性文件的条文错误、适用规范性文件的款项或目的错误，以及对被适用条款中的法律概念解释错误等等；[①] 第九是事实根据违法，又称主要证据不足，即行政行为缺乏必要的事实根据。[②]

另有学者主张，可将理论上对行政侵权行为的分类与最高人民法院《行政许可司法解释》相结合，从而将行政侵犯特许权的行为划分为行政

[①] 参见周汉华《论行政诉讼中的法律问题》，《中国法学》1997年第4期。
[②] 胡建淼主编：《行政违法问题探究》，法律出版社2000年版，第19—20页。

规定侵权、具体行政行为侵权、不作为侵权和违约侵权四类。① 不过由于具体行政行为与不作为和违约之间存在包含与被包含关系，所以一并涵括在具体行政行为违法侵权的情形中而不再逐一细说，当然这不妨碍我们在后面讨论中再次涉及它。

（三）行政违法侵害国有自然资源特许使用权的类型

按照上述关于行政违法侵权的一般理论，我们可以将现实中行政违法侵犯国有自然资源特许使用权的情形类型划分为两种：抽象行政违法侵犯国有自然资源特许使用权和具体行政违法侵犯国有自然资源特许使用权。根据目前我国有关自然资源的行政管理法规范来看，主要是针对具体行政违法侵害国有自然资源特许使用权的一些规定，对抽象行政违法侵权的相关规定或者没有，或者比较简略。如我国《草原法》第63条规定："无权批准征收、征用、使用草原，或者超越批准权限非法批准征收、征用、使用草原，或者违反法定程序批准征收、征用、使用草原的可以给予行政处分，严重者追究刑事责任；非法批准征收、征用、使用草原的文件无效。"类似形式规定在相关自然资源法律规范中比较普遍，即主要对具体行政许可行为违法列举，而对抽象行政行为违法只进行简略概括或者并未提及。所以，对抽象行政行为违法侵犯国有自然资源特许使用权的情况通常只能较多地通过相关个案分析得见。由于一般以制发行政规范性文件代称抽象行政行为，所以下文分析也继续沿此习惯展开相关分析。

1. 行政规范性文件侵权

行政规范性文件侵犯国有自然资源特许使用权，是指行政机关通过制定发布行政规范性文件的方式侵犯依法取得的特许使用权的情形。如2009年4月，山西省政府发布《山西省人民政府关于进一步加快推进煤矿企业兼并重组整合有关问题的通知》，该通知通过制定目标、落实任务、明确兼并重组整合主体、编报方案、强化安全生产、加强领导六个方面的工作企图实现山西煤炭产业的升级转型。但从其对煤矿企业数量的削减、企业兼并重组整合的整个目标、任务以及实施来看，无疑是抽

---

① 参见王克稳《行政许可中的特许权的物权属性与制度构建研究》，法律出版社2015年版，第532页。

象行政违法侵犯民营企业采矿权的典型。山西省政府的通知所谓的兼并重组实际上是国有煤企吞并小型民营煤企的国有化运动。① 一时间，这场运动引起人们广泛的关注与批评。之所以受到质疑批评，不仅是因为这种活动严重违背了市场规律，也因为其严重忽视了对中小煤企采矿权的尊重，更谈不上对他们的矿业权的保护。② 这种完全强制性的运动导致很多中小煤企停产，不签订同意书的不让走，软硬兼施，很多煤企根本连讨价还价的余地都没有，即便有补偿也为数寥寥，根本不进行市场化评估，甚至矿业权本身就未被列入补偿范围。为使问题存有回旋，不少人找关系，寻人情，可以想见这种活动背后那些见不得人的勾当得有多少，腐败大多与产业化运动如影随形。诸如《行政许可法》以及自然资源行政管理法等诸多法律规范竟被一纸通知束之高阁。此次事件后，不少人愤愤誓言永不踏进山西。由此看来，诸如山西制发该类通知一样的抽象行政违法侵权危害之大。这符合抽象行政行为的一般特征，一旦违法则危害甚大、范围广，救济十分困难，甚至可以说救济无门。

2. 具体行政违法侵权

相较抽象行政违法侵权，具体行政违法侵权更便于观察和理解，所以似乎更为常见。具体行政违法侵权一般可被理解为，行政机关实施的具体行政行为违法并侵犯了特许权的情形。它的表现形式非常多元化，诸如违法变更特许权、违法收回特许权、强制处分特许权、重复授权、不作为侵权等，均属此种行政侵权之列。③ 在此我们着重分析违法变更和违法收回特许侵权这两种最为常见的类型。

（1）违法变更特许权

对于已生效的国有自然资源特许使用权，若非客观情势变化、法律规范依据变化，或为公共利益，许可机关不能随意予以变更，否则就是行政违法。况且即便符合上述条件，要进行变更也必须遵守相应的程序要求。如果行政许可机关未行观照《行政许可法》第 8 条规定，任意改

---

① 参见肖华《世间再无煤老板?》，载《南方周末》2009 年 9 月 17 日。
② 王克稳：《行政许可中特许权的物权属性与制度建构研究》，法律出版社 2015 年版，第 534 页。
③ 参见王克稳《行政许可中特许权的物权属性与制度建构研究》，法律出版社 2015 年版，第 536—540 页。

变国有自然资源特许使用权的期限、内容、范围或者收益方式等，则都构成违法。比如水权，当发生一些客观重大情况变化时，出于公共利益之需，行政许可机关则可依法变更、撤回已生效之许可。依据《取水许可和水资源管理条例》第41条："有下列情形之一的，审批机关可以对取水单位或者个人的年度取水量予以限制：（一）因自然原因，水资源不能满足本地区正常供水的；（二）取水、退水对水功能区水域使用功能、生态与环境造成严重影响的；（三）地下水严重超采或者因地下水开采引起地面沉降等地质灾害的；（四）出现需要限制取水量的其他特殊情况的。发生重大旱情时，审批机关可以对取水单位或者个人的取水量予以紧急限制。"这里的限制其实就是对许可的变更。而变更的依据就是此条第（一）、（二）、（三）、（四）项内容以及"发生重大旱情"等情形。另外，由于国家对国有自然资源特许使用权普遍设置了一系列限制，诸如对使用对象、范围、方法、目的、技术、时间等方面的限制，而且这些限制的实施与监督机关与许可机关是基本统一的，所以，如果这些机关在这些限制的实施上超越范围和强度，则也可能构成侵害国有自然资源特许使用权的行政违法行为。虽说自然资源相关行政管理法中对行政机关实施和监督这些限制的行政违法相关问题并未做出相应规定，但根据依法行政原理和《行政许可法》《行政处罚法》《国家赔偿法》等行政法规范，将这些行为纳入其中进行综合规制也并不难于理解。

（2）违法收回特许权

如果行政特许机关违反法定条件与程序收回特许权，也构成行政违法侵害特许权行为，具体包括违法撤回、违法注销、违法吊销特许权证、收回特许权等情形。这一系列行为之间关系较为密切，但在整体论的视角它们又构成了同一目标，即收回并消灭特许权。既然是权利，国有自然资源特许权人当然可以请求许可机关撤销该权利而行放弃，做出特许的机关及其上级机关对于违法许可也当然可以本于职权进行撤销。但是由于《行政许可法》对特许的撤回、撤销规定了相应的条件和程序，如果撤回、撤销并未遵行这些条件和程序则可能构成对国有自然资源特许使用权的侵害。仍以水权为例。《取水许可和水资源管理条例》第44条规定："连续停止取水满2年的，由原审批机关注销取水许可证。由于不可抗力或者进行重大技术改造等原因造成停止取水满2年的，经原审批机关同意,可以保留取水许可证。"此条规定实际上意味着对许可的撤回。但这里许可的撤回以及许可证的注销是附条件的。也就是说,行政许可机关唯在"连续停止取水满 2 年时"才能撤回许可并注销取水许可证,而且这个附加条件又附加了一个例外规定,即若是"由于不可抗力或技术改造等客观原因造成停止取水满 2 年",则许可可予保留。若行政许可机关违反这些规定而行撤回、注销许可则可能构成行政违法侵权。

行政许可的注销是行政机关基于特定情况的发生而消灭已颁发之行政许可之效力的行为。① 它是行政行为废止的情形之一。从《行政许可法》第 70 条来看,注销许可证的情形主要有:有效期满未行续期或者行政特许被依法撤回、撤销时注销许可证,以及行政许可证被依法吊销后的注销;由于行政许可事项无法继续实施而行注销;另外还有其他单行法律规范规定的注销。如《海域使用管理法》第 46 条就规定,对于违反本法第 18 条,擅自改变海域用途者,责令限期改正,没收违法所得,并处以一定罚款;对拒不改正的,颁发海域使用权的人民政府可以注销海域使用权证,收回海域特许使用权。这里需要思考的问题是,许可注销究竟是程序行为还是实体行为,学界关于许可注销行为的效力一直存在"实体说"和"程序说"之争。② 依我国《行政许可法》第 70 条规定,行政许可注销的适用情形有:第一,行政许可有效期届满未延续;第二,赋予公民特定资格的行政许可,该公民死亡或者丧失行为能力;第三,法人、其他组织依法终止;第四,行政许可被依法撤回、撤销,或行政许可证被依法吊销;第五,因不可抗力导致行政许可事项无法实施;第六,法律法规规定的应注销行政许可的其他情形。上述情形,在第一、四项中许可已经丧失,而在第二、三、五中,行政许可在注销前仍有效,所以行政许可注销的效力似乎是程序说和实体说的混合。其实,无论是采实体说还是采程序说,一旦行政许可机关有所违反,都可能构成违法

---

① 马怀德主编:《中华人民共和国行政许可法解释》,中国法制出版社 2003 年版,第 248 页。

② 王太高:《论行政许可注销立法之完善》,《法学》2010 年第 9 期。当然,若要将注销定位为与撤销、撤回、吊销相并列的能够导致行政许可效力终止的独立类型,它们各自之间就必须存在比较清晰有别的适用情形,事实上注销无法做到此点,就此而言,将它视为一种程序性行为是比较准确的。

侵权。由于这种注销特许权证、收回特许权的行为都属于一种行政行为（在需要强行终止的情形下，才亦需要注销，故此时的注销属于一种行为；而那些可以自然终止的许可一般无须注销，故此自然终止属于事件①），法律对其行为条件和程序的设定本就意味着一旦未遵行这些条件和程序就会构成行政违法，此必也意味着对特许使用权人权利的侵害。

至于吊销许可证，主要是由自然资源单行法规范中规定的。比如，《中华人民共和国渔业法》第五章"法律责任"部分就涉及许可证的吊销问题。依该法第38条，使用法律禁止的方法，或在禁渔期、禁渔区违法捕捞且情节严重的，可以吊销捕捞许可证。第40条规定："使用全民所有的水域、滩涂从事养殖生产，无正当理由使水域滩涂荒芜满1年的，由发放养殖证的机关责令限期开发利用；逾期未开发利用的，吊销养殖证，可并处1万以下罚款。"《野生动物保护法》第33条规定，未按狩猎证规定猎捕野生动物的，可由野生动物行政主管部门没收违法所得，处以罚款，并可吊销狩猎证。《水法》第69条规定，"对未依照批准的取水许可规定条件取水的"，可以由县级以上人民政府水行政主管部门或者流域管理机构依职权责令停止违法，限期采取补救措施，处二万以上二十万以下罚款，情节严重的，可以吊销其取水许可证。《取水许可和水资源费征收管理条例》第51条对拒不执行审批机关取水量限制决定，或未经批准擅自转让取水权的，除可责令停止违法、限期改正、处以罚款外，严重情形者也可以吊销取水许可证。可见，即便是吊销许可证，一般均需满足一定条件，并应依循相应程序，否则就可能构成行政违法侵害国有自然资源特许使用权。

（四）行政违法侵害国有自然资源特许使用权的典型案例分析

1. 案例A

成都鹏伟实业有限公司与江西省永修县人民政府等采矿权纠纷上诉案。②

上诉人成都鹏伟实业有限公司（以下简称鹏伟公司）与被上诉人江西省永修县人民政府（以下简称永修县政府）、永修县鄱阳湖采砂管理工

---

① 参见王太高《论行政许可注销立法之完善》，《法学》2010年第9期。
② 最高人民法院（2008）民二终字第91号民事判决书，来源于北大法宝。

作领导小组办公室（以下简称采砂办）采矿权纠纷一案，不服江西省高级人民法院（2007）赣民二初字第12号民事判决，向最高人民法院提起上诉。经审理，终审法院院认为：采砂办通过公开拍卖的方式与鹏伟公司签订的《采砂权出让合同》系当事人的真实意思表示，合同内容不违反法律、行政法规的禁止性规定，应认定为合法有效。另据原审查明，鹏伟公司在2006年5月10日签订《采砂权出让合同》后即开始采砂工作，至2006年8月18日停止采砂，共计开采100天。停止采砂的原因是：自2006年7月后，江西持续高温干旱天气，降雨偏少，长江江西段出现同期罕见枯水位，鄱阳湖水大量流入长江，水位急剧下降，出现自20世纪70年代初期以来罕见的低水位。这导致采砂船不能在采砂区域作业，采砂提前结束，未能达到《采砂权出让合同》约定的合同目的，形成巨额亏损。这一客观情况是鹏伟公司和采砂办在签订合同时不能预见的，鹏伟公司的损失也非商业风险所致。在此情况下，仍旧依照合同的约定履行，必然导致采砂办取得全部合同收益，而鹏伟公司承担全部投资损失，对鹏伟公司而言并不公平。鹏伟公司要求采砂办退还部分合同价款，实际是要求对《采砂权出让合同》的部分条款进行变更，符合合同法和本院上述司法解释的规定，本院予以支持。鹏伟公司支付的8228万元拍卖成交款中，采砂权出让价款为4678万元，以采砂期限130日计算，每日为35.98万元，鹏伟公司实际少采砂30天，故采砂办应返还鹏伟公司采砂权出让价款1079.54万元。而且采砂办系永修县政府直属事业单位，为永修县采砂管理工作领导小组的日常办事机构。采砂管理工作领导小组由永修县委、县政府相关部门主要领导组成。采砂办经费来源为财政拨款，无独立承担民事责任的行为能力，故永修县政府应与采砂办共同承担本案的民事责任。

综上，原审判决认定事实清楚，但适用法律有误，实体处理不当，予以纠正并依法判决如下："一、撤销江西省高级人民法院（2007）赣民二初字第12号民事判决；二、江西省永修县人民政府、永修县鄱阳湖采砂管理工作领导小组办公室于本判决生效之日起30日内退还成都鹏伟实业有限公司采砂权出让价款1079.54万元；三、驳回成都鹏伟实业有限公司的其他诉讼请求。"

在本案中，最高人民法院的再审判决事实清楚，说理充分，对权利人的权益保护也比较充分。不过，由于本案是通过民事诉讼进行纠纷裁处的，这与本书此处所讨论的行政违法侵权貌似不存在关联。但是，一则从理论上对法院裁判的分析思考是一种常规的研究方法，法院裁判本身合法合理不是阻止我们理论思考的理由；二则在此对本案的思考更多地涉及立法问题而非司法问题，也即法院将政府与私人签订的国有自然资源特许使用权协议作为民事合同进行法律评价的立法与理论问题，换言之，我们认为这种国有自然资源特许使用协议本质上应是行政合同而非民事合同。既然是一行政合同，那么，由于一些客观或者主观原因导致合同不能继续履行或者严重有失公平之时，当事人申请要求收回特许权，或者要求一定补偿，而行政机关持相反意见不予作为或者违法作为时就可能发生行政违法侵权。本案双方签订的《采砂权出让合同》是否民事合同？从本案裁判及其理由来看，法院是将此类合同理解为民事合同。但是，其一，在主体上，该合同是由政府与私人签订，然而政府在此并非民事主体；其二，在合同内容上，该合同是对砂石这类国有自然资源使用权的配给，而这种配给是行政许可的结果；其三，从合同目的与效果上看，此类国有自然资源权利配置合同并非单纯追求或体现个体、私人利益。政府代表国家出让国有自然资源使用权本身不仅是为了满足特定私人利益需要，也是为满足国家收益以用于国家、社会整体发展的需要。所以，就此来看，将此类国有自然资源特许使用权出让合同解释为民事合同确实有值得质疑之处。它更像是一种行政合同。至少在理论上讲，将该纠纷以特许权变更之名，纳入行政诉讼可能更为合理，而且特许权的变更、撤回，以及补偿等问题通过行政诉讼也是可以解决的，2015年颁布的《新行政诉讼法》第12条和《新行政诉讼法司法解释》第11条已经为此做好准备。依据该条规定："行政机关为实现公共利益或者行政管理目标，在法定职责范围内，与公民、法人或者其他组织协商订立的具有行政法上权利义务内容的协议，属于行政诉讼法第十二条第一款第十一项规定的行政协议。公民、法人或者其他组织就下列行政协议提起行政诉讼的，人民法院应当依法受理：（1）政府特许经营协议；（2）土地、房屋等征收征用补偿协议；（3）其他行政协议。"但是，由于《行政许可法》第2条对行政许可的内涵界定过于概括，无法直观便宜地判断行政特许与一般许可的区别，以致实践中常倒果为因地以实施方式是否为招标、拍卖等竞争方式来识别相关行为是否特许，这不仅无益于区分特许和一般许可的界限，还导致了行政特许范围的泛化。[①] 进而由于难以明确行政特许范围，也招致了不少针对行政特许的非合理批评。这样，以行为外观识别行政特许的方法也就大行其道，诸如国有自然资源特许使用权的取得，只因采取了"协议"出让的方式，而被广泛理解为一种民事合同。这是对现代公共行政时代背景的忽视，它容易挤压公共行政的成长空间，也无益于促进行政法自身的发展进化。

现代国家的职能和角色已经发生转变，这是公众对行政民主化期待的结果。在这样的背景下，政府越来越倾向于借助行政合同这种行政方式来完成公共任务。行政合同之所以备受推崇，主要应归于它将权力因素与契约精神的有效结合："一方面它是行政主体与相对人通过相互交流与沟通而达成的协议。因而留给公民发挥积极性与主动性的余地；另一方面作为签约一方的行政主体仍保持其原有公权力的身份，因而又能保证行政目的之实现。"[②] 随着时代变迁，国家已非"警察国家"，社会治安不过是它日益庞大的公共治理任务之一，经济的发展、公众福利的提升、社会发展的促进等，都是它必须承担的职能。为完成配给资源、促进生产，并得促进社会发展的公共任务，国家需要将其所有的自然资源向社会进行配给，自然资源特许使用权机制就此产生。政府与自然资源使用主体经常通过签订自然资源特许使用权出让合同的形式确立自然资源权利机制体系。换言之，毋宁说行政合同乃政府干预社会经济的一种方式，是国家意志介入合同领域的结果，而意志正是目的之演绎。福利社会时代的到来，已经指示我们，社会所需要的除了安全与秩序外，还包括实质公平，于是权力中立于社会利益以克服国家权力与个体自由的偏颇。但是，由于行政需要从社会公共权威获得正当性支持，所以，合同中的权力又恰是源于和维护社会公共利益的存在。因此，公法学者一般主张，若为公共利益之虑，应赋予行政主体单方解约权。[③] 这既是行政

---

① 任海青、王太高：《论我国行政特许制度的立法完善》，《南京社会科学》2012年第11期。
② 戚建刚、李学尧：《行政合同的特权与法律控制》，《法商研究》1998年第2期。
③ 参见[日]南博方《日本行政法》，杨建顺译，中国人民大学出版社1988年版，第66页。

合同中的一种政府特权，但又是一种限制，即应受公共利益的限制。我国《行政许可法》第 8 条规定，"公民、法人或其他组织依法取得的行政许可受法律保护，行政机关不得擅自改变已经生效的行政许可"。但当"行政许可所依据的法律、法规、规章修改或者废止，或者准予行政许可所依据的客观情况发生重大变化，为了公共利益的需要"，行政机关可以"变更或撤回已经生效的行政许可"，但应补偿被许可人因此所遭受的财产损失。为此，第一，需要完善许可变更、撤回的程序：明确行政许可变更、撤回的例外；第二，放弃变更与撤回不受时效限制的观念，确立行政许可变更、撤回的时效；第三，确立行政许可变更、撤回的补偿机制。① 至此，既然说诸如国有自然资源特许使用权出让协议可被视为"行政合同"，那么根据合同相对性原理，对于该类协议的变更，行政机关和相对方应该均享有变更权，即便是认为行政机关的变更权享有一定的优越性，也不能据此否定相对人的权利。然而，对此问题，我国《行政许可法》未有规定和关注，学界也几乎并未关注。而且事实上《行政许可法》关于许可变更、撤回的相关规定只能用于行政许可机关单方变更、撤回、许可场合。《行政许可法》第 8 条规定了许可变更、撤回事由，第 69 条规定了许可撤销事由。从其规定来看，行政许可的变更、撤回与撤销大致可以区分为不可归责于行政机关和被许可人的事由，可归责于行政机关的事由和可归责于被许可人的事由三类情况。从其程度来看，作为相对方的被许可人的权利保障强度在上述三种情形下是依序递减的，相对方可以申请变更、撤回和撤销特许的权利及其可能也是依序递减的。在不可归责于行政机关和相对方的情形下，相对方要求变更、撤回特许的权利及其可能是最强的。换句话说，在上述鹏伟案中，如果我们将行政机关和相对人之间的资源特许使用权出让协议视为行政合同，则可能是纠纷解决最为便利、有效的一种途径，而不至于绕回民事合同而寻求合同法上的"情势变更"原则才可消解矛盾。也就是说，如果将行政机关和相对人之间的资源特许使用权出让协议视为行政合同，并依合同原理赋予了相对人合同变更权，则法院可以直接利用合同纠纷的处理方式去化解矛盾。但这里的关键问题是《行政许可法》并未赋予相对人实质

---

① 王太高：《行政许可撤回、撤销与信赖保护》，《江苏行政学院学报》2009 年第 2 期。

性变更权,若我们认真解读相对人的申请权,是否可以收到同样效果呢?答案或许是否定的。因为相对人的申请变更、撤回权通常被认为仅具程序效力。我国《行政许可法》第 49 条规定:"被许可人要求变更行政许可事项的,应当向作出行政许可决定的行政机关提出申请;符合法定条件、标准的,行政机关应当依法办理变更手续。"由此看来,行政许可变更的性质并不明确:"符合法定条件、标准的,行政机关应当依法……"的表述似在明确其为实体行为,而"办理变更手续"的表述似乎又在刻意淡化其实体性质,意欲表明行政许可变更仅为一种简单、单向的手续、程序。① 这就难怪学者们经常认为,行政许可的变更、撤回、撤销只是一种单向的,甚至颇具强制色彩的行政行为。以致学者们在行政许可变更究竟是依申请而为还是可以依职权主动而为问题上都产生了争议。② 由于传统行政法理论认为,此类"变更"行为实质上是对行政行为的变更,而且传统行政法理论是以侵益行政为中心建立体系的,而侵益行为具有过往性质,所以行政行为的变更常被锁定于"部分内容违法或不当"和"应客观情势变化而需对行政行为进行相应变更"两类情形之中。③ 这就导致传统行政法理论与行政许可之类授益行政行为之间的衔接出现了"真空地带"。尤其是随着如今行政裁量的宽泛化和行政权的扩展,对这种"真空地带"的管控已经成为行政法的一项新任务。行政主体与相对人之间参与互动、和谐共治都促进了公权的软化和私权的硬化。④ 为此,行政程序的建构成为行政法为应对此类问题的一个重要方案。比如,学者认为公共利益是行政许可变更、撤回的一个重要,甚至是核心性的限制条件,为使公共利益和私人利益获得平衡保护,必须将许可变更、撤回中的公共利益衡量、评价问题进行细化和程序化。⑤ 但是,通过行政程

---

① 王太高:《论行政许可变更》,《南京大学学报》(哲学·人文科学·社会科学) 2013 年第 5 期。

② 如王太高教授认为行政许可变更只能依申请而为,但大多数学者则认为行政机关也可以依职权主动而为。参见王太高《论行政许可变更》,《南京大学学报》(哲学·人文科学·社会科学) 2013 年第 5 期;王克稳《论变更、撤回行政许可的限制与补偿》,《南京社会科学》2014 年第 1 期,等等。

③ 胡建淼:《行政法学》,法律出版社 2003 年版,第 214 页。

④ 韩锦霞:《论行政公权的软化与私权的硬化》,《河北法学》2013 年第 7 期。

⑤ 王克稳:《论变更、撤回行政许可的限制与补偿》,《南京社会科学》2014 年第 1 期。

序回应现实问题虽然也很重要和必要,但它仍然只是一种"权宜之计"。程序权利总是与实体权利相伴相生的,纯粹的程序权利几乎没有。在国有自然资源特许使用权出让协议中,这种现象却正好发生了颠倒——相对人享有变更撤回许可权利的申请权———种程序性权利,但却并不对许可权的变更、撤回产生实质性影响,然而实际上相对人明明享有资源的特许使用权! 换言之,申请变更、撤回特许权的权利应该是建基于这种特许使用权的,尤其是发生那些足以影响其特许使用权正常行使的客观情势变化之时,相对人应该享有相应的变更、撤回权。但事实上却没有。所以,实践中发生特许使用权协议争议之时只能绕回民法领域去寻找出路。然而,实际上,现实中一些地方性立法已经为我们指明了另一条"光明大道"。《新疆维吾尔自治区市政公用事业特许经营条例》第 32 条规定,在特许经营期限内,特许经营协议需要变更或者解除的,特许人与特许经营者应当协商确定;未达成一致的,任何一方不得变更或者解除原协议。让人困惑的是,特许使用权与特许经营权二者如此相似,但却为何在公用事业特许经营权领域,相对人可以获得如此优越地位? 而在国有自然资源特许使用权领域为何就不能更进一步地赋予相对人变更、撤回特许权的实质权利? 这里,观念的转变可能是一个重要因素,即既要注意行政法自身的特征,也要注意行政法转变的现代需求。行政权的软化,行政方式的柔和化变迁,既加剧了行政法的变迁可能,也同时可能丰富和发展行政法自身。观念陈旧、保守不仅无益于行政法自身发展,也可能制造很多实践难题。比如,将行政性和合同性对立起来,硬性理解诸如国有自然资源特许使用权出让问题,就可能导致对相对人的权利保护不足问题。政府常强调资源特许使用权的行政性质,从而由此推导出行政机关基于公共利益的单方特权,并暗自推定受让人权利的非独立、非充分性,进而得出受让人微弱的权利,即便是变更或撤回特许权,这种变更或者撤回也只是构成征用或类似征用的效果,相对人想要获得一定补偿也往往非常困难,因为相对人没有多少讨价还价的权利和空间。[①]

所以,在诸如鹏伟案之类的案件中,受让人也即相对人,由于不可归责于己的客观情势变迁而想要寻求资源特许使用权出让协议的变更、撤回

---

① 陈端洪:《行政许可与个人自由》,《法学研究》2004 年第 5 期。

或者损失补偿也就经常一波三折，困难异常。

但是，从合同或者协议的一般原理来看，合同解除或变更权应是双方当事人均享有的权利，在一定条件下，如合同目的难以实现、发生客观情况使合同后续履行不能等，作为资源特许使用权出让协议相对方的行政相对人也应享有解除或变更权。在本案中，作为相对人的鹏伟公司由于天气原因降水偏少，导致湖水水位过低而难以继续采砂，这实际上意味着合同后续履行不能，相对人并无过错，所以相对人于此时请求解约或补偿都在情理之中，若政府坚持不予解除协议并收回特许权，或者也不愿变更、不愿补偿，则意味着政府强制性要求公民自我损失，这显然严重违背公平正义，从而可能构成政府的行政违法侵权。当然，这种构想有赖于行政法的继续完善。

2. 案例 B

在国有自然资源特许使用权领域，行政违法侵害国有自然资源特许使用权的表现也是复杂多样的。比如前文鄂尔多斯汇通水务公司案，政府随意解释政策，随意理解公共利益，随意将针对同一客体的竞争性使用权许可于两个或者两个以上主体，在特许权行使过程中又动辄以客观形势变化，或以公共利益之名行撤销许可之实，或者在特许使用权取得、行使中动辄以公共秩序、公共利益之名禁止、限制使用权的正常行使，或者相关程序存在严重瑕疵，等等。浙江"白象山公益林事件的'诉后余生'"[①]也为我们将国有自然资源特许使用权取得中的复杂乱象于一定意义上显示出来。虽说该案从一审、二审到再审，三级法院基本全部否定了相对人的请求，而且相对人是否已经取得矿业权也值得思考，但由于政府在国家公益林上增设矿业权的前期行为——公益林用途转换是否合法值得质疑，从而使相对人已经竞拍到的矿业权存在潜在的风险，以致引发纠纷，这实际上已经属于行政违法侵害相对人特许权的范畴。具体分析如下：

首先，本案中，新曙光公司于 2015 年通过多轮竞价，以 8.02 亿元拍得白象山建筑石料采矿权，2014 年 1 月 22 日，新曙光公司也与三门

---

① 刘小卫：《白象山公益林"诉后余生"?》，载《民主与法制时报》2015 年 9 月 27 日，第 3 版。

县国土局、交易中心签署了《采矿权网上挂牌出让成交确认书》。后来的法院裁判之所以均否定新曙光主张，虽均以违约为由，并未涉及新曙光是否已经取得采矿权问题。理论上讲，《采矿权网上挂牌出让成交确认书》是否能够说明新曙光已取得采矿权虽并不确定，① 但是，由于该纠纷发生于国有自然资源特许使用权取得过程中，并且矛盾的根源是三门县国土局变更国家公益林用途的正当与可能性均存在可得质疑之处而可能使新曙光的采矿权取得和行使存在一定风险，所以新曙光不得不冒着违约风险不为后续履行，三门县国土局也不予退还保证金，由此引发争议。从三级法院的裁判来看，似乎均否定了新曙光的这种担忧，从而也以此否定了新曙光的主张。但事实上，三门县政府、国土资源局等行政机关在本案采矿权的许可之中是否存在违法行为是值得再议的，也就是说，本案实际上可能是采矿权取得中的行政违法侵权的一种体现。

其次，采矿权取得中的政府行政违法分析。在本案中，尽管从三级法院的裁判来看，政府似乎并未违法，因为法院对相对人诉求的否定就意味着对政府行为的肯定。然而，关键问题在于，三门县国土资源局变更国家公益林用途的行为的合法性是值得怀疑的。记者的采访调查显示：在 2012 年 12 月 27 日，三门县人民政府曾组织国土资源局、林业特产局、安监局和当地乡镇政府对白象山建筑石料矿的范围进行了踏勘，并于其后由林业等部门签署了同意意见书，一致认为设置矿区符合规定，同意上报。2013 年 5 月 21 日，浙江省国土资源厅发出了同意调整三门县无风险矿种采矿权设置意见书。但 2013 年 7 月 25 日，三门县国土资源局向三门县政府提出该项采矿权招拍挂请示书并在同时征询三门县林业特产局意见（要求确认公益林调整审批问题）时，三门县林业特产局向县政府报告称："采矿区全部为国家级公益林（2008 年规划调整省厅就未同意）；生态公益林禁止商业开发；建议暂缓该采矿点挂牌出让，将其调整为一般用材林地，得到省林业厅批准后才能开发利用。"然而 2013 年 8 月 19 日与 11 月 10 日，三门县林业特产局又向三门国土资源局分别出具

---

① 这可能涉及特许使用权让与协议的性质分析，也涉及更为复杂的理论，如双阶论、行政合同论等。出于本书文旨和行文之便，对此问题将另行研究，故而在此暂不展开。

了"该项目同意上报公益林调整审批，实施过程按林业厅、国土资源厅文件执行"和"白象山矿区属于三级国家公益林"的证明。或许，正是三门县林业局所出示的这些前后矛盾的报告与证明，埋下了祸端。在未经上级林业部门同意的情况下，三门县政府任性地开始了在国家公益林地上"增设"矿业权的招拍挂之路，其仍批复了三门县国土资源局的采矿权挂牌出让的申请。纠纷发生后，林业特产局领导的解释是："公益林不能动早就报告过了，国土资源局自己明知，而且采矿权设置也不需林业局同意。"然而，根据国家林业局资源调查处工作人员解读，《国家公益林管理办法》也明确设定了三个国家公益林等级，该办法第19条明确规定"三级国家级公益林应当以增加森林植被、提高森林质量为目标，加强森林资源培育，科学经营、合理利用"。《森林法》和《森林法实施条例》中规定"国家重点防护林和特种用途林，由国务院林业主管部门提出意见，报国务院批准公布"。虽说国家林业局、国家财政部于2010年曾联合发布了《国家级公益林区划界定办法》，并在其中指出"国家公益林界定成果经省级人民政府审核同意后，由省级林业主管部门会同财政部门向国家林业局和财政部申报"。不过，至于能否将国家公益林调整为一般性木材林地，国家林业局工作人员表示，到目前为止，还未曾有过（批准）。也就是说，公益林用途变更几乎是不可能的，这意味着在公益林上增设矿业权就已违法，前提都已是错误的决定，再让相对人继续履行则是错上加错，正是因为相对人洞悉这一要害才不愿冒着风险继续履行协议。

再次，由上述事实看来，即便招拍挂是符合程序的（事实上，国土资源部也指派浙江省国土厅调查了此事，但调查报告仅显示，此次招拍挂符合法律程序，而实体问题究竟怎样不得而知，以致三门国土局扬言，既然合法后续还要继续招拍挂）。但关键问题——国家公益林能否以及应该怎样进行用途转换根本没有触及。也就说，由于政府行为存在违法可能，以致相对人即便取得特许使用权也可能无法实现。从上述过程来看，三门国土资源局的做法至少在程序上是存在重大瑕疵的：其一，按道理，公益林即便可以进行用途转换，那也应该向上级报批，经过批准之后才能考虑在其上设立矿业权问题，而三门国土资源局的做法恰恰与此相反；其二，公益林自然关系公共利益，甚至可以说在本案中也可视为重大公共利益,为何三门县国土资源局在决定在公益林设立矿业权时未经听证,只是在招拍挂过程中通过网络系统简单向竞拍人告知"矿区为国家公益林"。这里所透露出一丝诡异信息似乎也体现出政府部门"心中有鬼"。其背后的动力源,大概在于罔顾公共利益而追求地方私利。这正应和了自然资源开发利用领域的一个普遍现实:地方政府控制着自然资源,并罔顾或者想尽一切办法规避公共利益,从而实现他们的"一己私利"。或者我们暂不过问政府动机问题,单就公益林用途未经批准转换(从相关调查来看,事实上也不可能获批)就擅于其上增设矿业权行为而言,已经属于明显行政违法,其后续又强行要求相对人继续履行协议,相对人申请放弃并要求退还保证金时许可机关又强硬拒绝,这实际上形同变相逼迫相对人违约,其行为难道不是违法?

最后,法院的裁判又是如此耐人寻味,不能不说法院将司法形式主义演化到极致,但其死板地恪守于没有法条依据即不违法的思维,实质上毋宁说是对司法形式主义的亵渎。实际上,从域外自然资源利用与资源环境保护的司法实践来看,能动司法几乎无法避免。① 但本案一审裁判认为,白象山采矿权的设定符合三门矿产资源规划要求,且已征得省国土资源厅批准;采矿权所涉及的国家三级公益林在招拍挂前也已征得三门县林业特产局意见回复"可调整规划,并按相关程序审批","也即是说,国家三级公益林的征占用,法律并未一概、强制禁止,而是'可以审批',竞得人取得矿权资格后可向林业部门提出林地征占用许可申请"。二审法院也以几乎相同的理由维持了一审裁判,再审也驳回了再审申请,其理由与一二审基本一致。根据浙江省高级人民法院行政裁定书(2015)浙行申字第 307 号、(2015)浙行申字第 308 号,② 浙江省高级人民院经审查认为:第一,涉案采矿权的设置经浙江省国土资源厅批复同意,其开采对象为:建筑用石料(凝灰岩),根据《中华人民共和国矿产资源法实施细则》附件《矿产资源分类细目》的规定,凝灰岩属非金属矿产的一种,故本案采矿项目为开采矿藏。浙江新曙光

---

① Carl Shadi Paganelli, *Creative Judicial Misunderstanding: Misapplication of the Public Trust Doctrine in Michigan*, Hastings L. J. 1095.

② 参见中国裁判文书网, http://wenshu.court.gov.cn, 2016 年 6 月 18 日访问。

建设有限公司认为本案采矿项目属开山采石，与事实不符；第二，涉案矿区林地属公益林地，其等级自 2014 年 1 月 26 日起由有关行政管理部门拟划定为二级公益林地，并逐级呈报有权部门批准（目前尚未批准）；2014 年 1 月 26 日之前，有关行政管理部门将其作为三级公益林地管理。本案中，浙江省国土资源厅批复同意设置采矿权的时间（2013 年 5 月 21 日）、浙江省矿业权交易中心发布采矿权网上挂牌出让公告的时间（2013 年 12 月 13 日）、浙江新曙光建设有限公司缴纳竞买保证金的时间（2014 年 1 月 13 日）、三门县国土资源局与浙江新曙光建设有限公司签订《采矿权网上挂牌出让成交确认书》的时间（2014 年 1 月 22 日），均在 2014 年 1 月 26 日前，故三门县国土资源局在本案采矿权挂牌出让中不存在隐瞒公益林地等级的情形。另外，从《国家级公益林管理办法》第十一条的规定看，因开采矿藏占用公益林地的，法条表述为严格控制，而非绝对禁止；且该规定仅禁止非国务院有关部门和省级人民政府批准的基础设施建设项目征占用国家一级公益林地，但未禁止开采矿藏征占用国家二级或三级公益林地。故浙江新曙光建设有限公司关于涉案矿区林地属国家一、二级公益林地，法律禁止设置采矿权的主张，理由不足；第三，浙江新曙光建设有限公司还提出，涉案公益林地的征占用审批手续是本案采矿权挂牌出让的前置条件，且涉案公益林地不可能通过征占用审批，故其如果签订《浙江省采矿权有偿出让合同》，合同目的不能实现。经查，根据《占用征用林地审核审批管理规范》的规定，林地的征占用审批手续并非采矿权挂牌出让的前置条件，而是采矿权挂牌出让活动结束后的行政程序；对于涉案公益林地不能通过征占用审批的主张，亦未提供足够的证据证实，故浙江新曙光建设有限公司提出的该主张理由不足。因此，三门县国土资源局通过挂牌方式出让采矿权，并与竞买人浙江新曙光建设有限公司签订成交确认书的行为并不违反法律规定，原一审判决驳回浙江新曙光建设有限公司的诉讼请求，原二审判决驳回浙江新曙光建设有限公司的上诉、维持原一审判决，并无不当。

相比较而言，反倒是申请人的质疑以及理由让我们觉得更为合理。申请人的焦点理由是"涉案矿区并非国家三级生态公益林，而是国家一、二级生态公益林；涉案采矿权项目是开山采石项目，法律禁止在公益林上开山采石；本案林地不符合征占用的批准条件，再审申请人竞得的采矿权无法实现"。被申请人的答辩则称"被申请人接受委托，按照相应的法律法规和规章的规定进行挂牌出让，不存在任何过错"。法院判决理由也指出："三门县国土资源局通过挂牌方式出让采矿权，并与再审申请人浙江新曙光建设有限公司签订成交确认书的行为，该行为经过诉讼未被确认违法。"因此，驳回申请人诉讼请求。也就是说，法院仅围绕三门县国土局通过招拍挂出让矿业权的合法与否进行了审查和判决，其逻辑几乎是靠几组时间节点推理得出结论：由于竞拍以及矿业权出让确认均是在白象山二级公益林报批前发生，且也已得到浙江国土资源厅同意，所增设的矿业权矿种也在规定范围内，所以该矿业权招拍挂并不违法。但是，三门国土局在本案二审答辩时曾提出"先增设矿业权，后报批变更公益林地用途合法"，但这种辩称却在另一侧面体现出其不自信，包括再审法院在内的各级法院似乎完全忽略了这种变更程序的正当性。即便从自然资源相关分散立法中确实不太容易找到变更之相关程序，但是正当的变更程序绝非三门国土局所作所为——从土地征占程序来看，一般程序是，先编制土地利用规划，然后再行征收、征用，按此解释，即便能够在国家级公益林上增设矿业权，也应制定公益林地利用规划，待变更土地用途并进行公用征收，然后才能考虑其上的其他权利之增设。但本案中三门国土局的行为程序恰好与此相反。从正当行政的角度来看，行政机关的行为，即便是为公民赋权，那也不能不考虑公共利益，不能不考虑权利能否实现。正如申请人所质疑，一旦国家国土局不批准公益林用途变更，从前述调查来看，事实上国家国土资源局还未曾有批准同意的个案，那么公民的拒绝就是合理的。法院以极其僵化的思维仅仅认为招拍挂行为合法，但关键问题并未解决，其裁判完全是一种呆板的教条思维。

对于本案而言，由于政府前期行政行为存在瑕疵或者违法而导致权利无法实现，这本已违法在先，而当相对人提出质疑，请求放弃特许权并退还已经支付保证金时遭到无理拒绝则属于再次违法，其违法效果无疑构成侵权。

二 行政违法侵害国有自然资源特许使用权的救济

(一) 关于"侵权"之救济权结构

权利救济权的原初形态是自力救济,不过洛克、霍布斯等人的国家观念使人们放弃了具有绝对自治性质的权利救济权,自此个体权利救济权的判断权要素被软化为认为权,要求权要素被软化为请求权,执行权则被彻底消灭。① 权利救济权也随之发生了从私力救济向公力救济的变迁。"公力救济的标志是设立公共裁判机构,这样一来权利主体与救济主体在事实上分离了,救济权被统一到国家层面上。因此,权力的基本目标是对权利实施必要的救济,但当权力迷失了此种目标时,权力就成为新的侵权形式,也就需要新的救济形式。"② 由此看来,权利救济权的基本构成要素有三个,即判断权、要求权和执行权。所有的权利救济场合,基本都适应这样的一种结构,不过由于某些权利侵害比较特殊而在这三个要素方面可能呈现一定的特殊性。

(二) 行政违法侵害国有自然资源特许使用权的救济及其特殊性

现代自然资源环境使用权深刻涉及可持续发展问题,它的背景是资源环境危机,强调将生态主义融入法律观念、体系及规范结构之中,体现从传统权利本位—社会本位—生态本位(权利与社会综合体)的转变,推动法律从侧重保障自由权—生存权—环境权的变迁,改变传统法律重视侵害救济而忽视利益衡量、强调经济优先而忽视预防的现状,实现自然资源环境立法、执法、司法的可持续性革命。正是由于自然资源权利领域蕴含这样许多特殊性变革,所以在自然资源权利救济问题上也就具有了一定的特殊性。

首先,在侵害国有自然资源特许使用权的救济上,行政机关具有优越的判断权。这从我国关于自然资源利用纠纷解决的相关法律规范中就可见一斑。在我国,自然资源权利保护的相关法律依据除我国《宪法》的总括性规范外,主要是各自然资源行政管理法律规范。根据我国自然

---

① 贺海仁:《从私力救济到公力救济——权利救济的现代性话语》,《法商研究》2004 年第 1 期。

② 同上。

资源相关行政管理法，自然资源权利的取得、行使以及相关纠纷的解决，与自然资源行政管理部门相关联。虽说相关规范主要解决的是私人之间关于自然资源权利的纠纷，但当相关行政机关违法侵犯国有自然资源特许使用权之时，这些规范也有一定的适用可能。一则是因为，这些规范不仅针对国家以私的身份利用国有自然资源而与私人发生纠纷的情形，在有关行政机关于国有自然资源特许使用权的取得和行使中违法侵犯国有自然资源特许使用权之时，这些法律规范经常会与《行政许可法》《行政处罚法》《行政复议法》《行政诉讼法》等法律规范中有关自然资源特许权配置与行使的相关规范发生勾连，这些自然资源行政管理机关经常以被告或被申请人身份出现在行政违法侵权救济活动之中（比如，海域使用权人请求海洋行政管理机关排除权利妨害，但海洋行政机关不作为）。那么，借鉴相关自然资源管理法中关于自然资源权利救济的机制，结合现代法治国家监督行政的基本方法，我们可以比较容易地归纳出行政违法侵害国有自然资源特许使用权的救济方法，即行政方法和司法方法。而且行政救济还享有一定的优先性。甚至在某些自然资源利用纠纷上，行政处理是一前置程序。至于为何如此，一个重要原因是为了体现对行政权的尊让，尽量减轻法院负担。但在自然资源领域，还有一个重要原因是这些纠纷往往与相关行政机关关系过于密切，从国有自然资源特许使用权的取得，到该权利的行使，整个过程中，相关行政机关就一直参与其中，行政主体于此的职责、目标等都已深度融合进自然资源权利系统中，以实现自然资源管理与利用上的公共利益，以及平衡公共利益与私人利益、经济价值与生态价值。所以，在此类行政违法侵权纠纷上行政机关原本就享有一定的优越性。当然，在行政违法侵犯国有自然资源特许使用权场合，为了避免公正性的质疑，作为违法侵权方的行政机关不是以判断权人，而是以当事人身份介入其中，判断权人则可能是其上级业务机关，或者主管机关，判断的方式则可是协议式、也可是决定式的。

其次，在行政违法侵犯国有自然资源特许使用权的具体救济方式上，存在行政调解、行政复议等方法形式。但是，由于自然资源权利配置、行使领域存在太多复杂问题，而可能使当事双方协商一致的基础都不复存在。理论上，调解化解纠纷的前提是当事双方可能就纠纷达成一致意见。然而，行政违法侵害国有自然资源特许使用权场合，关于权利的配置、权利的行使、权利的限制等问题常涉及多元价值的均衡，也涉及诸多不确定性概念的理解与定位问题，更可能涉及不少复杂的技术问题。诸如公共利益与私人利益的均衡、经济价值与生态价值兼顾，公共利益概念与内涵的理解与界定，自然资源环境的可能性损害及其评价技术等，这些都可能使侵权法律关系中的双方无法形成一致意见。更要紧的是，行政机关惯以公共利益之名为自己的行政行为辩解。这都可能消解行政违法侵犯国有自然资源特许使用权之行政调解的有效性。即便是在行政不作为场合，很多情况下，实际损害已经造成，但再要求行政机关作为已无实际意义。所以，即便是行政机关承诺改正或作为也经常于事无补。关于行政复议方式，就适用范围、适用强度和适用效果等方面来看，若不考虑当事人的选择权问题和所针对的事项特征，可以说行政复议在国有自然资源特许使用权保护上的功效不亚于司法保护。根据《行政复议法》第6条第4项规定，"对行政机关作出的关于确认土地、矿藏、水流、山岭、草原、荒地、滩涂、海域等自然资源所有权或者使用权的决定不服的"可以申请行政复议。而且第30条规定："公民法人或其他组织认为行政机关的具体行政行为侵犯其已经依法取得的土地、矿藏、水流、森林、山岭、草原、荒地、滩涂、海域等自然资源的所有权或者使用权的，应当先申请行政复议；对行政复议决定不服的，可依法向人民法院提起行政诉讼。"该条第2款同时规定："根据国务院或者省、自治区、直辖市人民政府对行政区划的勘定、调整或者征收土地的决定，省、自治区、直辖市人民政府确认土地、矿藏、水流、森林、山岭、草原、荒地、滩涂、海域等自然资源所有权或者使用权的行政复议决定为最终裁决。"之所以如此规定，主要原因在于对行政权的尊重和信任。不过，由于我国行政复议制度存在问题比较多，以致人们对它的质疑与批评也越来越多。然而，一些乐观派学者认为，在对行政复议机制进行适当修正之后，它的价值应该还是非常巨大的，具体的修改方案大体包括司法化和技术改革两种。相较而言，考虑到行政救济方法毕竟与司法有别，所以，后一种方案可能更有诱惑力。

最后，诉讼一直以来都是权利救济的最后一道屏障。在行政违法侵犯国有自然资源特许使用权的救济上，行政诉讼自然有其巨大价值。不过，对于具体的行政违法行为，采取行政诉讼救济问题不大，但对于那些抽象行政违法侵犯国有自然资源特许使用权的情形，由于行政诉讼自来的局限束缚尚有可待发展的空间。2015 年颁行的新行政诉讼法在诸如抽象行政行为的可诉性等问题方面，虽仍无太大变化，但从整体的立法精神与变革方向的感知上，未来针对抽象行政行为相较宽松的行政救济也并非绝无可能。就目前情况言，抽象行政行为的附带审查多少亦能解决一些这方面的问题。

另外，在国有自然资源特许使用权的救济上，无论是行政确认、行政调解，还是行政复议抑或行政诉讼，它们仍然都属于个别化的纠纷解决方法。所以，它们对自然资源使用权机制所涵摄的私益与公益双重价值目标的贯彻与体现仍然显得间接、被动。不过，应该看到的一点是，从行政确认到行政调解，再到行政复议、行政诉讼，自然资源使用权机制所需涵摄与体现的这种双重价值目标也呈现出一种依序强化的格局：首先，行政确认对此双重价值目标的贯彻体现应是最为间接、被动和有限的，行政调解次之，行政复议则最强。其次，这种依序强化的判断标准有三个，其一是间接性，其二是被动性，其三是有限性。就行政确认而言，负责确认的行政机关在当事人申请范围内，仅就使用权的归属问题进行判断与确认，其方法主要是书面审查、非对决审查，其结果只是确认某主体对自然资源的使用权享有与否。所以，这种处理对象、处理方法、处理过程与结果对自然资源领域的公共价值并未给予考虑，最多不过是静态守成相关法律所规定的公共利益规范，因此主动去贯彻私益与公益平衡兼顾的价值使命几乎不太可能，最多是在相关法律规范运行上体现出客观为公益的效果。由此看来，行政确认在对私益与公益双重价值涵摄与体现上是相当间接、被动和有限的。相较而言，行政调解则对此有所改观。尽管行政调解的适用范围也是有限的，但根据调解的一般理念与原理，调解实质上是一种协商、对话机制，在行政机关的主持之下，当事各方可以展开比较公开、公平和充分的交流、对话，这种开放、充分的对话机制体现了一种主体合作，并通过这种主体交流合作影响，甚至改变了利益配给模式——不是单方强加一方负担或者剥夺权利，而是以一种开放、积极的姿态与方法贯彻私益与公益于此过程中的有限平衡。即便其对私益与公益双重价值目标的兼顾实现仍然是间接、被动和有限的，但无论是在主观能动和客观效果上，对此双重价值目标的兼顾实现已经强化。这也体现出，在通过纠纷解决贯彻法律精神上，一种更为可欲可求的、更为正式的机制通常能够更被接受，也更能在主观为私益的同时将公共利益纳入考虑，公益实现之客观效果也相较更为充分、全面。然而，相较于行政确认和行政调解之类国有自然资源特许使用权保护方法，行政复议在私益与公益互动模式和兼顾实现效果上则更加充分和全面。这是因为，无论是事项覆盖范围，还是处理方法、处理程序、处理结果上，行政复议的双向交流性、公开交流性，以及对私益的决定性、对公益的影响性都是最强的。它以一种最为近似诉讼的正式机制构造宣称和代表了公共利益，并在个别纠纷化解的个体利益保护之同时，最大限度地贯彻和体现了公共利益。即便对公共利益的兼顾保护仍然具有客观性，但这是由纠纷解决机制的向后性所决定的，而非仅机制功能本身限制使然。

三　行政违法侵害国有自然资源特许使用权的法律责任

权利的保护与救济如果没有法律责任支持将形同虚设。在救济权收归国家之后，权利救济权的判断权、要求权和执行权也均被国家公力救济吸收。判断权的目的是对行为是否合法、正当的评价权，评价的结果作为向应受责难方提出请求的依据并要求其积极兑现，在要求没有得到回应或未得到及时兑现的情况下，国家凭借强制力要求有责方履行义务、承担责任。也就是说，在整个法律规范体系中，责任规范非常重要，它是联系法定行为模式与国家强制力之间的桥梁性规则。由于行政违法的经常性发生，需要法律强制有责主体承担一定行政法律责任，以救济受害之相对人，以恢复行政秩序，以预防行政违法。

行政违法侵犯国有自然资源特许使用权的法律责任及其承担符合行政违法侵权法律责任的一般原理。"行政机关及其公务人员制定违法行政规范性文件的责任，其性质属于具体的法律责任，即违法执行法律的责任或称行政违法责任。对行政机关而言，其法律责任主要是指违法文件被撤销的法律后果以及国家赔偿责任，而对行政机关公务人员而言，其法律责任主要是具体的行政责任、刑事责任。虽说，违法文件的制定者还应承担政治责任或违宪责任，但政治责任和违宪责任是矛盾的普遍性，不属于违法行政规范性文件的具体法律责任。"① 具体行政违法侵权行为，虽不会面临被撤销的法律后果，但一旦有判断权的机关确认其违法则可能意味着对其效力的否定，违法无效是对行政违法行为常有的评价，某行政行为被做出无效评价就意味着它自始无效，几乎形同被撤销；不仅如此，有责主体还要承担相应的赔偿责任，直接责任人员还可能面临行政处分，严重者甚至要承担刑事责任。

在归责原则上，传统侵权救济与现代新型侵权类型之间的冲突碰撞促进了侵权责任归责原则的变迁。在此过程中，过错责任与无过错责任长期较量，结果是人们开始对侵权类型化，并区分不同类型配给相应的归责原则。一般而言，过错责任原则被普遍适用于传统侵权类型之中，但由于很多现代新型侵权适用过错原则可能会加重受害人的负担，从而导致新的非公平，还可能使法院陷入无法裁判或裁判成本过高的窘境。所以，在一些现代新型侵权纠纷中，无过错责任原则逐渐繁兴起来。但是，由于无过错责任原则不考虑加害人的主观过错，也不太关心受害人所受损害情况，其可能陷入道德非难怪圈而与法律过分脱节，进而可能引致法律的惩戒与教示功能之弱化。正是考虑到过错责任与无过错责任原则的各自利弊，学界后来在过错与无过错之间发现了过错推定这种综合类型归责原则——从性质上讲它仍可归于（依附）过错原则，从而体现与维护了法律责任的惩戒、教育功能，同时它又在举证责任负担、免责事由等诸多方面不同于过错原则，从而使受害人的负担减轻。就此而言，我国行政法律责任的归责原则宜采过错推定原则。当然，对于归责原则多样化的趋势我们也不能忽视，在某些特殊领域，公平原则等也有适用余地，但行政法律责任的主导性归责原则仍应是过错推定。

在法律责任的形式上，由于有关规定零散规定于宪法、法律、行政法规、规章等规范之中，从而缺乏统一性。所以，有学者建议借鉴民事法律责任研究成果对行政法律责任进行类型化研究，主要路径有二：其一是根据责任性质不同，行政法律责任可分为惩罚性行政责任和补救性

---

① 刘松山：《违法行政规范性文件之责任研究》，中国民主法制出版社2007年版，第46页。

行政责任两类。前者以制裁为主要目的,以"结果报应"为依据,后者以挽救补偿违法或不当行政行为造成的损失为主要目的,前者如行政处分,后者如恢复原状;① 其二是根据责任主体不同,将行政法律责任分为行政主体承担的责任和行政人员承担的责任。② 由于惩罚性与补救性行政责任并不那样泾渭分明,所以学界一般多习惯于对违法行政的法律责任进行总括性讨论,如依据违法形态与责任形式的对应关系,可将违法行政的法律责任总括为:(1)对事实不清或有误的、无法律依据的、适用法律法规错误的、违反法定程序的、超越职权的、滥用职权的行政违法行为,予以撤销;(2)对不履行或迟延履行法定职责的失职行为,应依法定期限履行职责;(3)违法行为导致对相对人权益剥夺或改变的,应予返还、恢复原状;(4)违法行为给他人的名誉造成了一定影响的,应赔礼道歉、恢复名誉、消除影响;(5)对不当的行政行为,应予纠正变更;(6)行政违法行为造成公民、法人和其他组织合法权益损害的,还应承担赔偿责任。③ 也有学者以责任主体与责任人员区分为依据,分别对行政主体和行政人员责任进行了讨论,但二者最大的区别在于一些具有身份性的责任形式并不适用于行政主体,如行政处分、身份处分,除此外,二者之间的责任基本相同。④ 比如《中华人民共和国草原法》第63条就规定:"对于无权、越权或违反法定程序批准征收、征用、使用草原的单位依法可以给予行政处分;非法批准征用、征收、使用草原,给当事人造成损害的,依法承担赔偿责任。"这里的行政处分显然只能是针对直接责任人,有一定的身份限制。不同责任可视行为性质、情节及结果等,或单独或合并适用。在行政违法侵犯国有自然资源特许使用权场合,这些行政违法法律责任大多数也可同样适用,当然由于具体的行政违法侵权行为也或多或少地会存在一些特殊性,有些法律责任的适用可能性就不是很大。比如,赔礼道歉、恢复名誉、消除影响这类法律责任在此的适用可能就不大;除此外,诸如撤销、赔偿损失就

---

① 参见杨解君《行政违法论纲》,东南大学出版社1999年版,第206页。
② 胡建淼主编:《行政违法问题探究》,法律出版社2000年版,第558页。
③ 参见杨解君《行政违法论纲》,东南大学出版社1999年版,第207页。
④ 参见胡建淼主编《行政违法问题探究》,法律出版社2000年版,第558—562页。

属于比较常用的法律责任,至于返还,我们认为在此的适用余地也不是很大,因为返还通常指向一种具体的物或金钱,抽象的权利不存在返还之说,只不过在有权机关确认行政违法之后,通常可能意味着权利正常状态的恢复。

就国有自然资源特许权领域的整体情况而言,行政违法及其法律责任大体上包括补正责任、履行责任、纠正责任、行政处分、行政赔偿、刑事责任这样几大类型。① 具体来讲,相关的行政违法及其责任主要有:(1) 违法设定行政许可,其法律责任是,撤销相关法规、条例、命令,责令许可机关改正,追究责任人员行政乃至刑事责任;(2) 违反程序的法律责任,违反诸如公示、告知、说明理由、听证等程序的被视为违法,可以责令改正,或对直接负责主管人员和其他直接责任人员给予行政处分;(3) 索贿受贿的,不够刑事责任者,可予以行政处分;(4) 对越权、违法招标、不认真履行职责等行为,可以责令改正、予以行政处分,甚至刑事责任;(5) 对违法收费的行为,可责令退还非法收取的费用,对直接负责主管人员和其他直接责任人员给予行政处分,截留、挪用、私分或变相私分费用的除对直接负责主管人员和其他直接责任人员给予行政处分外,还可能承担刑事责任;(6) 违法实施行政许可,损害申请人、利害关系人的合法权益的,应依法承担赔偿责任;(7) 监督不力的,可以责令改正,或对直接负责主管人员和其他直接责任人员给予降级或撤职的行政处分,构成犯罪的还要承担刑事责任。

---

① 参见张兴祥《中国行政许可法的理论与实务》,北京大学出版社2003年版,第268—282页。

结　语

近年来，随着自然资源国家所有权问题研讨的繁兴，国有自然资源的利用和保护问题也进一步引起人们的重视。然而，传统和目前主流性观念试图立基于民法物权视角，对国有自然资源使用权进行物权化处理的模式与方法对民法物权理论的冲击比较大，一些学者为使民法能够容纳这一特殊事物而殚精竭虑地对民法物权理论进行了形式多样的解释和改造，以致相关研讨纷繁复杂。实际上，由于国有自然资源的利用问题不仅涉及民法、环境法，还大量涉及行政法；不仅涉及法学领域，也涉及经济学、管理学、生态学等多元领域，所以，即便是从法学视角去讨论国有自然资源使用权的性质、取得、行使和保护问题，以形成良好的法律机制，也不是某一部门法，或某一学科领域所能独自左右。私法与公法的相互交融，法学与经济学、生态学、管理学等学科领域的多元交叉都在提示我们尽量视野开阔、方法多样。这样看来，在国有自然资源使用问题上，民法物权化的一元论调值得反思。

不过，就目前对此问题的研讨来看，公法视角与公法方法的介入、应用显然不足。其实，从学界对自然资源国家所有权的研究，以及为数不多且通常附随于自然资源国家所有权研讨之中的国有自然资源使用权问题的研究现状来看，公法学思维与方法在国有自然资源使用权问题的研讨应有比较广阔的适用需要和空间。这其中的缘由主要有以下几个：其一，传统民法物权思维在解释国有自然资源使用权问题时要么无能为力，要么藏头露尾，民法物权理论所要求的物权客体的特定性、财产性、可让与性等特征在国有自然资源使用权问题上经常难以"对号入座"；其二，民法物权化模式无法比较好地处理好国有自然资源的使用与自然资源环境保护的关系。以往的自然资源利用及其相关理论与立法过分重视自然资源的经济价值，而对其生态价值有所忽视，以致国有自然资源上所应存在的公共利益与私人利益产生失衡。而且由于国有自然资源使用问题的公共价值与传统财产权因应公共目的需要而产生的所谓财产权的"社会化"存在一定差异，也即是说，为了保护自然资源环境而对国有自然资源使用权所附加的诸多限制不意味着是对国有自然资源这种"私有"财产进行"社会化"需要的满足，不意味一种公益价值及其程度更高的财产之社会义务的附加，而是对国有自然资源这种特殊的公共财产，以及国有自然资源使用权这种新型财产权独特本质的体现与散发。恰是因为国有自然资源使用权是一种独特的、新型的财产权，所以对其进行限制的目的就有可能需要落脚于公共利益上，而非如私法上财产权的社会义务之提倡最终仍然落脚于私人财产权的保护。尤其是在自然资源环境污染、破坏日趋严重的当下，倡导国有自然资源使用权上公共利益价值的优先性非常必要。这同时也就意味着国家干预的必然性。但毕竟，资源配置的市场化方式也应提倡，私人利益也不可忽视，所以，国有自然资源使用权配置以及运行中的国家干预与市场机制并行也就不可避免。那么，应该构设怎样的一种机制去实现国有自然资源使用权上的私益和公益平衡兼顾就成为所有问题的焦点。既然民法物权化在此的适用困难重重，我们不妨从公法的视角去思考这一问题。为此，首先，可以通过对现有关于国有自然资源使用权分类的研究进行系统化分析，在充分观照自然资源特殊性基础上对国有自然资源使用形态进行新的类型抽象，将之区分为自然资源的公共性使用和经济性使用等四种基本类型，其中唯有经济性使用需要进行权利配置，可以进行物权化，而这种使用权在我国现行法上恰好对应的是国有自然资源的特许使用权。其次，对现存相关理论与立法进行分析会发现，国有自然资源特许使用权的性质适宜定位于一种公法物权。尽管公法物权这一概念与理论并未受到学界较为广泛的关注，但作为一种新的思维方法和思维路径，其在国有自然资源特许使用权法律机制建构中的价值意义却是存在的。这种具有公法物权性质的国有自然资源特许使用权，既体现了国有自然资源特许使用权的财产权属性，又能将这种新型财产权的特殊性予以较好的包容与彰显，能将国有自然资源特许使用权上的私人利益和公共利益之平衡及其需要涵摄其中，能将政府与市场在国有自然资源特许使用权上的角色与功能涵摄其中并积极思考它们二者各自合理的作用界分，这显然要比民法物权化模式更加合理、科学。最后，由于国有自然资源特许使用权性质独特，所以其取得、行使和保护也就具有了异于民法物权保护的特殊之处。

  按照上述逻辑，从公法的视角，并借助民法物权理论的启发，运用法学、经济学、生态学等多元化的思维方法对国有自然资源特许使用权的法律机制进行思考就形成了本书思考的基本逻辑、方法和框架。不过，由于国有自然资源使用权问题的确过于复杂，而且缺乏既成的可以直接拿来适用的模式，所以本书对国有自然资源特许使用权的思考究竟价值如何，以及具有怎样的价值、价值程度如何，或许还需要后续研究检验。但是相较于目前研究过分纠缠于民法领域的现状，有理由相信，公法学的研究思维和研究方法为相关问题的进一步廓清开辟了另一条道路。

参考文献

一 专著类
（一）中文类

陈泉生等：《环境法哲学》，中国法制出版社2012年版。

陈卫佐：《德国民法总论》，法律出版社2007年版。

陈新民：《行政法学总论》，三民书局1997年版。

程燎原、王人博：《赢得神圣——权利及其救济通论》，山东人民出版社1998年版。

崔建远：《准物权研究》，法律出版社2012年版。

崔建远：《自然资源物权法律制度研究》，法律出版社2012年版。

方世荣：《论行政相对人》，中国政法大学出版社2000年版。

高富平：《物权法专论》，北京大学出版社2007年版。

高景芳、赵宗更：《行政补偿制度研究》，天津大学出版社2005年版。

公丕祥：《权利现象的逻辑》，山东人民出版社2002年版。

顾祝轩：《制造"拉伦茨神话"——德国法学方法论史》，法律出版社2011年版。

关保英等：《行政垄断之行政法规制》，中国政法大学出版社2008年版。

管欧：《中国行政法总论》，三民书局1988年版。

贺林波、李燕凌：《公共服务视野下的公法精神》，人民出版社2013年版。

侯宇：《行政法视野里的公物利用》，清华大学出版社2012年版。

胡建淼：《行政法学》，法律出版社2010年版。

黄明健：《环境法制度论》，中国环境科学出版社2004年版。

黄锡生：《自然资源物权法律制度研究》，重庆大学出版社2012年版。

金海统:《资源权论》,法律出版社 2009 年版。

李俊峰:《反垄断法的私人实施》,中国法制出版社 2009 年版。

梁剑琴:《环境正义的法律表达》,科学出版社 2011 年版。

廖扬丽:《政府的自我革命:中国行政审批制度改革研究》,法律出版社 2006 年版。

林立:《法学方法论与德沃金》,中国政法大学出版社 2002 年版。

林三钦:《"行政争讼"与"信赖保护原则"之课题》,新学林出版股份有限公司 2008 年版。

林胜鹞:《行政法总论》,三民书局 1999 年版。

刘兵红:《英国财产权体系之源与流》,法律出版社 2014 年版。

刘松山:《违法行政规范性文件之责任研究》,中国民主法制出版社 2007 年版。

吕忠梅等:《侵害与救济——环境友好型社会中的法治基础》,法律出版社 2012 年版。

吕忠梅:《沟通与协调之途:论公民环境权的民法保护》,中国人民大学出版社 2005 年版。

吕忠梅:《环境法学》,法律出版社 2004 年版。

罗文燕:《行政许可制度研究》,中国人民公安大学出版社 2003 年版。

马怀德:《行政许可法》,中国政法大学出版社 1994 年版。

梅夏英:《财产法构造的基础分析》,人民法院出版社 2002 年版。

彭诚信:《主体性与私权制度研究——以财产、契约的历史考察为基础》,中国人民大学出版社 2005 年版。

邱本:《经济法的权利本位论》,中国社会科学出版社 2013 年版。

邱秋:《中国自然资源国家所有权制度研究》,科学出版社 2010 年版。

屈茂辉:《用益物权论》,湖南人民出版社 1999 年版。

沈岿:《平衡论:一种行政法的认知模式》,北京大学出版社 1999 年版。

施启扬:《民法总则》,三民书局 1984 年版。

施志源:《生态文明背景下的自然资源国家所有权研究》,法律出版社 2015 年版。

孙宪忠:《德国当代物权法》,法律出版社 1997 年版。

孙宪忠:《中国物权法总论》(第 2 版),法律出版社 2009 年版。

谭剑：《行政行为的撤销研究》，武汉大学出版社 2012 年版。

王大敏：《行政法制约激励机制研究》，中国人民公安大学出版社 2010 年版。

王克稳：《自然资源使用许可中特许的物权属性》，法律出版社 2015 年版。

王利明：《法学方法论》，中国人民大学出版社 2011 年版。

王利明：《民法总则研究》，中国人民大学出版社 2012 年版。

王利明：《物权法研究》（上卷），中国人民大学出版社 2012 年版。

王利明：《物权研究》，中国政法大学出版社 2002 年版。

王名扬：《法国行政法》，北京大学出版社 2007 年版。

王蓉：《环境法总论——社会法与公法共治》，法律出版社 2010 年版。

王世涛：《行政侵权研究》，中国人民公安大学出版社 2005 年版。

王铁雄：《财产权利平衡论——美国财产法理论之变迁路径》，中国法制出版社 2007 年版。

王勇：《行政许可程序理论与适用》，法律出版社 2004 年版。

王泽鉴：《民法物权》（第 1 卷），三民书局 1992 年版。

王泽鉴：《民法总则》，中国政法大学出版社 2001 年版。

吴卫星：《环境权研究：公法学的视角》，法律出版社 2007 年版。

吴香香：《民法的演进——以德国近代私法理念与方法为线索》，世界知识出版社 2012 年版。

肖泽晟：《公物法研究》，法律出版社 2009 年版。

谢在全：《民法物权论》（上册），中国政法大学出版社 1999 年版。

徐燕：《公司法原理》，法律出版社 1997 年版。

杨建顺：《日本行政法通论》，中国法制出版社 2000 年版。

杨解君：《行政违法论纲》，东南大学出版社 1999 年版。

姚瑞光：《民法物权论》，大中国图书公司 1995 年版。

尹田：《民法思维之展开》，北京大学出版社 2008 年版。

余凌云：《行政法上合法预期之保护》，清华大学出版社 2012 年版。

喻中：《法律文化视野中的权力》，山东人民出版社 2004 年版。

张淳：《信托法哲学初论》，法律出版社 2014 年版。

张恒山：《义务先定论》，山东人民出版社 1999 年版。

张杰：《公共用公物权研究》，法律出版社 2012 年版。

张璐：《自然资源损害救济机制类型化研究——以权利与损害的逻辑关系为基础》，法律出版社 2015 年版。

张文显：《法哲学范畴研究》，中国政法大学出版社 2001 年版。

张兴祥：《中国行政许可法的理论与实务》，北京大学出版社 2003 年版。

章剑生：《现代行政法基本理论》，法律出版社 2008 年版。

郑玉波：《民法物权》，三民书局 1992 年版。

周林彬：《物权法新论——一种法律经济分析的观点》，北京大学出版社 2002 年版。

周清林：《主体性的缺失与重构——权利能力研究》，法律出版社 2009 年版。

（二）译著类

［美］彼得·H. 舒克：《行政法基础》，王诚等译，法律出版社 2009 年版。

［德］奥托·迈耶：《德国行政法》，刘飞译，商务印书馆 2013 年版。

［德］迪特尔·梅迪库斯：《德国民法总论》，邵建东译，法律出版社 2001 年版。

In W Ent 德国国际继续教育与发展协会、最高人民法院行政审判庭、国家法官学院编：《中德行政法与行政诉讼法实务指南——中国行政法官实践手册》，中国法制出版社 2008 年版。

［德］汉斯·沃尔夫、奥托·巴霍夫、罗尔夫·施托贝尔：《行政法》（第二卷），高家伟译，商务印书馆 2002 年版。

［德］卡尔·拉伦茨：《法律方法论》，陈爱娥译，商务印书馆 2003 年版。

［德］考夫曼：《法律哲学》，刘幸义等译，法律出版社 2003 年版。

［德］莱因荷德·齐佩利乌斯：《法哲学》，金振豹译，北京大学出版社 2013 年版。

［德］马克斯·韦伯：《社会科学方法论》，杨富斌译，华夏出版社 1999 年版。

［德］塞缪尔·普芬道夫：《人和公民的自然法义务》，鞠成伟译，商务印书馆 2009 年版。

［德］乌茨·施利斯基：《经济公法》，喻文光译，法律出版社 2006 年版。

［法］弗朗索瓦·泰雷、菲利普·森勒尔：《法国财产法》，罗结珍译，中

国法制出版社2008年版。

［法］路易·若斯兰：《权利相对论》，王伯琦译，中国法制出版社2006年版。

［法］莫里斯·奥里乌：《行政法与公法精要》（下），龚觅等译，辽海/春风文艺出版社1999年版。

［法］让·里韦罗、让·瓦利纳：《法国行政法》，鲁仁译，商务印书馆2008年版。

［法］雅克·盖斯坦、吉勒·古博：《法国民法总则》，陈鹏等译，法律出版社2004年版。

［韩］金东熙：《行政法I》（第9版），赵峰译，中国政法大学出版社2008年版。

［美］Walter A. Rosenbaum：《环境政治学》，许舒翔等译，五南图书出版有限公司2005年版。

［美］埃莉诺·奥斯特罗姆：《公共事物的治理之道》，余逊达、陈旭东译，上海译文出版社2012年版。

［美］冯·贝塔朗菲：《一般系统论：基础、发展和应用》，林康义、魏宏森等译，清华大学出版社1987年版。

［美］赫尔曼·E.戴利、乔舒亚·法利：《生态经济学——原理和应用》，金志农等译，中国人民大学出版社2013年版。

［美］理查德·A.艾珀斯坦：《征收——私人财产和征用权》，李昊等译，中国人民大学出版社2011年版。

［美］罗斯科·庞德：《通过法律的社会控制》，沈宗灵译，商务印书馆1984年版。

［美］默里·布克金：《自由生态学：等级制的出现与消解》，郇庆治译，山东大学出版社2012年版。

［美］汤姆·蒂坦伯格、琳恩·刘易斯：《环境与自然资源经济学》，王晓霞等译，中国人民大学出版社2011年版。

［美］约翰·G.斯普兰克林：《美国财产法精解》，钟书峰译，北京大学出版社2009年版。

［美］朱迪·弗里曼：《合作治理与新行政法》，毕洪海、陈标冲译，商务印书馆2010年版。

［日］大桥洋一：《行政法学的结构性变革》，吕艳滨译，中国人民大学出版社2008年版。

［日］宫本宪一：《环境经济学》，朴玉译，生活·读书·新知三联书店2004年版。

［日］美浓布达吉：《公法与私法》，黄冯明译，中国政法大学出版社2003年版。

［日］南博方：《行政法》，杨建顺译，中国人民大学出版社2009年版。

［日］我妻荣：《我妻荣民法讲义Ⅱ 新订物权法》，罗丽译，中国法制出版社2008年版。

［日］原田尚彦著：《环境法》，于敏译，法律出版社1999年版。

［德］Eberhard Schmidt-Aβmann：《行政法总论作为秩序理念：行政法体系建构的基础与任务》，林明锵译，元照出版有限公司2009年版。

［英］安东尼·奥格斯：《规制：法律形式与经济学理论》，骆梅英译，中国人民大学出版社2008年版。

［英］卡罗尔·哈洛等：《法律与行政》（下），杨伟东等译，商务印书馆2004年版。

［英］F. H. 劳森：《财产法》，施天涛等译，中国大百科全书出版社1998年版。

［英］理查德·爱德华兹、奈杰尔·斯托克韦尔：《信托法与衡平法》（第五版·影印本），法律出版社2003年版。

［英］马克·史密斯、皮亚·庞萨帕：《环境与公民权：整合正义、责任与公民参与》，侯艳芳、杨晓燕译，山东大学出版社2012年版。

［英］朱迪·丽丝：《自然资源：分配、经济学与政策》，蔡运龙等译，商务印书馆2002年版。

（三）编著类

蔡守秋主编：《环境资源法学》，高等教育出版社2007年版。

陈海萍主编：《行政许可法新论》，中国政法大学出版社2007年版。

城仲模主编：《行政法之一般法律原则》，三民书局股份有限公司1994年版。

房绍坤、谢哲胜主编：《中国财产法理论与实务》，北京大学出版社2008年版。

费安玲主编：《私法的理念与制度》，中国政法大学出版社 2005 年版。
郭锋主编：《中国资本市场法律前沿》（第 1 辑），知识产权出版社 2007 年版。
韩松等：《物权法》，法律出版社 2008 年版。
胡建淼主编：《行政违法问题探究》，法律出版社 2000 年版。
季晓楠主编：《反垄断法与市场经济》，法律出版社 1998 年版。
江必新、周卫平编：《行政程序法概论》，北京师范学院出版社 1991 年版。
姜明安、蒲杰夫主编：《论法治反腐——"反腐败法制建设"国际学术研讨会论文集》，法律出版社 2008 年版。
姜明安主编：《行政程序研究》，北京大学出版社 2006 年版。
姜明安主编：《行政法论丛》（第 14 卷），法律出版社 2011 年版。
金瑞林主编：《环境法学》，北京大学出版社 2007 年版。
林诚二教授祝寿论文集编委会编：《私法学之传统与现代：林诚二教授六秩华诞祝寿论文集》，学林文化事业有限公司 2004 年版。
刘恒主编：《行政许可与政府管制》，北京大学出版社 2007 年版。
刘连泰主编：《行政法与行政诉讼法》，厦门大学出版社 2008 年版。
刘贻清、张德勤主编：《"巩献田旋风"实录：关于〈物权法（草案）〉的大讨论》，中国财政经济出版社 2007 年版。
吕忠梅主编：《环境资源法学》，中国政法大学出版社 2005 年版。
罗豪才主编：《行政法学》，北京大学出版社 1996 年版。
马怀德主编：《行政程序立法研究》，法律出版社 2005 年版。
马怀德主编：《中华人民共和国行政许可法解释》，中国法制出版社 2003 年版。
沈宗灵主编：《法理学》，北京大学出版社 2009 年版。
史晋川主编：《法经济学》，北京大学出版社 2007 年版。
《佟柔文集》编辑委员会编：《佟柔文集》，中国政法大学出版社 1996 年版。
佟柔主编：《中国民法法·民法总则》，中国人民公安大学出版社 1996 年版。
王保树主编：《商事法论集》（2007 年第 2 卷），法律出版社 2008 年版。
翁岳生主编：《行政法》（上、下册），中国法制出版社 2009 年版。

杨解君主编：《行政许可研究》，人民出版社2001年版。

叶知年主编：《生态文明构建与物权制度变革》，知识产权出版社2009年版。

尹田主编：《中国海域物权制度研究》，中国法制出版社2004年版。

游劝荣主编：《物权法比较研究》，人民法院出版社2004年版。

余凌云主编：《警察许可与行政许可法》，中国人民公安大学出版社2003年版。

张尚鹜主编：《走出低谷的中国行政法学——中国行政法学综述与评价》，中国政法大学出版社1991年版。

中国法学会行政法研究会编：《财产权与行政法保护——中国法学会行政法学研究会2007年年会论文集》，武汉大学出版社2008年版。

朱新力主编：《法治社会与行政裁量的基本准则研究》，法律出版社2007年版。

二 期刊论文类

［奥地利］海尔穆特·库齐奥：《动态系统论导论》，张玉东译，《甘肃政法学院学报》2013年第3期。

［美］查尔斯·A. 赖希：《新财产权》，翟小波译，《私法》第6辑第2卷。

常永明：《自然资源特许经营许可申请人受益权初论》，《河海大学学报》（哲学社会科学版）2006年第2期。

陈醇：《权利的结构：以商法为例》，《法学研究》2010年第4期。

陈端洪：《行政许可与个人自由》，《法学研究》2004年第5期。

陈景良：《反思法律史研究中的"类型学"方法——中国法律史研究的另一种思路》，《法商研究》2004年第5期。

陈磊：《类型学的犯罪故意概念之提倡——对德国刑法学故意学说争议的反思》，《法律科学》2014年第5期。

陈林林：《反思中国法治进程中的权利泛化》，《法学研究》2014年第1期。

陈旭琴：《论国家所有权的法律性质》，《浙江大学学报》（人文社会科学版）2001年第2期。

程乃胜：《论类型学研究范式在法制现代化研究中的运用》，《法学评论》

2006 年第 1 期。

程淑娟：《论我国国家所有权的性质——以所有权观念的二元化区分为视角》，《法律科学》2009 年第 1 期。

程淑娟：《确信与限制——国家所有权主体的法哲学思考》，《河北法学》2009 年第 5 期。

程雪阳：《中国宪法上国家所有的规范含义》，《法学研究》2015 年第 4 期。

崔建远：《公共物品与权利配置》，《法学杂志》2006 年第 1 期。

崔建远：《关于渔业权的探讨》，《吉林大学学报》2003 年第 5 期。

戴孟良：《论公俗善良的判断标准》，《法制与社会发展》2006 年第 6 期。

戴孟勇：《狩猎权的法律构造——从准物权的视角出发》，《清华法学》2010 年第 6 期。

丁文英、马波：《我国自然资源使用权研究》，《内蒙古大学学报》2005 年第 2 期。

符健敏、汪进元：《论行政许可变更的正当程序》，《时代法学》2010 年第 5 期。

巩固：《自然资源国家所有权公权说》，《法学研究》2013 年第 4 期。

巩固：《自然资源国家所有权公权说再论》，《法学研究》2015 年第 2 期。

郭道晖：《权力的多元化与社会化》，《法学研究》2001 年第 1 期。

韩波：《公益诉讼制度的力量组合》，《当代法学》2013 年第 1 期。

韩锦霞：《论行政公权的软化与私权的硬化》，《河北法学》2013 年第 7 期。

贺海仁：《从私力救济到公力救济——权利救济的现代性话语》，《法商研究》2004 年第 1 期。

侯宇：《美国公共信托理论的形成与发展》，《中外法学》2009 年第 4 期。

宦吉娥：《法律对采矿权的非征收性限制》，《华东政法大学学报》2016 年第 1 期。

黄锡生、蒲俊丞：《我国自然资源物权制度的总体构想》，《江西社会科学》2008 年第 1 期。

黄学贤等：《警察行政权概念的厘定》，《东方法学》2009 年第 4 期。

黄学贤、齐建东：《试论公民参与权的法律保障》，《甘肃政法学院学报》

2009 年第 5 期。

黄学贤：《行政法中合法预期保护的理论研究与实践发展》，《政治与法律》2016 年第 9 期。

蒋大兴：《国企为何需要行政化的治理——一种被忽略的效率性解释》，《现代法学》2014 年第 5 期。

蒋大兴：《论公司治理的公共性——从私人契约向公共干预的进化》，《吉林大学社会科学学报》2013 年第 6 期。

金海统：《论资源权的法律构造》，《厦门大学学报》（哲学社会科学版）2009 年第 6 期。

金海统：《自然资源使用权：一个反思性的检讨》，《法律科学》2009 年第 2 期。

马俊驹、梅夏英：《无形财产的理论和立法问题》，《中国法学》2001 年第 2 期。

孔德峰、李显冬：《矿业权之特许属性辨析》，《国家行政学院学报》2014 年第 1 期。

李可：《类型思维及其法学方法论意义——以传统抽象思维作为参考》，《金陵法律评论》2003 年秋季卷。

梁慧星：《对物权法草案（征求意见稿）的不同意见及建议》，《河南省政法管理干部学院学报》2006 年第 1 期。

廖卫东：《我国自然资源产权制度安排的缺陷与优化》，《理论月刊》2003 年第 2 期。

林志敏：《论法律权利结构》，《吉林大学社会科学学报》1990 年第 4 期。

刘超：《自然资源国家所有权的制度省思与权能重构》，《中国地质大学学报》（社会科学版）2014 年第 2 期。

刘飞：《信赖保护原则的行政法意义——以授益行为的撤销与废止为基点的考察》，《法学研究》2010 年第 6 期。

刘水林、吴锐：《论"规制行政法"的范式革命》，《法律科学》2016 年第 3 期。

刘新山等：《中国自然资源使用权制度比较研究》，《资源科学》2004 年第 4 期。

柳经纬：《从权利救济看我国法律体系的缺陷》，《比较法研究》2014 年第 5 期。

柳砚涛、刘宏渭：《行政权力权利化研究》，《法学论坛》2005 年第 3 期。

吕忠梅：《"绿色"物权的法定化方案》，《法学》2014 年第 12 期。

罗世荣、何磊：《论国家所有权的特别私权性——兼谈〈物权法〉对国有资产的立法保护完善》，《社会科学战线》2006 年第 5 期。

马俊驹：《国家所有权的基本理论和立法结构探讨》，《中国法学》2011 年第 4 期。

梅夏英：《两大法系财产权理论和立法构造的历史考察及比较》，《私法》第 1 辑第 1 卷。

欧阳君君：《论国有自然资源的范围——以宪法第 9 条的解释为中心》，《中国地质大学学报》（社会科学版）2014 年第 3 期。

彭诚信：《自然资源上的权利层次》，《法学研究》2013 年第 4 期。

戚建刚、李学尧：《行政合同的特权与法律控制》，《法商研究》1998 年第 2 期。

任海青、张鹏：《行政特许物权制度研究》，《南京社会科学》2016 年第 2 期。

税兵：《自然资源国家所有权双阶构造说》，《法学研究》2013 年第 4 期。

宋旭明：《我国自然资源物权化理论及立法模式评析》，《华中科技大学学报》（社会科学版）2008 年第 5 期。

孙宏伟：《公共秩序的结构分析》，《新疆社会科学》2013 年第 5 期。

孙宪忠：《"统一唯一国家所有权"理论的悖谬及改革切入点分析》，《法律科学》2013 年第 3 期。

孙佑海：《影响环境资源法实施的障碍研究》，《现代法学》2007 年第 2 期。

谭柏平：《自然资源物权质疑》，《首都师范大学学报》（社会科学版）2009 年第 3 期。

童之伟：《〈物权法（草案）〉该如何通过宪法之门——评一封公开信引起的违宪与合宪之争》，《法学》2006 年第 3 期。

汪太贤：《权利泛化与现代人的权利生存》，《法学研究》2014 年第 1 期。

王保树：《企业联合与制止垄断》，《法学研究》1990 年第 1 期。

王本存：《论行政法上的权利》，《现代法学》2015 年第 3 期。

王灿发、冯嘉：《从国家权力的边界看"气候资源国家所有权"》，《中国政法大学学报》2014年第1期。

王洪亮：《论水权许可的私法效力》，《比较法研究》2011年第1期。

王洪亮：《论水上权利的基本结构——以公物制度为视角》，《清华法学》2009年第4期。

王建明：《论"以人为本"的环境价值观——科学发展观的环境伦理学视野》，《江海学刊》2005年第4期。

王军：《国企改革与国家所有权神话》，《中外法学》2005年第3期。

王克稳：《论变更、撤回行政许可的限制与补偿》，《南京社会科学》2014年第1期。

王克稳：《论行政特许及其与普通许可的区别》，《南京社会科学》2011年第9期。

王克稳：《论自然资源国家所有权的法律创设》，《苏州大学学报》（法学版）2013年第4期。

王克稳：《自然资源国家所有权的法律创设》，《苏州大学学报》2012年第2期。

王利民：《我国公有权制度的物权法构建》，《当代法学》2006年第2期。

王蓉：《环境保护中利益补偿法律机制的研究——权利救济公法化的经济学分析》，《政法论坛》2003年第5期。

王树义、冯汝：《气候资源国家所有权问题探析》，《学习与实践》2014年第11期。

王太高：《论行政许可变更》，《南京大学学报》（哲学·人文科学·社会科学）2013年第5期。

王太高：《论行政许可注销立法之完善》，《法学》2010年第9期。

王太高：《行政许可撤回、撤销与信赖保护》，《江苏行政学院学报》2009年第2期。

王太高：《行政许可条件研究》，《行政法学研究》2007年第2期。

王天雁、葛少芸：《公共物品供给视角下自然资源国家所有权的限制》，《深圳大学学报》（人文社会科学版）2015年第3期。

王锡锌：《公众参与：参与式民主的理论想象及制度实践》，《政治与法律》2008年第6期。

王旭:《论自然资源国家所有权的宪法规制功能》,《中国法学》2013 年第 6 期。

王涌:《自然资源国家所有权三层构造说》,《法学研究》2013 年第 4 期。

王自力:《公用事业改革的权利结构变动:比较与选择》,《当代财经》2006 年第 9 期。

郗伟明:《当代社会化语境下矿业权法律属性考辨》,《法学家》2012 年第 4 期。

谢鸿飞:《通过解释民法文本回应自然资源国家所有权的特殊性》,《法学研究》2013 年第 4 期。

薛军:《自然资源国家所有权的中国语境与制度传统》,《法学研究》2013 年第 4 期。

杨解君:《物权法不应被笼统地视为私法》,《法学》2007 年第 7 期。

杨解君:《〈行政许可法〉的创举与局限》,《法学》2003 年第 10 期。

姚佳:《"国家所有权性质与行使机制完善"学术研讨会综述》,《环球法律评论》2015 年第 3 期。

叶榅平:《我国自然资源物权化的二元立法模式选择》,《上海财经大学学报》2013 年第 1 期。

尹小明:《科学发展观视阈下我国生态文明建设的路径探讨》,《重庆社会主义学院学报》2009 年第 2 期。

应松年:《行政权与物权之关系研究——主要以〈物权法〉文本为分析对象》,《中国法学》2007 年第 5 期。

余凌云:《对行政许可法第八条的批判性思考——以九江市丽景湾项目纠纷案为素材》,《清华法学》2007 年第 4 期。

余凌云:《行政法上合法预期之保护》,《中国社会科学》2003 年第 3 期。

翟翌:《论"行政特许"对"民商事特许"的借鉴》,《法学评论》2016 年第 3 期。

张峰、叶榅平:《自然资源物权化的困境与出路》,《上海财经大学学报》2012 年第 2 期。

张力:《国家所有权的异化及其矫正—所有权平等保护的前提性思考》,《河北法学》2010 年第 1 期。

张力:《国家所有权遁入私法:路径与实质》,《法学研究》2016 年第

4 期。

张力:《论公用物国家所有权的"形式私权"属性——以私权的"实质"与"形式"之二元划分为线索》,《西南民族大学学报》(人文社会科学版)2006 年第 6 期。

张璐:《论自然资源的国有资产属性与立法规范》,《南京大学法律评论》2009 年春季卷。

张璐:《生态经济视野下的自然资源权利研究》,《法学评论》2008 年第 4 期。

张牧遥:《国有自然资源使用权分类新论》,《内蒙古社会科学》(汉文版)2017 年第 1 期。

张千帆:《城市土地"国家所有"的困惑与消解》,《中国法学》2012 年第 3 期。

张树义:《关于社会权利结构的思考》,《研究生法学》1999 年第 4 期。

张曦:《"权利泛化"与权利辩护》,《华东政法大学学报》2016 年第 3 期。

张翔:《海洋的"公物"性属与海域用益物权的制度构建》,《法律科学》2012 年第 6 期。

赵万一:《论国家所有权在物权法中的特殊地位》,《河南省政法管理干部学院学报》2007 年第 1 期。

周汉华:《论行政诉讼中的法律问题》,《中国法学》1997 年第 4 期。

周汉华:《行政许可法:观念创新与实践挑战》,《法学研究》2005 年第 2 期。

周辉斌:《"天价乌木案"凸显〈物权法〉适用之惑》,《时代法学》2013 年第 2 期。

周佑勇:《行政许可法中的信赖保护原则》,《江海学刊》2005 年第 1 期。

三 博士学位论文类

陈仪:《自然资源国家所有权的公权性质研究》,苏州大学,2015 年。

崔凤友:《海域使用权制度之研究》,中国海洋大学,2004 年。

黄萍:《自然资源使用权制度研究》,复旦大学,2012 年。

柳立业:《水资源特许使用权研究》,苏州大学,2013 年。

欧阳君君：《自然资源特许使用的理论建构与制度规范》，苏州大学，2015 年。

桑东莉：《可持续发展与中国自然资源物权制度之变革》，武汉大学，2005 年。

王全刚：《资源占用权研究》，武汉大学，2004 年。

王智斌：《行政特许的私法分析》，西南政法大学，2007 年。

叶明：《经济法实质化研究》，西南政法大学，2003 年。

赵勇：《广义水资源合理配置研究》，中国水利水电科学研究院，2006 年。

四 外文资料

Adam D. Link, *The Perils of Privatization: International Developments and Reform in Water Distribution*, Global Bus. & Dev. L. J. ol. 22, 2010.

Barton H. Thompson, Jr., *The Public Trust Doctrine: a conservative reconstruction & defense*, 15 Southeastern Envtl. L. J. 47, 2006.

Brry E. Hill, *Environmental Justice: Legal theory and practice (3RD.)*, published by Environmental Law Institute, 2014.

Carl Shadi Paganelli, *Creative judicial misunderstanding: misapplication of the Public Trust Doctrine in Michigan*, 58 Hastings L. J., 2007.

David Takacs, *The Public Trust Doctrine: environmental human rights and the future of private property*, 16 N. Y. U. Envtl. L. J. 711, 2008.

Edward H. P. Brans, *Liability for Damage to Public Natural Resources: Standing, Damage and Damage Assessment*, published by Kluwer Law International, 2001.

Ernest Gellhorn & Ronald M. Levin, *Administrative Law and Process*, West Group, 1997.

Garrett Hardin, *The Tragedy of the Commons*, in Science, 1968.

George P. Smith II, Michael W. Sweeney, *The Public trust Doctrine and natural law: emantions within a penumbra*, 33 B. C. Envtl. Aff. L. Rev. 307, 2006.

Jan G. Laitos & Richard A. Westfall, *Government interference with private interests in Public Resources*, 11 Harv. Envtl. L. Rev. 1, 1987.

Joseph L. Sax., *The Public Trust Doctrine in Natural Resources Law*: *Effective Judicial Intervention*, 68 Mich. L. Rev., 1970.

Justine Thornton & Silas Beckwith, *Environmental Law*, published by Sweet & Maxwell, 2004.

Langton, S., "*What is Citizen Participation?*" in Stuart Langton ed., Citizen Participation in American, Lexington Books, 1978.

Marc R. Poirier, *Modified Private Property*: *New Jersey's Public Trust Doctrine, Private Development and Exclusion, and Shared Public Uses of Natural resources*, 15 Southeastern Envtl. L. J. 71, 2006.

Michael Heller, *The Tragedy of the Anticommons*: *Property in the Transition from Marx to Markets*, Harv. L. Rev., 1998.

Michael Seth Benn, *Towards Environmental Entrepreneurship*: *restoring the Public Doctrine in New York*, 155 U. Pa. L. Rev. 203, 2006.

Nancy K. Kubasek Gary S. Silverman, *Environmental Law*, published by Pearson Education, 2008.

Richard J. Lazarus, *Changing Conceptions of Property and Sovereignty in Natural Resources*: *Questioning the Pubilic Trust Doctrine*, 71 Iowa L. Rev. 631, 1986.

Stephanie Reckord, *Limiting the Expansion of the Public Trust Doctrine in New Jersy*: *A Way to Protect and Preserve the Rights of Private Ownership*, 36 Seton Hall L. Rev. 249, 2005.

Stephen R. Munzer, *New Essays in the Legal and Political Theory of Property*, Cambridge University Press, 2001.

Steven Ferrey, *Environmental law*: *Examples and Explanations*, Aspen Publishers, 2004.

Thomas Sikor, *Public and Private in Natural Resource Governance——A false Dichotomy?* Published by Earthscan in UK and USA, 2008.

Zachary C. Kleinsasse, *The Law and Planning of Public Open Space*: *Boston's Big Dig and Beyond Note*, 32 B. C. Envtl. Aff. L. Rev. 421, 2005.

五 新闻报纸类

曹海东:《煤老板挺"年关"》,《南方周末》2010年2月25日。

陈挺:《第四大石油公司隐情:陕西省政府与中石油交锋》,《南方周末》2005年9月29日。

冯华:《贫富差距到底有多大?》,《一些贫穷者从暂时贫穷走向跨代贫穷》,《人民日报》2016年5月28日。

李丽:《民法专家激辩天价乌木归国家还是归发现者》,《中国青年报》2012年7月7日。

刘小卫:《白象山公益林"诉后余生"》,《民主与法制时报》2015年9月27日。

王宏泽:《生态文明与中国发展》,《光明日报》2014年7月11日。

肖华:《世间再无煤老板》,《南方周末》2009年9月17日。

岳家琛:《水源地变更引发的争论》,《南方周末》2016年5月19日。

张娜:《能源博弈百态:地方政府不再欢迎央企圈资源》,《中国新能源》2011年第8期。

张玥等:《房价疯完地价疯,74个二线"地王",大买家原来是央企国企》,《南方周末》2016年5月26日。

后　记

从儿时起，读书似乎就一直是个梦想。读本科时，每次安静地坐在教室，翻着那些或厚或薄的书籍时，经常会觉得内心安宁、心满意足。多年后，几经辗转最终做了教师，当时心里想的是能够继续安静地读书并看着自己的思想变成铅字得以公开。时过境迁，读书人甘愿寂寞、甘守贫困的境界自己似乎并未做到，不过是生活依旧贫困，而自己的成果却为数寥寥。好在我的性子比较固执，但凡认为自己想做的事情总会坚持到底。就这样，我这个资质平平的学生最后还是"挤进"了盛名已久的苏州大学王健法学院。

能够进入王健法学院学习，首先应该感谢我的导师黄学贤教授。黄老师学识渊博、为人谦厚，在读三年来，黄老师不仅经常关心我的学业，而且经常关心我的生活。记得，在读期间一直压力太大，每次见到老师，他总会告诉我要学会放松，要摸索掌握科研技巧；而且老师屡次通过发放科研补助的形式补贴我的生活，而我这个没心性的学生也几乎每次都欣然接受了。想到这些，我所能做的竟然只有感念！

作为一座江南名校的法学院，王健法学院的名望与诸多老师的共同努力密切相关，他们博学多才，却又勤奋、谦和。在进入王健法学院学习之前，胡玉鸿教授的讲座我就听过几次，他的著作也读过一部分，但由于胡老师著述实在太过丰厚，只能慢慢学习了；进入王健法学院开始学习后，算是比较完整地聆听了胡老师的课程，在他的课上，他总能旁征博引、娓娓道来，他的博学总是让我们惊叹不已。在平时的学习与生活之中，胡老师也总是力所能及地帮助我们，总是在不同场合适时地鼓励我们，每想至此，我总会心头一热，动力焕然。由于专业缘故，王克稳教授对我们的指导、帮助也非常多。王老师也是让我们敬慕的老师之一，他将科研和实务结合得那样完美，听他的课感觉既学习了案例又思索和掌握了深刻理论，尤其是他精力充沛、干劲十足的神态总让我们自觉惭愧！孙莉教授不仅学识渊博，而且亲切和蔼，她的言谈举止总让人如沐春风！平时每次见到孙老师，她都不忘指导和鼓励我们。印象最为深刻的是，我曾经请教孙老师一个小问题，但我没想到的是，当我去合肥参加一个考试时，却接到孙老师从北京打来的电话，一个小问题让孙老师久久挂怀，一个小问题让孙老师浪费了半个多小时为我详细解说。上官丕亮教授是我们宪政专业又一位杰出的老师，这与他的勤奋有关。我总能看到他在课堂上、在办公室忙碌的身影，在宪法的世界里，上官老师辛勤耕耘，收获颇丰，经常能读到他细致入微又不乏远见卓识的文章。李晓明教授的行政刑法为我们带来新的视野和启迪，一直记得李老师的那句鼓励的话语："处处留心皆学问！"朱谦教授的环境法让我们受益匪浅，尤其是环境法与行政法的交叉研究，让我们深受启发。艾永明教授的法律史课程重新唤起了我对历史的热爱，并为我们指明了历史方法的重要。陈立虎教授非常平易近人，陈老师的课让我们对国际经济法的认识更加全面与深刻。其实，值得我们感念的老师太多，文辞有限无法一一详尽。如周永坤教授、杨海坤教授、方潇教授、高积顺教授、章志远教授、魏玉娃教授、方新军教授、李中原教授、张鹏教授、胡亚球教授，以及孙国平副教授、曹博副教授、赵艳敏副教授等等。他（她）们或曾为我们短暂授课，或曾与我们有过或长或短交流，这种课里课外的交流都使我们获益匪浅，谢谢你们！

另外，非常感谢肖泽晟教授！自从在一次会议上见到肖老师后，我就多次向肖老师请教问题，他无论何时都会放下手头事情为我细细解说。尤其是，某次因一问题想请教于他，竟然耽误了他午饭，通过短信、微信方式持续数次交流之后，我抬手一看，时间已是午后一点多！后来，我竟然能不分时间、不分场合地打电话叨扰他。

读书是一项苦差事，各位老师的指导和帮助却让我们学会苦中作乐，调整好状态持续学习。这里不能忘却的还有我的一帮同学。吕洪果博士每次来苏州都会喊我吃饭或者去散步，在吃饭和散步中交流的确是一种理想的学习与生活方式。以此为由，我们经常还要拉上张恩典博士、王超锋博士、李延舜博士、李延吉博士、梁琨博士、刘芳博士、何登辉博士等一起放松！江金满博士与王庆廷博士工作繁忙，但一有机会也不忘喊上我们一起聊一聊、乐一乐！我们一直以为这是我们之间的一种主要而快乐的交流方式，在这样的交流过程中，我们一起收集资料，一起探讨专业问题，一起交流学习经验。不过，由于课业压力较大，我们一起学习的机会非常有限，一想到马上要各奔前程，心情不免再次沉重。这个时候，我的同门杨东升博士总会讲："没得事，以后经常到泰州聚聚！"刘益浒博士通常会马上行动起来联络我们，小师弟杨曦博士也会经常参与其中，拿发票、拿书之类的事情我没少烦他！

我的父母虽远在千里之外的老家，却也经常会关心我的学业。他们虽然读书不多，但却知道农家孩子读书明理的道理。为了我们兄弟姐妹，父母长年劳作，如今备受病痛折磨。在我读书期间，父亲几次住院我都未能回去侍奉，如今他连正常行走都非常困难，母亲生病也很少告诉我，每每年末奉寄给他们的寥寥费用也经常让我羞愧难当！家中事务几乎完全交付给了我的岳父母，二老厚道、善良、正直，他们经常叮嘱我忍让、宽厚为人，叮嘱我认真做事；此外，二老更是将我们一家三口的饮食起居全部包揽，其间辛苦对于年近七旬且同样身体欠佳的老人而言可想而知！由于我是脱产学习，所以经常很长时间才会回家一次，我的妻子孙萍女士在繁忙的工作之外也要忙里忙外，而她的身体又不大好，我却难以照顾她，反倒是她经常鼓励我，帮助我！在岳父母和妻子的精心照顾下，儿子健康、聪明，而且非常懂事，他经常会帮爷爷奶奶做一些家务，想我的时候，他也会为我"画"封信或打个电话，读书期间竟收到他两封"画信"。然而，每次看到那两封信时，我满是愧疚！自他上幼儿园，我刚好出来读书，接送他上学、陪他学习玩乐的机会太少；而且由于太忙，有时回家也会因忙碌而呵斥、教训他，以致如今，他甚至有些疏远我！

我心，唯愿父母亲人和各位师友健康、平安！

2017 年 3 月记于苏州